A
Bíblia
do Reiki

A
Bíblia
do Reiki

O guia definitivo para a arte do Reiki

Eleanor McKenzie

TRADUÇÃO
Euclides Luiz Calloni
Cleusa Margô Wosgrau

Editora
Pensamento
SÃO PAULO

Publicado pela primeira vez na Grã-Bretanha em 2009 pela Godsfield Book, uma divisão da Octopus Publishing Group Ltd.
Carmelite House, 50 Victoria Embankment, London EC4Y 0DZ
www.octopusbooks.co.uk

Copyright © Octopus Publishing Group Ltd 2009
Copyright do texto © 2009 Eleanor McKenzie

7ª reimpressão 2025.

Impresso na Malásia.

Todos os direitos reservados. Nenhuma parte deste livro pode ser reproduzida ou usada de qualquer forma ou por qualquer meio, eletrônico ou mecânico, inclusive fotocópias, gravações ou sistema de armazenamento em banco de dados, sem per missão por escrito, exceto nos casos de trechos curtos citados em resenhas críticas ou artigos de revistas.

A Editora Pensamento não se responsabiliza por eventuais mudanças ocorridas nos endereços convencionais ou eletrônicos citados neste livro.

Todos os cuidados foram tomados na preparação deste livro, mas as informações nele contidas não substituem o atendimento médico prestado por um profissional habilitado. Antes de efetuar qualquer alteração relacionada com a sua saúde, consulte sempre um médico. Toda aplicação das ideias e das informações contidas neste livro é de inteira e total responsabilidade do leitor.

**Dados Internacionais de Catalogação na Publicação
(CIP)(Câmara Brasileira do Livro, SP, Brasil)**

McKenzie, Eleanor

A Bíblia do Reiki: o guia definitivo para a arte do Reiki / Eleanor McKenzie; tradução Euclides Luiz Calloni, Cleusa Margô Wosgrau – São Paulo: Pensamento, 2010.

Título original: The Reiki Bible: the definitive guide to the art of Reiki. ISBN 978-85-315-1611-5

1. Medicina alternativa 2. Reiki (Sistema de cura) 3. Saúde – Promoção 4. Sistemas terapêuticos I. Título.

10-00872 CDD-615.852

Índices para catálogo sistemático:
1. Reiki: Sistema de cura: Terapias alternativas   615.852

Direitos de tradução para o Brasil
adquiridos com exclusividade pela
EDITORA PENSAMENTO-CULTRIX LTDA.
Rua Dr. Mário Vicente, 368 – 04270-000 – São Paulo, SP
Fone: (11) 2066-9000
E-mail: atendimento@editorapensamento.com.br
http://www.editorapensamento.com.br
que se reserva a propriedade literária desta tradução.

Sumário

Introdução **6**

Parte 1   As Origens do Reiki **8**
- O Reiki e o Oriente **14** • O Reiki e o Ocidente **34**
- O Reiki Hoje **44**

Parte 2   Compreendendo o Reiki **52**
- Os Sistemas de Energia do Corpo **98**
- Vivendo com o Reiki **126**

Parte 3   Os Três Graus do Reiki **138**
- Primeiro Grau **140** • Segundo Grau **158**
- Terceiro Grau **184**

Parte 4   Posições das Mãos **202**
- Posições das mãos para autotratamento **206**
- Posições das mãos para tratamento de outras pessoas **218**

Parte 5   Reiki para Amigos e Familiares **248**

Parte 6   Reiki para as Fases da Vida **266**

Parte 7   Reiki para a Saúde e o Bem-estar **286**

Parte 8   Reiki para Doenças Comuns **306**

Parte 9   Reiki e Outras Terapias **368**

Índice **388**

Agradecimentos **400**

Introdução

O Reiki é uma prática muito pessoal. A sua jornada com o Reiki não será igual à minha. Suas experiências serão diferentes e os métodos que você aprendeu podem divergir dos descritos neste livro. No entanto, trabalhamos todos com a energia universal conhecida como Reiki. Em minha opinião, essas diferenças fortalecem a comunidade reikiana, desde que nos mantenhamos abertos – ao mesmo tempo que aplicamos o mesmo sistema básico como fundamento da prática – à viabilidade de muitas formas de utilização dessa energia universal e à possibilidade de todos podermos aprender uns com os outros.

ACIMA Cada um de nós percorre o próprio caminho com o Reiki, mas todos trabalhamos com a mesma energia universal.

O Reiki faz parte do meu dia a dia há 16 anos, e sou profundamente agradecida por tê-lo encontrado – ou por ele ter me encontrado –, pelas mudanças que promoveu na minha vida e pelas oportunidades que me propiciou para ser útil a milhares de pessoas maravilhosas. Por isso, é para mim um enorme prazer e uma grande honra escrever este livro e partilhar o meu conhecimento e experiências com você. Ao fazer isso, também me sinto devedora ao conhecimento de outros que se devotaram à ampliação da nossa compreensão do Reiki e à promoção deste poderoso sistema de cura que revela toda sua beleza na sua simplicidade. Com efeito, para mim, o Reiki é a concretização do princípio segundo o qual 'menos é mais'.

Regras, tradições e linhagens têm pouca relevância para mim. Recebi o meu Primeiro e Segundo Graus de professores do Usui Shiki Ryoho, mas quando senti o impulso para receber o Terceiro Grau, atraíram-me intensamente os ensinamentos de Diane Stein. Diante da impossibilidade de ir até ela, encontrei uma aluna dela para iniciar-me. Sou agradecida a todos. Assim, não sou professora ou praticante de uma tradição específica, peculiaridade essa que se reflete nestas páginas. O que é de suma importância para mim é a energia do Reiki e a intenção de usá-la para benefício da nossa vida e da dos nossos semelhantes. Esta é a mensagem que ocupa a essência deste livro e que une a todos nós, independentemente da tradição que cada um siga.

Sobre este livro

Este livro gira em torno do trabalho com energia através do sistema de Reiki. Algumas pessoas se sentirão atraídas pelo Reiki como parte de uma prática espiritual pessoal, enquanto outras talvez se voltem mais para os aspectos curativos do sistema. Cada um deve trilhar o próprio caminho com o Reiki. Existem tantos caminhos para a iluminação quantas são as pessoas. O Reiki é apenas um desses caminhos, e cada praticante percorre o caminho a seu modo. Uma coisa é certa – quem pratica Reiki tem acesso ilimitado à energia da força vital para sua própria cura e é ao mesmo tempo canal de transmissão dessa energia para outros.

O objetivo deste livro é ser o mais abrangente possível quanto às informações que oferece. Procurei ser objetiva e apresentar o Reiki de modo que pessoas de todas as escolas e tradições possam compreendê-lo. Espero que as páginas a seguir sejam igualmente proveitosas tanto para iniciantes como para praticantes experientes do Reiki.

ABAIXO O Reiki nos oferece acesso ilimitado à força vital para curar a nós mesmos e a outras pessoas.

PARTE 1
As Origens do Reiki

Energia

O Universo é energia. Tudo é feito de energia. A energia que constitui o seu corpo é a mesma que compõe uma montanha. Pode parecer incompreensível que algo que não tem vida e não sofre mudanças tenha a mesma origem de uma planta que vive, cresce e se desenvolve constantemente; todavia, o frágil procede da mesma fonte do denso. Essa energia une o Universo.

Força vital universal

O conceito de força vital universal encontra-se em inúmeras tradições orientais. Na medicina ayurvédica indiana e no yoga, ela é chamada *Prana*; na medicina tradicional chinesa, baseada no taoismo, é chamada *Chi* ou *Qi*, que depois se tornou *Ki* em japonês. Na tradição cristã, alguns estudiosos admitem que referências à *Luz* aludem à mesma noção. Segundo Mantak Chia, em seu livro *Awaken Healing Light of the Tao*, esta força vital pode ser definida como energia, ar, alento, vento e essência vital. Em suma, ela é a energia ativadora do Universo. Quando essa energia sai de um corpo ou de uma planta, a vida deixa de existir.

Embora outras culturas aceitem há muito tempo a ideia de uma energia universal ou força vital que permeia todas as coisas, a cultura ocidental é mais reticente. Primeiro, crenças sobre a natureza do Universo foram muito influenciadas por uma religião em que os seres humanos eram superiores ao restante da Criação e pelo conceito de um Deus que criou o mundo mas que 'vivia' fora dele. Segundo, à medida que a ciência se desenvolveu e que muitas mentes começaram a questionar a ideia de Deus, as pessoas passaram a querer provas antes de aceitar uma determinada afirmação.

Nos últimos 50 anos, os físicos pesquisaram a matéria e concluíram que o que sustenta toda matéria, em todas as formas, é a energia. Essa energia vibra em diferentes frequências, e é por isso que uma pedra é mais sólida e mais densa do que um corpo humano. A ideia de que tudo é formado de uma única fonte de energia é muito importante quando se trata de trabalhar com energia, seja através do Reiki, do Tai Chi ou de outros métodos e técnicas. Se tudo no Universo é criado a partir de uma única fonte, então todas as coisas, animadas ou inanimadas, estão interligadas. Isso significa que estamos constantemente interagindo uns com os outros e influenciando uns aos outros como se fôssemos um corpo gigantesco.

DIREITA Uma das maravilhas do mundo é que tudo é criado a partir da mesma força vital universal: árvores, montanhas, oceanos, máquinas e seres humanos.

ENERGIA

Trabalho com energia

Embora a energia do Universo seja ilimitada, ela é limitada nas criaturas vivas. Na prática chinesa do Chi Kung (ou Qigong), a crença é que nascemos com energia em abundância. Quando somos jovens, temos condições de reabastecer as nossas reservas de energia; quando começamos a envelhecer, porém, não conseguimos repor a energia usada com a mesma facilidade. O resultado é uma falta de energia que pode causar doenças ou a perda da capacidade de viver conforme o nosso verdadeiro potencial.

O trabalho com energia para reverter, ou pelo menos aliviar, essa perda energética faz parte de inúmeras práticas. Por exemplo, o Chi Kung ensina que praticando uma série de movimentos podemos cultivar a energia e recuperar o estado de equilíbrio. No yoga, o exercício respiratório chamado *Pranayama* produz o mesmo resultado. Na prática do Reiki, a energia provém do Universo e é transmitida pela palma das mãos para reequilibrar a força vital. Esse estado de equilíbrio nos possibilita usufruir a vida, encontrar satisfação e sentir nossa ligação com tudo o que nos rodeia.

Assim, é em tradições espirituais como o Taoismo, o Budismo e o Hinduísmo que devemos procurar as práticas físicas e mentais que nos ensinam o trabalho com energia e seu poder de curar nossa vida e a vida das outras pessoas. Parece ironia o fato de muitos, e não apenas cristãos, considerarem Jesus como o maior dos curadores, e todavia ao longo de quase 2.000 anos ninguém ter ouvido o que ele falou sobre cura, acreditando tratar-se de um dom divino concedido somente a ele. Entretanto, quando batizou os apóstolos com o Espírito Santo (que se parece muito com a forma de sintonização com energia adotada no Reiki), Jesus disse claramente que todos podem curar como ele.

É preciso dizer que trabalhar com energia não implica acreditar em Deus ou ter uma religião. O trabalho com energia pode resultar simplesmente do desejo de melhorar a sua vida em todos os aspectos. Ele pode ser combinado com uma prática espiritual ou pode ser uma forma de prática espiritual em si.

ACIMA Um estado de equilíbrio, como o simbolizado pelo Yin/Yang, possibilita-nos usufruir a vida plenamente.

Exercício básico com energia

Se você é iniciante no trabalho com energia, ou se apenas quer sentir a realidade da energia, o exercício a seguir é um modo básico de experimentar a energia como uma força que podemos sentir e com a qual podemos trabalhar.

1. Erga as mãos à frente até a altura dos olhos, palmas voltadas uma para a outra e afastadas cerca de 30 cm.

2. Aproxime lentamente as palmas até uma distância aproximada de 15 cm, e em seguida leve-as novamente à posição original.

3. Repita esse movimento várias vezes, até sentir um campo de energia entre as palmas. Ao aproximar as palmas, você sentirá certa resistência da energia entre elas.

O Reiki e o Oriente

As origens do Reiki estão enraizadas em tradições orientais que abrangem desde o Budismo até as artes marciais. O Reiki é uma condensação das filosofias dessas tradições numa prática única.

Início do Reiki

As origens do Reiki são complexas, no sentido de que é um sistema que pode ser considerado tanto antigo como moderno. É moderno porque só foi desenvolvido nos últimos 100 anos, se tanto, e antigo porque suas raízes parecem fixar-se em diversas filosofias voltadas para o espírito, tão antigas como as do Ayurveda ou da filosofia chinesa, isto é, o Budismo, o Xintoísmo e o Shugendô (pp. 18-21).

O Reiki foi desenvolvido no Japão por um homem chamado Mikao Usui, que se baseou em inúmeras influências importantes, e foi trazido para o Ocidente, onde evoluiu ainda mais. Mas o Reiki japonês também se desenvolveu, e os dois ramos seguiram direções diferentes. Recentemente, os ocidentais 'redescobriram' o ramo japonês do Reiki, de modo que as práticas são hoje bastante variadas. Esta seção procura expor com clareza os detalhes dessa evolução um tanto intricada.

O que significa 'Reiki?'

Examinemos a palavra Reiki em si. Os primeiros livros sobre Reiki em inglês traduziam os dois *Kanji* ou pictogramas japoneses que representam a palavra como 'energia vital universal'. *Rei* significa 'espírito universal, transcendental, ou essência ilimitada'. *Ki* representa a 'energia da força vital' e em sua qualidade equivale ao *Chi* ou *Prana*. Parece, portanto, que uma tradução mais precisa é 'energia sagrada' e que a palavra é simplesmente um modo respeitoso de referir-se ao *Ki*. Reiki não é certa energia separada do *Ki* básico do Universo – Reiki é o *Ki* básico.

Raízes japonesas

Apesar de haver hoje muitas variações da prática original do Reiki, as origens do sistema encontram-se sem dúvida no Japão. A energia com que o sistema opera, porém, é universal e comum a muitos sistemas que se baseiam no trabalho com energia. O Reiki como energia não é algo diferente ou especial, mas o *sistema* de Reiki é único. Para tentar compreender as origens do sistema, precisamos antes examinar algumas crenças e filosofias tradicionais que exerceram influência sobre a vida do seu fundador, Mikao Usui, e em seguida como ele chegou a desenvolver a prática num Japão que passava por rápidas transformações.

DIREITA Os *Kanji* japoneses para Reiki podem ser traduzidos como 'energia sagrada'. Este *Ki* é a energia básica do Universo, não sendo nenhuma outra forma energética separada dela.

Crenças e sistemas tradicionais

A Medicina Tradicional Chinesa (MTC) tem suas origens no *Tratado de Medicina Interna do Imperador Amarelo*, escrito em algum momento entre 2697 e 2598 a.C. De modo semelhante, os princípios do Ayurveda, ou 'ciência da vida', foram transmitidos durante o Período Védico na Índia, situado entre o primeiro e o segundo milênio a.C. Considerado como uma revelação divina do Senhor Brahma, sua filosofia e métodos de tratamento foram primeiro descritos em dois dos seus principais textos, o *Charaka Samhita* e o *Sushruta Samhita*. À semelhança da medicina chinesa, a medicina ayurvédica está tão viva hoje quanto há vários milhares de anos. Com suas raízes nas filosofias espirituais do Taoísmo e do Hinduísmo, esses dois sistemas têm suas perspectivas centradas na energia, adotando várias técnicas para recuperar a saúde das pessoas.

No Japão antigo, o Budismo, o Xintoísmo e o Shugendô foram as três principais influências sobre a vida espiritual das pessoas.

Budismo japonês

As práticas budistas variam entre os ramos Theravada e Mahayana. Todas as seitas budistas japonesas derivam do Mahayana. Embora possam ter como referência diferentes escrituras, muitas práticas são comuns a todas, como a repetição metódica de mantras; seguem também vários preceitos que possibilitam ao praticante revelar aos poucos o seu conhecimento interior.

O Budismo Tendai foi levado ao Japão por um monge chinês no século VIII d.C. Pouco conhecido inicialmente, ele começou a prosperar sob o patrocínio do imperador, e assim se tornou a forma dominante de Budismo praticada pelas classes altas no Japão durante muitos anos. Suas doutrinas baseiam-se nos escritos sobre o *Sutra do Lótus*, que também é a escritura básica do Budismo Nichiren Shoshu, atualmente praticado em todo o mundo.

Como muitas outras religiões, o Budismo Tendai contém em si uma tradição esotérica que é praticada apenas por grupos restritos, como monges e monjas, e em geral é inacessível à maioria dos seguidores. Essa tradição dentro do Tendai é chamada *Mikkyô*, que significa 'ensinamentos secretos'. Os ensinamentos baseiam-se num sistema de linhagem, ou seja, os estudantes desses *Mikkyô*, além de aprender os ensinamentos e as práticas, deviam receber algo chamado *Kanjô*. *Kanjô* é uma iniciação transmitida ao aluno por um Mestre das disciplinas *Mikkyô* sob a forma de uma potencialização.

DIREITA O Budismo Tendai foi uma das formas de Budismo mais populares entre as classes altas japonesas.

CRENÇAS E SISTEMAS TRADICIONAIS

Xintoísmo

Podemos traduzir Xintoísmo como 'caminho dos deuses'. Ele é a religião nativa do Japão, assemelhando-se aos sistemas de crença de outras culturas indígenas, como a aborígine e a nativa americana. Ele não tem fundador nem textos sagrados, e seu sacerdócio compõe uma organização bem flexível. Ele é uma mistura curiosa de culto à natureza, técnicas de adivinhação, xamanismo e veneração dos *Kami*, que são tanto deuses como espíritos.

Segundo as histórias da criação xintoístas, um casal divino deu origem às ilhas japonesas, e a filha desse casal, Amaterasu

ABAIXO O culto à natureza e aos *Kami* desenvolveu-se em santuários xintoístas e foi usado como força unificadora durante a revolução cultural no século XIX.

Omikami, tornou-se ancestral da família imperial, motivo por que o imperador é considerado como um deus vivo. Apenas no final da II Guerra Mundial o governo americano obrigou o imperador a renunciar à sua divindade.

A ideia dos *Kami* xintoístas é muito diferente do conceito de divindade de outras religiões. Com exceção de Amaterasu, a Deusa do Sol, os *Kami* encontram-se na natureza; áreas específicas tinham um *Kami* guardião, como também as famílias, e eles encontravam-se também em forças criadoras abstratas. Práticas xintoístas giravam em torno da devoção aos *Kami* e do esforço para mantê-los felizes. A arte do origami provém do Xintoísmo, e exemplos dessa intrincada habilidade acham-se em muitos santuários xintoístas. Em respeito ao *Kami* da árvore que deu a vida para fazer o papel, a folha para o origami nunca é cortada.

Depois da Restauração Meiji, o Xintoísmo foi transformado em religião do Estado em 1868. A combinação de Xintoísmo com Budismo foi declarada ilegal numa tentativa de purificar o Xintoísmo de todo e qualquer elemento estranho ao Japão. Ele foi considerado como uma força de unificação numa época em que o país passava por mudanças importantes e que influências estrangeiras desestabilizavam a pureza da cultura japonesa.

Shugendô

Em termos simples, o Shugendô consistia num método para desenvolver poderes espirituais que combinavam elementos do Xintoísmo, do Xamanismo e do Budismo. Embora não seja mais praticado em sua forma pura, vestígios dele ainda estão presentes no Budismo Tendai e na cultura japonesa, especialmente na devoção a lugares sagrados, principalmente montanhas.

Alguns chamam o Shugendô de 'Budismo das Montanhas' porque os monges que o praticavam eram chamados *Yamabushi*, termo que pode ser traduzido como 'aquele que dorme nas montanhas'. Fundado por En no Gyôja em algum momento em torno de 666 d.C., o Shugendô era uma prática profundamente ascética, pela qual os seus seguidores passavam anos isolados nas montanhas, desenvolvendo poderes mágico-espirituais para curar.

Quem assumisse o treinamento do Shugendô precisava abandonar a vida habitual e recolher-se numa montanha isolada, praticar jejuns extremos, a ponto inclusive de sobreviver com uma dieta de espinhos de pinheiros, e submeter-se a provações físicas, como permanecer debaixo de cachoeiras gélidas por longos períodos de tempo. Essas pessoas precisavam também memorizar sutras budistas e repetir continuamente mantras extraídos dos sutras. Como acontece com o Budismo Tendai, o *Sutra do Lótus* foi adotado como um dos principais textos da prática.

Mikao Usui e o Japão do século XIX

O criador do Reiki, Mikao Usui, nasceu em 1865, no início da Restauração Meiji no Japão. Nos 200 anos anteriores, o Japão havia se isolado do resto do mundo – estrangeiros, e especialmente missionários cristãos, foram banidos, e o país foi governado por um sistema feudal constituído de guerreiros samurais.

Esse isolamento de 200 anos terminou de fato com a intervenção do Comodoro Matthew Perry, cuja força militar superior lhe possibilitou negociar um tratado com os japoneses estabelecendo relações comerciais entre os Estados Unidos e o Japão. Por onde Perry passava, outros países ocidentais imediatamente o seguiam; o resultado foi uma rápida mudança na sociedade japonesa à medida que influências estrangeiras se infiltravam e o país começava seu movimento para tornar-se uma das principais nações industriais do mundo.

O colapso da sociedade tradicional

Antes dessa revolução social, cultural e econômica, a maioria dos japoneses professava um sistema de crenças baseado numa mistura de elementos da religião indígena, o Xintoísmo, combinados com partes do Budismo e do Taoismo trazidos do país vizinho, a China. Quando o país se abriu para ideias do Ocidente, e o povo japonês começou a viajar, em geral para negócios e educação mais do que por prazer, a sociedade japonesa tradicional, que era mais formal e estruturada do que qualquer sociedade na Europa ou nas Américas, começou a desintegrar-se.

Com esse colapso gradual da estrutura de uma cultura, e como consequência das normas da vida diária (que haviam permanecido inabaláveis durante séculos), muitos japoneses começaram a sentir o medo que acompanha a mudança radical. Por exemplo, nas áreas rurais, onde os pais geralmente dependiam dos filhos para ajudá-los na agricultura, as famílias deixaram de ter como certo que os filhos seguiriam o destino que lhes fora traçado pelos pais.

Necessidade de um sistema espiritual

Essa incerteza fez com que muitos japoneses se voltassem para alguma forma de religião que lhes mostrasse um caminho a seguir e os ajudasse a lidar com sua sensação de separação. Parece provável que essa busca na sociedade japonesa de uma espécie de rocha à qual se agarrar serviu de inspiração para a decisão de Usui de conceber um sistema de desenvolvimento espiritual acessível a todas as pessoas, mas sem ser uma religião. Esse sistema é o Reiki.

DIREITA Mikao Usui nasceu numa época de grandes mudanças no Japão, precisamente quando o país saía de um isolamento de 200 anos com relação a outros países.

MIKAO USUI E O JAPÃO DO SÉCULO XIX

A vida de Mikao Usui

Até alguns anos atrás, nada se sabia sobre a vida de Mikao Usui. Hoje o conhecemos muito mais graças à descoberta do seu memorial. Essa pedra foi erigida por alguns alunos na sua sepultura no templo budista Saihôji da Terra Pura, em Tóquio, e foi traduzida para o inglês pelo Mestre de Reiki japonês Hyakuten Inamoto. Além disso, os próprios cadernos de anotações de Usui estão agora traduzidos, embora ainda não totalmente à disposição do público. Outras informações sobre sua vida e seus ensinamentos foram adquiridas com alguns dos seus alunos originais, apesar de restarem poucos deles, pois os ensinamentos de Usui terminaram em 1926, quando ele morreu de derrame cerebral enquanto viajava pelo Japão.

Infância

Mikao Usui nasceu no dia 15 de agosto de 1865 numa vila hoje chamada Miyamo cho, na Prefeitura de Gifu. Sua família era *Hatamoto Samurai*, que ocupa uma posição elevada no sistema samurai. Segundo um santuário familiar em sua terra natal, também sabemos que ele teve dois irmãos e uma irmã. Na infância, ele estudou com monges budistas Tendai e praticou artes marciais, uma rotina normal para uma criança da sua classe.

Estudos e carreira

Por seu memorial, sabemos que Usui foi um aluno inteligente e leitor voraz. Ele se interessava por tudo, desde medicina, história e psicologia, até as artes mais esotéricas da adivinhação e da magia. Ele viajou para a Europa e para os Estados Unidos e estudou na China, e sua carreira incluiu uma posição como secretário particular de um político japonês que se tornou prefeito de Tóquio. De acordo com essas mesmas informações, embora tivesse habilidades acadêmicas excepcionais, tudo indica que ele não teve sucesso no mundo e que passou por dificuldades que não são especificadas.

'O Universo é eu, e eu sou o Universo. O Universo existe em mim, e eu existo no Universo. A luz existe em mim, e eu existo na luz.'

Mikao Usui, citado por Hiroshi Doi em *Iyashino Gendai Reiki-ho*

No entanto, seus alunos escreveram que, apesar dos desafios que teve de enfrentar, Usui nunca perdeu a coragem ou a vontade de prosseguir e de cumprir seu destino.

Vida familiar

Mikao Usui casou-se com uma mulher chamada Sadako Suzuki, e eles tiveram dois filhos – um filho chamado Fuji e uma filha chamada Toshiko. Infelizmente, nenhum deles teve vida longa. A filha morreu em 1935, aos 22 anos, e o filho em 1946, aos 38 anos. Mesmo casado, Usui tornou-se irmão leigo Tendai. Nessa condição, ele podia continuar sua vida em família. Além desses poucos fragmentos, pouca coisa sabemos sobre sua vida pessoal, mas graças aos seus escritos e às lembranças dos seus alunos temos mais informações sobre sua vida espiritual e as influências recebidas que contribuiriam para o seu sistema de Reiki.

DIREITA A peça de família Chiba embaixo da lápide de Mikao Usui indica que ele pertencia a uma das famílias samurais mais ilustres.

Influências recebidas por Mikao Usui

Mikao Usui, conhecido no Japão como Usui Sensei, desenvolveu o sistema de Reiki para que as pessoas dispusessem de um método simples para religar-se com sua espiritualidade interior num Japão em que os valores da sociedade tradicional haviam começado a se desintegrar (pp. 20-1). Nunca foi sua intenção original enviar um sistema de cura para o mundo. A cura com as mãos era apenas um aspecto das suas ideias iniciais, as quais foram influenciadas por diversos sistemas de crença e filosofias tradicionais.

A realização mais notável de Mikao Usui foi inspirar-se em todas essas práticas, algumas das quais exigiriam em torno de vinte anos para ser aperfeiçoadas por uma pessoa comum, e a partir delas criar um sistema de aplicação do Reiki acessível a todos. Também parece evidente que Usui simplesmente não pretendia ensinar um sistema de cura, mas um sistema holístico que poderia levar o seguidor a um caminho para a iluminação sem as restrições da religião organizada.

Budismo Tendai

A família de Mikao Usui era budista Tendai (p. 24) e o jovem Usui estudou num templo Tendai local. Já adulto, tornou-se um irmão leigo Tendai, indicando uma adesão a esta forma de Budismo ao longo da vida.

Como Usui se tornou irmão leigo, é quase certo que ele havia estudado as práticas esotéricas, ou 'secretas', do *Mikkyô*. Ensinamentos sobre cura foram acrescentados aos *Mikkyô* mais tarde, e elementos do Xintoísmo se misturaram com esses ensinamentos para constituir a tradição esotérica japonesa que Mikao Usui teria aprendido. É apropriado então dizer que sua visão definitiva do Reiki enquanto sistema chegou-lhe no Monte Kurama, um lugar espiritual lendário.

A forma exotérica, ou comum, de Tendai, também conhecida por Usui, adotava mantras e mudras (posições simbólicas das mãos ou do corpo) como parte do seu culto; estes são outros elementos incorporados por Usui no seu sistema de Reiki. Com os conceitos de linhagem, a transmissão de uma potencialização, os ensinamentos sobre cura e o uso de mantras e mudras, parece evidente que Mikao Usui adotou essa forma de Budismo como fundamento do seu sistema de Reiki, e que ele tinha a intenção de tornar algo secreto acessível a uma população mais numerosa.

Compreender a relevância desta forma de Budismo, que foi levada da China para o Japão, é importante para ver a prática do Reiki como muito mais do que simplesmente um sistema de cura por imposição das mãos. Uma crença sobre os seres humanos pregada pelo Budismo é que todos nós temos total conhecimento da nossa natureza divina, mas que estamos desconectados desse conhecimento e estamos inconscientes da nossa própria condição de Budas. Além disso, também podemos tornar-nos *Bodhisattvas*, ou seres iluminados, durante a nossa existência terrena e ajudar outras pessoas a alcançar o mesmo estado.

ABAIXO Os mantras e mudras do Budismo Tendai estão presentes no Sistema de Reiki Usui.

INFLUÊNCIAS RECEBIDAS POR MIKAO USUI

Xintoísmo

Crescendo no Japão, Usui não poderia evitar a influência do Xintoísmo (p. 20). O Xintoísmo não é uma religião, mas um modo de vida em que cada aspecto do meio ambiente está imbuído de espíritos ou deuses chamados *Kami*. Os conceitos centrais do Xintoísmo de que tudo, seja animado seja inanimado, tem 'espírito', e de que o contato com a natureza nos ajuda a conhecer a fonte da criação foram aparentemente adotados por Usui para o Reiki. O fato de o Xintoísmo não ter textos nem leis escritas também deve ter inspirado Usui a transferir essa flexibilidade ao Reiki.

Sem influências Cristãs

Embora saibamos que Usui conhecia as escrituras cristãs, hoje parece claro que ele nunca foi cristão nem ensinou numa escola cristã. O Cristianismo não é uma influência no desenvolvimento do Reiki, pelo menos não do modo sugerido na história contada por Hawayo Takata (pp. 40-3). As principais influências no desenvolvimento do Reiki são decididamente de origem japonesa.

Shugendô

Usui foi também influenciado por uma forma de Budismo chamada Shugendô (p. 21). Uma prática importante deste Budismo era a de recolher-se nas montanhas, e esta seria decisiva para a criação do Reiki. O Monte Kurama era uma das montanhas sagradas do Shugendô, e foi nesse lugar que Mikao Usui fez um retiro espiritual, incluindo jejum, que o levou à formulação de um sistema de Reiki. Seu memorial diz que ele recebeu 'inspiração divina' na montanha, embora pareça claro por pesquisas recentes que essa inspiração não ocorreu exatamente do modo narrado por Hawayo Takata numa história que se espalhou por todo o Ocidente (pp. 40-3).

Do Shugendô também fazem parte dois outros elementos que estão presentes no Reiki. O primeiro é a técnica da imposição das mãos para tratar doenças; o segundo é a repetição de mantras. O Ocidente não adotou a recitação de mantras durante um tratamento de Reiki, mas hoje, pelas informações vindas do Japão, tudo indica que Usui pretendia que os cinco princípios ou preceitos espirituais (pp. 60-1) fossem usados desse modo, pois sua repetição regular favorece sua integração na vida e facilita a concentração.

Samurai

Como hoje sabemos que Usui interessava-se por uma ampla variedade de assuntos e que havia estudado com monges budistas e aprendido artes marciais (pp. 24-5), não surpreende que no desenvolvimento do sistema de Reiki ele tenha recorrido às mais diversas influências, inclusive à poesia, um componente essencial da educação de toda a classe dos samurais. Não devemos exagerar a importância das suas origens samurais, mas é impossível ignorá-las, pois devem ter exercido uma influência importante sobre sua vida e seu pensamento.

A visão ocidental tradicional do samurai típico é em geral a de um guerreiro empunhando uma espada; embora isso esteja correto, os samurais também se orgulhavam de ser homens e mulheres que cultivavam a mente e o espírito. Membros dessa cultura valorizavam sua habilidade de escrever poesia inspiradora para qualquer ocasião, do mesmo modo que respeitavam a busca destemida da honra na batalha. Essa combinação de disciplina física, mental e espiritual é o fundamento ideal de uma vida em busca da iluminação.

ESQUERDA O Monte Kurama era uma das montanhas sagradas do Budismo Shugendô usada para retiros. Foi aqui que Usui formulou o sistema de Reiki.

Artes Marciais

Combinada com sua educação samurai, a prática das artes marciais, embora talvez sem importância à primeira vista, deve ter acrescentado outra dimensão à sua compreensão do modo de operar da energia, pois quase todas as formas de artes marciais, em suas formas tradicionais, vão além do físico. Os filhos dos samurais aprendiam artes marciais desde os primeiros anos de vida. Se tivesse nascido numa família de camponeses, Usui não teria conseguido levar essa influência para o Reiki. No entanto, o que uma arte que está mais associada à disciplina física e a técnicas de luta poderia oferecer a uma arte espiritual e de cura?

Usui aprendeu Aiki Jujutsu, uma arte ensinada por seu criador, Takeda Sokaku, aproximadamente no fim do século XIX. Takeda havia criado esse ramo de arte marcial baseado nas práticas da própria família, acumuladas ao longo de séculos, e decidiu torná-la acessível a interessados em geral. Um dos alunos mais famosos de Takeda foi Morihei Ueshiba, o fundador do Aikido.

O Aiki é principalmente composto de muitos movimentos físicos, e foi descrito como um método que possibilita ao aluno 'dominar o oponente mentalmente só com o olhar e vencer sem lutar'. Entretanto, a prática do Aiki também implica aprender maneiras de harmonizar o *Ki* para que o praticante sinta calma interior e ao mesmo tempo use e controle a força de vontade para aprimorar a vida de cada dia. Segundo os primeiros alunos de Usui que pesquisadores recentes conseguiram entrevistar, Usui incluiu elementos do seu treinamento em artes marciais em seus primeiros ensinamentos.

Sabemos também que o *Mikkyô* e as artes marciais por vezes influenciaram-se mutuamente no Japão. Os monges ensinavam técnicas do *Mikkyô* a praticantes de artes marciais e inclusive a Ninjas (guerreiros não convencionais treinados em todas as modalidades de artes marciais que hoje ocupam posição de destaque na cultura popular), e em contrapartida aprendiam técnicas de luta. Portanto, a ideia de combinar esses dois sistemas aparentemente antagônicos num trabalho com energia teria sido considerada bastante normal por Usui e seus colegas. Quando lembramos que as artes marciais envolvem disciplina e a habilidade de vencer sem lutar usando o *Ki* do oponente, parece perfeitamente lógico que Usui usaria elementos dessas artes, sendo também uma indicação do seu desejo de que praticantes de Reiki aplicassem a mesma disciplina na sua prática como nas artes marciais.

DIREITA Embora sejam vistas principalmente como práticas físicas, as artes marciais também ensinam os alunos a harmonizar sua energia e a compreender como a energia opera.

Usui Reiki Ryoho Gakkai

Usui Reiki Ryoho Gakkai significa simplesmente Método Usui de Cura Energética Espiritual, e constitui uma sociedade. Seus membros originais eram principalmente oficiais da Marinha, provavelmente porque, na época, os homens de uma determinada classe que poderiam participar de uma agremiação dessa natureza eram militares. Há quem insinue que o fato de os membros originais serem militares pode ter exercido certa influência sobre os aspectos mais práticos, menos esotéricos, do sistema, como por exemplo uma rotina fixa para a colocação das mãos sobre o corpo.

A sociedade comportava três níveis de ensinamentos: *shoden*, *okuden* e *shinpoden*, que é o nível de professor, cada um consistindo em outros seis subníveis. Em cada um desses níveis, os alunos adquiriam novos conhecimentos. Essa estrutura parece indicar a necessidade de um grau de dedicação por parte do aluno semelhante ao exigido para avançar pelas várias etapas de qualquer arte marcial.

Pelas entrevistas com os primeiros alunos de Usui, sabemos que a primeira coisa que ele ensinava eram os cinco princípios ou preceitos espirituais (pp. 60-1). Mais tarde aprendiam meditação, mantras e os *Waka* japoneses (pp. 90-1). A visão atual do Reiki como método de tratamento por imposição das mãos é bem diferente daquela que Usui ensinava em 1922, ano em que fundou o Usui Reiki Ryoho Gakkai, e ele só acrescentou o tratamento com as palmas nos últimos anos que trabalhou como professor, pouco antes de sua morte em 1926.

O Usui Reiki Ryoho Gakkai continua ativo no Japão, apesar de reunir um número bem menor de membros do que nos primeiros anos, pois o período concomitante e posterior à II Guerra Mundial afetou a existência desse tipo de sociedade no Japão. Membros da sociedade transmitiram alguns ensinamentos antigos aos ocidentais, embora na cultura japonesa tais ensinamentos sejam respeitados como sagrados e só possam ser passados com devoção e discrição. Por isso, é possível que jamais cheguemos a conhecer tudo sobre os ensinamentos originais de Usui no Japão; podemos estar seguros, porém, de que ele se surpreenderia com inúmeras mudanças introduzidas.

Em seu livro *The Japanese Art of Reiki*, Bronwen e Frans Stiene revelam que em entrevistas com uma monja budista Tendai, Suzuki san, aluna direta de Mikao Usui, o único elemento comum que ela reconheceu entre o que lhe foi ensinado e o que está sendo ensinado no Ocidente é o nome de Mikao Usui.

ESQUERDA A primeira coisa que Usui ensinava aos alunos eram os cinco princípios espirituais, e em seguida meditação e mantras.

O Reiki e o Ocidente

O Reiki chegou ao Ocidente devido à determinação de uma mulher, Hawayo Takata, que transformou o Reiki em missão da sua vida depois de conhecê-lo em Tóquio em 1935.

Como o Reiki chegou ao Ocidente

Chujiro Hayashi nasceu em Tóquio em 1880. Depois de formar-se em medicina, ele ingressou na Marinha japonesa e em 1918 já ocupava o posto de comandante. Quando começou a frequentar a escola de Mikao Usui em 1925, ele já era aposentado. Isso aconteceu menos de um ano antes da morte de Usui. Outros oficiais aposentados da Marinha acompanharam Hayashi na escola, e foi esse pequeno grupo que continuou o trabalho do Usui Reiki Ryoho Gakkai depois da morte de Usui. Hayashi, porém, seguiu o seu próprio caminho.

Cinco anos após a morte de Usui, Hayashi afastou-se da sociedade para abrir a própria clínica e escola, chamada Hayashi Reiki Kenkyu Kai, que se traduz como Sociedade Hayashi para Pesquisa da Energia Espiritual. Algumas pesquisas sugerem que Usui teria pedido a Hayashi que, em razão dos seus conhecimentos médicos, escrevesse um manual para o sistema de cura do Reiki, o qual seria uma versão ampliada do seu próprio guia para tratamento de doenças específicas. Acredita-se também que era o manual elaborado por Hayashi que Hawayo Takata (pp. 38-9) quase certamente adotava como base das suas aulas.

Chujiro Hayashi e Hawayo Takata

As pessoas procuravam a clínica de Hayashi para ser tratadas por ele e por seus alunos. Foi nessa clínica que Hawayo Takata chegou para tratar-se em 1935. Ela inicialmente ficou para seis meses de tratamento, e em seguida por mais um ano como voluntária, pois havia convencido Hayashi a ensiná-la. Ele relutou inicialmente, pois embora os pais de Hawayo fossem japoneses, ela havia nascido nos Estados Unidos, e o sistema não devia sair do Japão (de acordo com 'normas' tácitas inerentes à cultura japonesa, ao seu isolamento do Ocidente e às suas tradições de mistério religiosas). Mais tarde, em 1938, ele a ajudou a fundar uma clínica no Havaí.

O legado de Chujiro Hayashi para o Ocidente foi o treinamento de Hawayo Takata e a fundação da primeira clínica fora do Japão. Sem isso, o Reiki talvez nunca tivesse se propagado pelo mundo. No entanto, parece não ser verdade que Usui nomeou Hayashi seu sucessor na linhagem do Reiki, como diz a história de Takata (pp. 40-3). Tudo indica que de fato Hayashi cometeu suicídio em 1940. A versão de Takata diz que ele se autoinduziu um derrame. Entretanto, é mais provável que ele tenha realizado o ritual *Seppuku* (talho do abdômen com espada) porque não queria participar da II Guerra Mundial, deixando unicamente a uma mulher a tarefa de levar o Reiki para o Ocidente.

DIREITA Além de continuar a obra de Usui depois da morte deste, Chujiro Hayashi foi decisivo para que o Reiki chegasse ao Ocidente.

COMO O REIKI CHEGOU AO OCIDENTE

Hawayo Takata

Nascida no Havaí, de pais japoneses, em 1900, Hawayo Takata teria a missão de levar o Reiki para o mundo inteiro. Mesmo que o sistema de Reiki por ela ensinado fosse diferente dos ensinamentos originais de Usui, as centenas de milhares de pessoas que praticam o Reiki ao redor do mundo atualmente não estariam fazendo isso se ela não tivesse decidido voltar aos EUA depois de estudar com Chujiro Hayashi.

Hawayo Takata chegou a Tóquio em 1935 para submeter-se a uma cirurgia. Ela havia enviuvado recentemente e sofria de várias doenças debilitantes, como asma e cálculos biliares. Já deitada na mesa de operação, ela ouviu uma voz dizer que a cirurgia não era necessária. Depois de conversas com o cirurgião e outro membro da equipe, ela procurou a clínica de Hayashi (pp. 36-7), onde foi tratada, e a sua saúde melhorou rapidamente.

Ensinando outras pessoas

Depois de habilitar-se em Tóquio, ela voltou para o Havaí, onde abriu uma clínica que logo se tornou muito popular. Hayashi fez-lhe uma visita, sendo provável que foi durante esse encontro que ele a iniciou como Mestra (pp. 186-97), sua 13ª, e última, Mestra de Reiki. Ela continuou a trabalhar no Havaí, levando o Reiki para o continente americano apenas na década de 70.

Depois de começar a ensinar pelos EUA e Canadá, Takata resolveu que era hora de preparar outras pessoas para ensinar o sistema, e assim formou a sua primeira Mestra, Virginia Samdahl, em 1976. Antes de sua morte em 1980, ela iniciou outros 21 Mestres, os quais foram responsáveis pela divulgação inicial do Reiki. O resultado foi a explosão do fenômeno Reiki em todo o mundo.

A 'ocidentalização' do Reiki

Com a vantagem dos conhecimentos recentes sobre as origens do Reiki, parece correto dizer que Hawayo Takata foi ao mesmo tempo perspicaz e determinada ao assegurar a propagação do Reiki. Foi perspicaz porque eliminou muitos elementos intrinsecamente japoneses do sistema – particularmente os elementos explicitamente espirituais extraídos do Budismo – que ela sabia que trariam dificuldades aos ocidentais. Parece também que, pelo mesmo motivo, introduziu deliberadamente elementos cristãos na história de Mikao Usui (pp. 40-3). Como seus alunos diziam, ela era uma excelente contadora de histórias que adorava adaptar a verdade ao que fosse necessário na ocasião.

ESQUERDA Hawayo Takata foi ao mesmo tempo perspicaz e determinada ao assegurar a propagação do Reiki fora do Japão; ela ocupa o centro de um fenômeno mundial.

A História de Mikao Usui contada por Takata

Relato aqui a história da descoberta do Reiki na versão de Hawayo Takata porque é a versão que a maioria das pessoas conhece. Também é interessante compará-la com novas informações e observar a habilidade com que Takata compôs uma história que combinava verdade, magia e pura imaginação, a ponto de se poder compará-la com a história da busca do Santo Graal.

Num curso de Reiki, o Mestre narra a história como parte de uma tradição oral, incentivada por Takata. Por isso, o relato nunca será feito do mesmo modo, e cada professor destacará elementos diferentes da narrativa.

Quando ouvi a história pela primeira vez, interpretei-a como um conto que combinava fato histórico com elementos espirituais simbólicos. Hoje sei que o fato histórico não é verdadeiro – Mikao Usui nunca foi professor cristão e também não foi médico. No entanto, posso aceitar essa divergência da verdade como um meio para, naquela época, alcançar um fim. No Ocidente, a referência 'Doutor' conferia a Usui o respeito que o título 'Sensei' lhe granjeava no Japão. Como percebeu Takata, o respeito implícito em 'Sensei' se perderia totalmente no Ocidente, o que não aconteceria com 'Doutor'.

Esta é a minha versão resumida da história, conforme transmitida por Hawayo Takata e perpassando o Usui Shiki Ryoho.

História da descoberta do Reiki

Dr. Usui era professor numa escola cristã em Quioto. Certo dia, seus alunos lhe perguntaram se ele acreditava literalmente na Bíblia. Ele respondeu que sim. Os alunos então lhe perguntaram se ele podia explicar as curas milagrosas de Jesus. Como não conseguiu dar essa explicação, ele se propôs a descobrir a resposta à questão da cura.

Primeiro ele viajou para o Ocidente, onde o cristianismo era mais praticado, e estudou teologia em Chicago. Mas Usui não encontrou as respostas que procurava. Entretanto, durante sua permanência nos Estados Unidos, ele aprendeu sânscrito, o idioma das antigas escrituras da Índia e do Tibete.

Ele voltou ao Japão e passou a viver em vários mosteiros budistas, acreditando que poderia encontrar a resposta no *Sutra do Lótus*. Os monges que encontrou, porém, não estavam mais interessados em curar o corpo e dedicavam-se à cura do espírito. Por fim, ele chegou a um mosteiro Zen, onde o abade concordou que deveria ser possível curar o corpo, como Buda fizera, mas que o método se perdera. Estimulado pela resposta do abade, Dr. Usui permaneceu no mosteiro, lendo os sutras em

DIREITA Na versão da história narrada por Takata, as curas de Jesus inspiraram Usui a descobrir o mistério da cura.

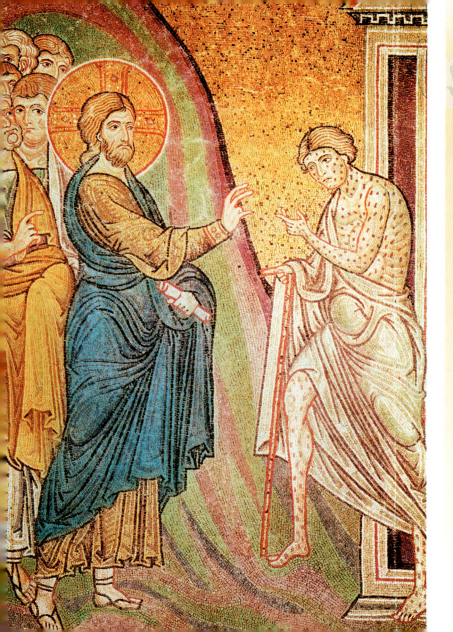

A HISTÓRIA DE MIKAO USUI CONTADA POR TAKATA

41

AS ORIGENS DO REIKI

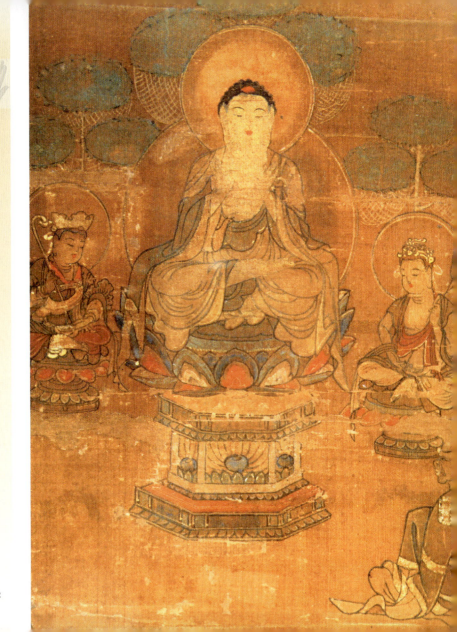

sânscrito original. Embora encontrasse textos que descreviam o método de cura, ainda lhe faltavam informações que o capacitassem a ativar e a usar a energia.

Ele então viajou para o Tibete com o objetivo de ler os pergaminhos que documentam as viagens de Santo Issa, que muitos acreditam ser Jesus, mas logo voltou ao mosteiro Zen ainda sem ter conseguido o conhecimento que procurava. O abade o incentivou a continuar sua busca e recomendou-lhe que fizesse um retiro de 21 dias na montanha, com jejum e meditação, uma prática comum para monges.

Dr. Usui escolheu o Monte Kurama e recolheu 21 pedras que lhe serviriam de calendário. Ao alvorecer do 21º dia, ele pegou a última pedra e pediu uma resposta. Nesse momento, ele viu uma luz irradiando em sua direção através do céu. A luz o atingiu no terceiro olho, no meio da testa. Ele viu bolhas com as cores do arco-íris, e nelas os símbolos do Reiki. Ao ver os símbolos, ele recebeu informações sobre cada um deles e como usá-los para ativar a energia do Reiki.

Entusiasmado por finalmente obter a resposta, ele desceu da montanha correndo, e no caminho machucou o dedo do pé. Ele ficou surpreso ao constatar que alguns minutos depois o sangramento havia estancado e o dedo estava melhor.

Objetivo da história

A história continua com outros relatos de curas milagrosas e com as atividades de Mikao Usui no Bairro dos Mendigos, em Quioto, que de fato se baseiam no trabalho que ele realizou depois do grande terremoto que estremeceu o Japão em 1923. Apoiada nesse fato, Takata inventou uma parábola para inculcar nos alunos a necessidade de pagar pelas aulas e tratamentos. De acordo com a história de Takata, os mendigos que recebiam tratamentos sem pagar não demonstravam nenhuma melhora. Usui então percebeu que era preciso haver uma troca de energia de alguma forma para que a cura se processasse. A sociedade aceita amplamente o dinheiro como essa forma de energia em troca de serviços, apesar de haver muitos outros modos de intercambiar energia, como o escambo. A história pode ser imprecisa, mas estimulou muitos milhares de pessoas a aprender Reiki e incutiu-lhes um senso de tradição que sem ela não teria existido. O que a história nos incute é o senso da 'inspiração divina' que estava presente no esforço de Mikao Usui para criar um sistema de cura e de prática espiritual que oferece aos seus praticantes tudo o que precisam para viver uma vida mais realizada.

ESQUERDA O *Sutra do Lótus* e outros textos sânscritos continham descrições de cura energética, mas nenhuma informação sobre como ativar e usar a energia.

O Reiki Hoje

O Reiki espalhou-se rapidamente por todo o mundo, e em sua jornada pelo Oriente e pelo Ocidente evoluiu para atender às necessidades da diversidade de pessoas que o praticam.

O Reiki no Ocidente hoje

A compreensão do Reiki, como o conhecemos no Ocidente, veio passando por mudanças nos últimos 10 a 15 anos. Esse fato se deve em grande parte às pesquisas de três pessoas: Frank Arjava Petter, Bronwen Stiene e Frans Stiene. Esses três professores de Reiki se empenharam em revelar o sistema de Reiki como Mikao Usui o ensinava no Japão. Os praticantes de Reiki no Ocidente também puderam aprofundar sua compreensão do sistema pela disposição de alguns professores japoneses, particularmente Hiroshi Doi, de transmitir os princípios da prática do Reiki de acordo com o sistema da Usui Reiki Ryoho Gakkai, a organização criada por Mikao Usui em 1922 (p. 33) para promover a prática do Reiki no Japão.

Além dos mencionados, há muitos outros professores de Reiki e escritores que também foram importantes para ampliar a nossa compreensão do Reiki. Todos devemos muito a eles, pois acrescentaram uma nova dimensão ao nosso entendimento da prática e do seu potencial como sistema holístico e nos esclareceram aspectos da vida de Mikao Usui e das origens do sistema.

O caráter inacessível da cultura japonesa para os ocidentais, devido em parte à barreira do idioma e em parte a costumes culturais muito diferentes (especialmente com relação a práticas consideradas como sagradas), dificultou significativamente a obtenção de informações por estrangeiros – daí o valor dos que estiveram no Japão pesquisando e dos japoneses que se dispuseram a vir para o Ocidente e ampliar os nossos conhecimentos.

Como nos referimos ao Reiki

No Ocidente, até recentemente, estivemos falando sobre o Reiki como se ele fosse o sistema, quando na verdade o Reiki é a energia que o praticante transmite. Assim, quando falamos sobre as origens do Reiki, estamos de fato falando sobre as origens dos métodos de uso da energia. Portanto, é mais exato falar sobre 'o sistema de Reiki'. Entretanto, para os propósitos deste livro, e porque a maioria das pessoas se refere a ele como Reiki, vamos nos referir ao sistema como Reiki.

DIREITA Vários professores ocidentais empenharam-se em aprofundar o nosso conhecimento do Reiki no Japão e em trazer professores japoneses para o Ocidente.

O Reiki no Japão hoje

Quando o Reiki começou a propagar-se no Ocidente, nada se sabia sobre o que estava acontecendo no Japão. Ninguém ouvia nada a respeito de nenhum professor japonês, e presumia-se que com a morte de Chujiro Hayashi (o principal responsável pela chegada do Reiki no Ocidente), após a transmissão do seu método de ensino do sistema para Hawayo Takata, a prática do Reiki no Japão havia desaparecido com ele.

Hoje sabemos que não foi isso que aconteceu. É verdade que o impacto dos anos pós-guerra sobre o Japão pode ter causado o esmorecimento do Reiki e o retraimento dos seus professores por algum tempo. Isso é compreensível no contexto de um Japão em vias de tornar-se uma nação industrial proeminente, com a consequente redução do interesse pela espiritualidade entre a nova geração – à semelhança do que aconteceu no Ocidente.

Entretanto, com a propagação do Reiki no Ocidente, foi apenas uma questão de tempo para que os professores começassem a ficar curiosos sobre o que estava acontecendo com o Reiki em seu país de origem. Isto, somado ao desejo de descobrir os ensinamentos originais, por fim resultou no ressurgimento do Reiki no Japão, ironicamente, com o estilo de Reiki ocidental mais extensamente praticado do que os ensinamentos originais do Usui Reiki Ryoho Gakkai, que é uma sociedade de caráter privado (p. 33).

Intercambiando sabedoria

Um dos primeiros professores de Reiki a sondar o que estava acontecendo foi Mieko Mitsui, uma professora de Reiki japonesa morando nos EUA. Com a vantagem de saber falar japonês, ela voltou para o Japão, levando consigo sua versão do Reiki. Outros seguiram os passos de Mieko, tanto levando o estilo ocidental de Reiki para o Japão quanto, e isso é importante, descobrindo o que lá esteve acontecendo desde que Mikao Usui começou a ensinar o seu sistema. Houve surpresas e revelações em ambos os lados, como seria de esperar.

Para os praticantes japoneses que estudaram com Usui e que ainda vivem, a surpresa foi descobrir que o Reiki havia saído do Japão e agora era um sistema praticado pelas pessoas em quase todos os países. Para os ocidentais, a revelação foi que o Reiki ainda estava sendo praticado no Japão em sua forma original, exatamente como Usui o ensinou.

DIREITA No Japão, o Reiki é praticado em sua forma original como Usui o ensinou. A forma ocidental, porém, está se tornando cada vez mais popular.

O REIKI NO JAPÃO HOJE

O Reiki no século XXI

Nos anos finais da década de 90, um grande alvoroço espalhou-se pelo mundo do Reiki. Na época, pareceu-me que a prática, cuja simplicidade cativa pessoas de níveis culturais e sociais os mais diversos, estava sendo transformada numa espécie de campo de batalha sectário relacionado com a religião organizada. Chegavam cartas de Mestres de Reiki orientando seus alunos sobre o que devia ser objeto de crença, e discussões fervilhavam na internet. O Reiki tinha um 'nós' e um 'eles' – os tradicionalistas e os independentes.

Como acontece frequentemente, a facção que se identificava como os tradicionalistas acreditava que estava ensinando o Reiki 'verdadeiro'. Tudo o mais

estava errado. A publicação do livro de Diane Stein, *Reiki Essencial*, foi o principal pomo da discórdia porque publicou os símbolos do Reiki, um ato considerado como anátema pelos membros da Aliança de Reiki, a organização dirigida pela neta de Hawayo Takata, Phyllis Lei Furumoto, que se desligou da Aliança em 1992.

Diversidade natural

Com a vantagem da visão em retrospectiva, hoje sabemos que sempre houve diferenças nos métodos e no ensino do Reiki. No Japão, o sistema de Chujiro Hayashi era diferente do de Usui, e atualmente outras versões japonesas existem lado a lado com o Usui Reiki Ryoho Gakkai original (p. 33). É grande o número de escolas de Reiki existentes em todo o mundo nos dias atuais, incluindo muitas ramificações, como Seichem.

No Ocidente, quando os alunos-mestres de Hawayo Takata se reuniram depois da morte dela para discutir o que haviam aprendido e como ensinar Reiki, descobriram que ela havia ensinado a muitos deles técnicas diferentes e que havia diferenças bem precisas entre os símbolos que ela havia ensinado a alguns deles. Isso não surpreende quando se considera que houve um período de trinta anos entre o momento em que a Sra. Takata se tornou Mestra e o momento em que ela mesma começou a formar Mestres, e que nenhum Mestre tinha permissão para escrever os símbolos. Eles deviam ser desenhados de memória.

Sinta a energia

Saber que Mikao Usui criou um método simples para acessar e usar o Reiki significa que nunca haveria apenas um método. Ele estava destinado a evoluir, porque o mais importante não é o método, mas a energia. Sei que muitos discordarão disso, mas sabemos por experiência que o Reiki ensinado de formas diferentes produz efetivamente os resultados esperados. Depõe contra o espírito do Reiki afirmar que um método de ensino ou de prática funciona melhor do que outro. Quem somos nós para julgar? Cada praticante encontrará o método que lhe é mais apropriado. Alguns optarão por seguir métodos mais tradicionais; outros tenderão a explorar alternativas. Cada um tem seu próprio caminho e o direito de ser respeitado pelo caminho que segue. O mais importante é que o Reiki continua a ser ensinado e praticado num espírito de tolerância e amor e com gratidão a Mikao Usui pela dádiva que ele trouxe ao mundo.

ESQUERDA Nos anos 90, membros ainda vivos do Usui Reiki Ryoho Gakkai original ficaram surpresos ao saber que o Reiki havia saído do Japão e estava sendo praticado em todo o mundo.

PARTE 2
Compreendendo o Reiki

O que é a cura?

A palavra inglesa 'heal' (curar) deriva do termo anglo-saxão *hal*, que significava principalmente 'todo', mas também denotava 'saudável' e 'sagrado'. Nos tempos modernos, essas palavras perderam a associação que mantinham umas com as outras, do mesmo modo que a cultura ocidental, em grande parte, perdeu a relação entre saúde e totalidade.

Na medicina ocidental, em geral os profissionais não admitem uma 'dimensão da alma' para a doença. A doença tem origem no corpo físico ou no ambiente, e o tratamento é direcionado para o corpo. A mente passou a ter uma função mais importante no modo de pensar dos médicos sobre os resultados dos tratamentos; todavia, embora aceitem que uma atitude positiva pode influenciar os resultados do tratamento, interpretam o fato mais como um efeito aleatório do que como um elemento integrante do processo de cura.

Estando o corpo, a mente e o espírito dissociados, não é possível haver cura completa. Uma alma doente manifestará seu 'des-assossego' basicamente na forma de sintomas físicos. Terapias alternativas divergem da medicina convencional em seu entendimento das origens da doença. Para o terapeuta, o paciente é mais do que um corpo. Por isso, ele também procura tratar o espírito, que é o principal fator de desequilíbrio em nossa mente e em nosso corpo.

Religação com a alma

Curar-se é voltar a ligar-se com a alma. Nem sempre essa religação resulta em cura física. A cura pode consistir na possibilidade de a pessoa encarar a passagem da alma de um modo que a ajude a compreender a vida, a terminar a jornada e a aceitar a morte iminente. Por isso, não devemos confundir estar curado com ter necessariamente boa saúde.

Na essência da cura há amor e compaixão. O ato de querer curar a si mesmo ou a outra pessoa é um ato de amor e compaixão. Quando estamos separados do amor, separamo-nos dos outros; quando estamos unidos ao amor, sentimo-nos mais próximos das pessoas e da natureza. Através do amor, tornamo-nos Um. Através do Reiki, podemos unir-nos ao amor e expressá-lo com compaixão para nós mesmos e para os outros.

O Reiki ajuda-nos a compreender as principais causas das doenças que nos afetam. Os pensamentos e sentimentos que alimentamos com relação a nós mesmos e ao mundo são a principal causa do sofrimento. No entanto, precisamos aprender a examinar essas crenças com compaixão, sem culpa e sem julgar as pessoas que nos incutiram crenças como 'Não sou bom o bastante'.

'Não se queira curar a parte sem tratar o todo. Não se queira curar o corpo sem tratar também a alma... este é o erro dos nossos dias, os médicos separarem a alma do corpo.'

Platão, filósofo grego, 427-347 a.C.

ACIMA Platão acreditava que a cura completa devia incluir uma dimensão da 'alma' e que o corpo, a mente e o espírito precisavam ser tratados holisticamente.

ACIMA A meditação é uma forma de cura que ajuda a pessoa a relacionar-se com o espírito.

Espiritualidade e Reiki

Espiritualidade e religião são coisas diferentes. Uma pessoa que segue uma religião pode ser espiritualizada, mas nem todas as pessoas religiosas são espiritualizadas. As pessoas tendem a definir-se como espiritualizadas quando querem dizer que acreditam no espírito como uma dimensão importante da vida, sem seguir nenhuma religião em particular.

Uma das maneiras mais simples de perceber a diferença entre religião e espiritualidade é: nas religiões, os seguidores recorrem a um poder divino externo em busca de amparo e cura; os que seguem o caminho da espiritualidade dirigem-se a um poder interior, que podem ou não chamar de divino.

Toda cura que ajuda as pessoas a desenvolver uma relação com o espírito é cura espiritual. Ela pode assumir várias formas – meditação, yoga, Tai Chi; e também todos os métodos em que o curador atua como condutor da energia da força vital, como o Reiki. Vemos assim que em algumas formas de cura, como a meditação, a pessoa trabalha sozinha, ao passo que com o Reiki a pessoa trabalha sozinha ou com outros. O importante a lembrar é que todas essas formas de cura têm como objetivo a religação com o espírito. A diferença está no método.

Como tem sido amplamente ensinado, o Reiki não tem vínculos religiosos, mas é um caminho espiritual. Ele não exige crença em Deus ou em alguma forma de ser superior, mas incentiva cada indivíduo a procurar a verdade por si mesmo.

Influência de Mikao Usui

Com as novas informações sobre as influências de várias práticas budistas sobre Mikao Usui (pp. 25-9) e sobre os elementos que ele incluiu no seu sistema de Reiki, sabemos que o Reiki contém uma dimensão mais religiosa do que se pensava ou ensinava até agora. No entanto, é claro que Usui nunca teve a intenção de introduzir dogmas religiosos no Reiki; ao contrário, ele sempre quis libertar as pessoas de dogmas e ao mesmo tempo oferecer-lhes uma prática espiritual que incluísse diversas crenças pessoais sobre Deus ou o Universo.

Os que assim o desejarem têm agora a oportunidade de incorporar ao Reiki práticas trazidas por Usui do *Mikkyô*, do Shugendô e das artes marciais. Na minha opinião, esses caminhos acrescentam uma dimensão espiritual ao Reiki que o torna um sistema completo para a iluminação espiritual e o leva para além de um método de cura 'do momento' voltado unicamente para a canalização da energia através das mãos. Para avaliar plenamente os benefícios do Reiki, precisamos aplicar os cinco elementos do sistema que permaneceram constantes em meio a todas as mudanças ocorridas.

Os cinco elementos do Reiki

Como descobrimos, o Reiki mudou e evoluiu de muitas maneiras desde que Mikao Usui começou a ensinar o sistema. Ele foi adaptado por Hawayo Takata para harmonizar-se com a cultura ocidental, e como nem seus próprios alunos conseguiram concordar com um sistema único, muitos introduziram suas próprias ideias.

Somente cinco elementos originais permanecem, comuns ao Reiki em toda parte. É importante para o sistema identificar esses cinco elementos unificadores para termos certo senso de unidade em meio à diversidade. São também esses elementos que diferenciam o Reiki de outras formas de cura espiritual. Os cinco elementos são: *Gokai, Kokiû Hô, Tenohira, Jumon e Shirushi, Reiju*. Desses cinco, as técnicas respiratórias não são em geral ensinadas nos cursos de Reiki ocidentais, mas os que conhecem o Chi Kung ou o yoga estão a par dos benefícios dos exercícios respiratórios no trabalho com energia; por isso, incluí alguns desses exercícios nesta seção para que todos possam aprendê-los.

Muitas vezes os professores de Reiki não mostram ao aluno a importância de reunir todos esses elementos numa prática completa e, como eu disse antes, com aulas de Reiki de 'pista rápida' a ênfase tende sempre a recair sobre as técnicas de tratamento por imposição das mãos; com isso, elementos como os preceitos são considerados como de menor importância ou ensinados de um modo separado das posições das mãos.

Em seu livro *The Japanese Art of Reiki*, Bronwen e Frans Stiene dizem que 'Não é a

Nome japonês	Nome ocidental
Gokai	Os cinco princípios ou preceitos espirituais
Kokiû Hô	Técnicas respiratórias
Tenohira	Imposição das mãos ou das palmas
Jumon e Shirushi	Símbolos e mantras
Reiju	Sintonizações

ACIMA Seguindo uma prática diária constituída de alguns elementos harmoniosos, descobrimos que o caminho para a iluminação se torna mais fácil.

energia em si que faz deste um sistema singular, mas o caminho que é percorrido'. Quase todos os cinco elementos podem ser usados isoladamente e quase todos só serão usados pelo aluno quando trabalha sozinho, com exceção do tratamento por imposição das mãos, que pode ser aplicado a outras pessoas. É claro que Usui pretendia que os alunos usassem cada elemento sistematicamente, criando uma prática diária que combinasse os cinco. Cada elemento tem suas próprias lições para o aluno, de modo que, praticando todos, o aluno tem um caminho completo para a iluminação espiritual.

Os cinco princípios espirituais

Quando estudei Reiki pela primeira vez, muitos anos atrás, aprendi que Mikao Usui havia escrito um conjunto de princípios ou preceitos espirituais (*Gokai*) depois de trabalhar no Bairro dos Mendigos (pp. 40-3). Essa informação fazia parte da versão de Hawayo Takata da história de Usui. Aprendemos que ele provavelmente havia extraído essas orientações para uma vida plena de um texto escrito pelo imperador Meiji; alguns professores, porém, achavam que elas procediam de crenças cristãs. Como hoje sabemos que Usui não era cristão, essa origem pode ser descartada. Embora seja muito provável que os preceitos foram influenciados pelos escritos do imperador Meiji, eles basicamente são uma forma não religiosa de preceitos budistas tradicionais, como os do Nobre Caminho Óctuplo. Os princípios são simplesmente diretrizes para viver a vida bem.

Seja qual for essa origem, lembro também que quase não se falou sobre a aplicação dos preceitos como parte da prática de Reiki. Foi-nos dito que a recitação diária dos preceitos, ou a vivência de um dos princípios ao longo do dia, produziria efeitos extraordinários sobre a nossa consciência, mas não nos foi ensinado um método para meditar sobre eles. Esse era simplesmente o modo como o Reiki era ensinado, e o professor não sabia na época (como todos nós também desconhecíamos) que Usui havia posto os princípios espirituais no centro do seu sistema.

Importância dos princípios

Os preceitos são o coração do Reiki. Mikao Usui os escreveu como um guia para a jornada espiritual. Todos os demais aspectos que constituem o sistema de Reiki dão sustentação a esses princípios. É sobre eles que os praticantes devem meditar todos os dias para verdadeiramente conhecer o que é o Reiki e manter-se imersos nele.

Existem algumas variações sobre os princípios ensinados, mas esta tradução das anotações de Mikao Usui, feita por Chris Marsh (em *The Japanese Art of Reiki*, de Bronwen e Frans Stiene), é, na minha opinião, a mais bela em sua simplicidade e a mais próxima do espírito de Usui. Usui deixou estas instruções sobre o modo de aplicá-los:

> O segredo para atrair a felicidade através de muitas bênçãos, o remédio espiritual para todos os males.
>
> Só por hoje:
>
> Não se irrite
> Não se preocupe
> Seja humilde
> Seja honesto em seu trabalho
> Tenha compaixão de si mesmo e dos outros
>
> Faça Gasshô todas as manhãs e todas as noites, memorize-os e recite-os. Aprimore a mente e o corpo.

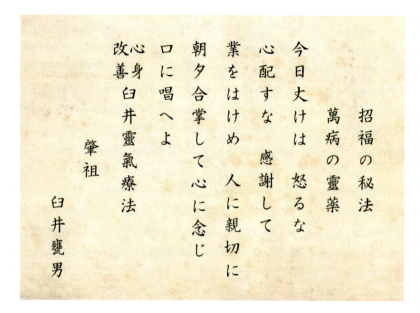

ACIMA Esta ilustração dos cinco princípios espirituais em japonês pode ser usada como foco para uma meditação visual sobre os preceitos.

Usui nos fala em primeiro lugar sobre os benefícios que receberemos por meditar sobre os preceitos, que são felicidade e alívio do sofrimento, seja da mente, do corpo ou do espírito. Em seguida, ele nos dá uma orientação prática sobre a posição para meditar (Gasshô) e sugere que memorizemos os princípios para poder recitá-los com facilidade 2 vezes por dia. Ele conclui dizendo que o objetivo último da recitação dos preceitos é 'aprimorar a mente e o corpo'.

Posturas de meditação

Em suas breves orientações (p. 60), Usui diz que obtemos benefícios quando meditamos sobre os cinco princípios espirituais e seguimos o sistema de Reiki. Ele orienta o aluno a recitar os preceitos 2 vezes ao dia, se possível sentando na postura japonesa tradicional *Seiza* (pp. 78-9), com as mãos na posição *Gasshô*, ambas explicadas e ilustradas nesta seção.

Quase toda prática espiritual tem algumas posturas que os seguidores adotam, e Usui teria sido influenciado tanto por sua educação budista como pela cultura japonesa, a qual define uma etiqueta corporal muito precisa, orientada para a demonstração de respeito. Você pode adotar outras posturas de meditação (como sentar-se ereto numa cadeira ou de pernas cruzadas no chão) se achar que a *Seiza* é muito difícil, mas o que é preciso lembrar sempre é a posição *Gasshô*.

Posição Gasshô

Gasshô significa 'duas mãos postas'. Esta posição une os dois lados do corpo. Manter as mãos numa determinada posição ajuda a aquietar e concentrar a mente durante a meditação. Também é um modo de mostrar respeito pelo que fazemos. Assuma a posição *Gasshô* sempre que meditar sobre os preceitos, seguindo a orientação de Mikao Usui.

1 De joelhos, de pé ou sentado, leve as mãos à altura do coração e junte as palmas, como em oração.

2 Sem pressionar as palmas, deixe um pequeno espaço entre elas, mantendo as mãos relaxadas.

Princípios de preparação

Siga essas orientações ao meditar sobre os princípios espirituais e ao realizar exercícios respiratórios.

- Conheça a técnica ou princípio espiritual que vai usar
- Sente em *Seiza* (pp. 78-9)
- Solte as tensões do corpo
- Concentre-se no *Hara* (pp. 104-05)
- Posicione as mãos em *Gasshô*.

Princípio espiritual 1

Antes de meditar sobre um princípio ou preceito, é importante lembrar que Usui nos orienta a sempre começar com 'Só por hoje'. O objetivo dessa orientação é manter-nos centrados no presente. Os ocidentais provavelmente terão ouvido falar numa expressão quase idêntica adotada no 'Programa dos Doze Passos' para tratamento de viciados. A instrução não só nos mantém no aqui e agora, mas também fortalece a nossa crença de que sempre podemos fazer alguma coisa por um dia, sem nos preocupar com longos períodos de tempo.

Louise Hay explica a ideia de uma perspectiva ligeiramente diferente, dizendo no seu livro *You Can Heal Your Life* que 'o ponto do poder está sempre no momento presente'. Os eventos em nossa vida são criados por pensamentos e crenças que viemos nutrindo ao longo do tempo. Mas eles estão todos no passado e hoje podemos substituí-los por pensamentos e crenças que criam uma vida mais feliz.

Não se irrite

Siga sempre os princípios de preparação (p. 62) ao meditar sobre os princípios espirituais e realizar exercícios respiratórios.

> Só por hoje:
> Não se irrite

Meditar sobre este preceito consiste em parte em refletir sobre a natureza da raiva. Sem dúvida, emergirão lembranças dolorosas de ocasiões em que nos exasperamos ou em que outros se indignaram conosco e nós sentimos o corpo contrair-se diante da manifestação de fúria. Procuramos evitar a raiva de outras pessoas, mas às vezes não nos preocupamos muito em evitar a nossa própria irritação, sentindo-nos livres para liberá-la à vontade.

A raiva tende a resultar do sentimento de que perdemos o controle sobre uma pessoa ou situação. Quando ficamos bravos com outra pessoa, achamos que estamos recuperando esse controle, o que é uma percepção falsa, naturalmente. O que de fato acontece é que estamos perdendo o controle de nós mesmos.

Se você observar a sua raiva no momento em que ela surge, verá que ela reflete algo de você que precisa de atenção, e não um defeito na pessoa com quem você está se irritando. As pessoas que trazemos para a nossa vida são nossos espelhos, por isso observe as que mais o incomodam, pois elas refletem aspectos de você mesmo que você prefere não ver. Seja um observador da sua raiva antes de expressá-la; você perceberá que não há nada com que irritar-se.

ESQUERDA Ao liberar a raiva, achamos que precisamos recuperar o controle sobre os outros. Mas é o controle de nós mesmos que perdemos.

Princípio espiritual 2

É interessante afixar uma cópia dos princípios espirituais num lugar que você possa vê-los todos os dias, como na porta da geladeira. Ou você poderia praticar as suas habilidades de caligrafia e escrevê-los em papel especial. Além disso, você poderia acrescentar-lhes ilustrações e emoldurá-los. Talvez você queira distribuí-los em vários lugares pela casa ou tê-los por perto no trabalho, de modo a lembrar-se constantemente deles.

Você pode optar por recitar os preceitos em voz alta ou repeti-los em silêncio para si mesmo. A vantagem de recitá-los em voz alta é que você estabelece uma relação mais intensa com os significados, do mesmo modo que entoar os mantras ajuda-o a beneficiar-se da vibração dos sons (pp. 88-9).

Não se preocupe

Siga sempre os princípios de preparação (p. 62) ao meditar sobre os princípios espirituais e realizar exercícios respiratórios.

> Só por hoje:
> Não se preocupe

A preocupação está em toda parte. Todo mundo parece estar preocupado com alguma coisa, e alguns de nós somos campeões em preocupação, vendo apenas nuvens negras sobre a nossa cabeça por mais que o sol esteja brilhando. A preocupação causa stress desnecessário, e quando nos preocupamos com os outros acreditamos que preocupar-nos com eles é um modo de mostrar benevolência. Mas a preocupação não é uma demonstração de amor, mas uma manifestação dos nossos medos interiores dirigida aos outros.

Além disso, quando nos preocupamos, estamos vivendo no futuro, não no presente. A expressão 'talvez nunca aconteça' contém certa verdade, mas quando nos preocupamos é quase certo que acontecerá. A preocupação nos rouba a paz de espírito e é perda do nosso tempo e energia.

A preocupação é sempre um sinal de que perdemos a fé. Não conseguimos mais ver o panorama geral ou confiar no que nos está acontecendo. Nos preocupamos com o futuro e tentamos controlá-lo para nos proteger do sofrimento, em vez de deixar que ele transcorra naturalmente e de experimentar coisas ainda maiores do que poderíamos imaginar por nós mesmos.

Nós nos preocupamos principalmente porque não acreditamos que o mundo seja repleto de abundância, e achamos que teremos de lutar por tudo o que queremos. Escolha alguma coisa que seja motivo de preocupação para você e só por hoje não se preocupe com ela. Em vez de preocupar-se, peça ao Universo que o ajude com ela e tenha fé de que ao pedir você receberá a resposta. Não perca tempo preocupando-se.

DIREITA Quando nos preocupamos, estamos vivendo no futuro, não no presente. Em vez de se preocupar, acredite que o Universo o favorecerá.

PRINCIPIO ESPIRITUAL 2

Princípio espiritual 3

Os princípios têm o objetivo de ajudar-nos a viver com atitudes corretas. As pessoas espiritualmente avançadas terão integrado esses princípios em sua vida, e estes lhes serão tão naturais como o ar que respiram. Entretanto, quase todos nós precisamos ser lembrados dos aspectos aos quais mais precisamos prestar atenção. Alguns princípios nos tocarão mais do que outros, e é salutar ter consciência daqueles com que você mais se identifica e daqueles que prefere ignorar. Pergunte-se se aqueles com quem você acredita ter menos contato sejam, de fato, os que mais precisam de atenção em sua vida.

Seja humilde

Siga sempre os princípios de preparação (p. 62) ao meditar sobre os princípios espirituais e realizar exercícios respiratórios.

> Só por hoje:
> Seja humilde

Ser humilde, ou mostrar humildade, é uma expressão que, infelizmente, carrega inúmeras conotações um tanto negativas na linguagem do dia a dia. Talvez sejam essas conotações que lhe venham à mente quando medita sobre este preceito. Uma pessoa descrita como humilde é considerada modesta, dócil ou retraída. O termo implica também ser pobre ou desvalido; e, talvez o pior de todos, uma pessoa humilde pode ser vista como subserviente. Esses atributos não são muito apreciados numa sociedade que tende a valorizar pessoas que progridem à custa de terceiros, e não as que se põem a serviço dos outros.

Por isso, é preferível não nos vermos como humildes. Em termos modernos, seríamos chamados de 'perdedores'. No entanto, se observarmos alguns líderes espirituais, filósofos e cientistas, somados aos que trabalham pelo bem maior da humanidade, provavelmente veremos que eles têm em comum uma qualidade de humildade que lhes permite deixar seus dons resplandecer.

Ser humilde não significa condescender com a falsa modéstia ou forçar-se a um comportamento retraído. Essa é uma forma de egoísmo. Em vez disso, veja a gratidão como a essência da humildade.

Ao acordar, diga 'muito obrigado' por sua vida e por tudo o que ela envolve, seja o que for, e pela oportunidade de mais um dia. Ser grato ao Universo pelos bons e pelos maus aspectos da sua vida e da vida de outros propicia-lhe paz e abundância. Ser humilde significa aceitar a verdade do seu eu interior e viver essa verdade.

ESQUERDA A gratidão é a essência da humildade. Acorde todos os dias e seja grato por tudo o que você tem.

Princípio espiritual 4

Ao introduzir os preceitos do Reiki em sua vida, talvez seja interessante refletir sobre os princípios que já lhe servem de orientação em sua caminhada. Você sabe realmente quais são e poderia escrevê-los? Esse é um exercício interessante, pois quase todos nós acreditamos que temos princípios orientadores, mas não temos clareza sobre o papel que desempenham em nossa vida diária, e talvez sejamos menos honestos com nós mesmos sobre as diretrizes pelas quais vivemos.

Seja honesto em seu trabalho

Siga sempre os princípios de preparação (p. 62) ao meditar sobre os princípios espirituais e realizar exercícios respiratórios.

> Só por hoje:
> Seja honesto em seu trabalho

Talvez este seja o princípio que as pessoas mais têm dificuldade de compreender. A uma primeira leitura, poderia parecer que ele simplesmente se refere à sua relação com o trabalho, como no emprego. No entanto, ele pede uma interpretação mais ampla e sugere que examinemos como nos conduzimos em todos os aspectos da vida.

Ao procurar entender o sentido deste princípio, pergunte-se quais qualidades associadas à honestidade são mais importantes para você. Você pode considerar crucial a honestidade em palavras e ações, independentemente de como isso afeta outras pessoas. Às vezes esse tipo de honestidade não será uma forma de orgulho egoísta?

Mais do que qualquer outra coisa, talvez este preceito peça que sejamos honestos com nós mesmos. Muito frequentemente todos somos desonestos com nós mesmos de muitas maneiras. Nós nos justificamos por ações que não toleramos nos outros. Nós trapaceamos e fraudamos a nós mesmos quando negligenciamos a nossa prática de Reiki, por exemplo, ou quando não seguimos as nossas inclinações em nosso trabalho e em vez disso fazemos o que os outros esperam de nós. Considere toda a sua vida como seu trabalho, e verifique as áreas em que poderia ser mais honesto e o que precisa fazer para pôr isso em prática.

> **Trabalho com o espelho**
> Um método prático para avaliar o seu grau de honestidade é fazer um trabalho com o espelho. Olhe-se no espelho e diga em voz alta alguma coisa que você admira em si, por exemplo, 'Eu sou amável'. Qual é a sensação? Você sente algum desconforto ao dizer isso? Seja honesto com você mesmo, aceite o que você sente e faça a mudança que for necessária.

DIREITA É importante aprendermos a ser honestos com nós mesmos antes de começar a ser honestos com os outros.

PRINCIPIO ESPIRITUAL 4

Princípio espiritual 5

A integração dos cinco princípios espirituais em sua vida exige autodisciplina para desenvolver uma prática diária. Também significa aceitar a si mesmo com amor. Ao perceber algum defeito, não reaja com culpa e vergonha. O lado sombra, como alguns o chamam, precisa ser aceito. Preferiríamos que ele não existisse, e o tratamos como inimigo. Quanto mais lutamos com esse aspecto de nós mesmos, menor a possibilidade de amar a nós mesmos ou aos outros. Seria interessante você relacionar algumas das suas crenças negativas sobre você mesmo e perguntar-se quem lhe incutiu essas crenças, e se você tem realmente motivo para continuar mantendo-as.

Tenha compaixão de si mesmo e dos outros

Siga sempre os princípios de preparação (p. 62) ao meditar sobre os princípios espirituais e realizar exercícios respiratórios.

> Só por hoje:
> Tenha compaixão de si mesmo
> e dos outros

Observe que somos orientados a ter antes compaixão de nós mesmos. Quando amamos a nós mesmos, estamos em melhores condições para amar os outros – mas muitas vezes é difícil amar a nós mesmos porque rejeitamos muitas coisas que vemos em nós. A atitude de aceitação e perdão de tudo o que é menos do que perfeito em nossa vida faz parte da essência da compaixão.

Valorizar a contribuição que todas as outras pessoas dão à nossa vida possibilita-nos demonstrar compaixão por elas. Isso inclui as que lhe causam problemas e as que o irritam ou são motivo de preocupações. Meditar sobre o propósito divino do sofrimento e também da alegria na vida lhe possibilitará desenvolver a compaixão e ser Um com todas as coisas.

ESQUERDA Quando amamos, perdoamos e aceitamos a nós mesmos, é muito mais fácil ter compaixão dos outros.

Afirmações

Quando repetimos uma afirmação regularmente, mostramos compaixão por nós mesmos e disposição para mudar para melhor.

Veja o que você quer mudar na sua vida. Faça um exame minucioso para descobrir as crenças que você sustenta e que o estão impedindo de fazer essa mudança; em seguida, faça uma afirmação que o liberte dessas crenças. Por exemplo, caso se sinta inseguro, você pode afirmar 'O Universo sempre me favorece e protege'.

Técnicas respiratórias

A respiração é fundamental para a nossa existência. Podemos viver sem água ou alimento durante vários dias e ainda sobreviver, mas não podemos manter-nos vivos por mais do que alguns minutos sem respirar. Ao nascer, a primeira respiração do bebê é também a primeira vez que ele puxa energia para o seu corpo independentemente da mãe. O ar é a principal fonte de energia, e a respiração é o mecanismo que nos possibilita absorvê-lo; todavia, nós praticamente não temos consciência do processo, a não ser que ele apresente algum problema. Também não pensamos nos efeitos que a respiração tem sobre os outros sistemas do corpo – respirar é simplesmente algo que fazemos até o momento em que morremos.

Tanto o nosso estado de espírito como o estado do nosso sistema nervoso podem exercer uma influência profunda sobre a nossa respiração, e vice-versa. Quando estamos perturbados ou ansiosos, sentimos o peito apertar e a respiração se torna mais superficial e mais rápida. Como a respiração é superficial, o corpo não absorve oxigênio suficiente, e assim respiramos ainda mais rápido na tentativa de aspirar mais ar. O resultado extremo desse esforço é a hiperventilação, que tende a causar tontura ou desmaio e é frequentemente associada a ataques de pânico.

Estados de ansiedade também afetam a nossa capacidade de fazer circular o *Ki* suavemente pelo corpo. Reduzindo o ritmo da respiração por meio de técnicas de meditação, podemos melhorar a circulação do *Ki* e aumentar a quantidade de energia.

Em japonês, as técnicas respiratórias ensinadas por Usui são chamadas *Kokiû Hô*. A respiração controlada é praticada tanto no yoga como no Chi Kung para cura de si mesmo e nas artes marciais para intensificar a energia.

Exalação

Um dos procedimentos de emergência para controlar uma crise de hiperventilação consiste em fazer a pessoa respirar num saco de papel, de modo a expandi-lo. Por quê? Porque precisamos exalar mais quando estamos hiperventilados, embora o nosso instinto seja aumentar a inalação. É por isso que os exercícios nas páginas seguintes dão mais ênfase à exalação. No exercício básico de respiração do Chi Kung (pp. 76-7), a ênfase está na exalação. É essa ação que faz o corpo relaxar. Dizemos inclusive que 'temos um suspiro de alívio' quando a respiração reflete a liberação mental que sentimos.

DIREITA Técnicas respiratórias são de valor incalculável para nos ajudar a melhorar a circulação do *Ki* e aumentar a nossa energia.

Exercício respiratório 1

Este exercício básico do Chi Kung o ajudará a respirar mais lenta e profundamente. Antes de respirar, conte quantas respirações você faz por minuto. Uma pessoa comum respira em torno de 16 vezes por minuto, mas depois de praticar este exercício regularmente você deve constatar que esse número baixa para cinco respirações ou ainda menos. Principiantes e pessoas com problemas respiratórios, porém, não devem forçar nenhuma alteração no ritmo de entrada e saída do ar. Apenas persevere na prática; as mudanças ocorrerão naturalmente no ritmo que for compatível com você. Não retenha a respiração em nenhum momento na tentativa de desacelerar.

No início, é interessante colocar as mãos sobre o abdômen ou sobre o peito para sentir o movimento da respiração. O exercício pode ser feito na posição de pé, deitada ou em *Seiza* (pp. 78-9).

Se praticar esta técnica regularmente, você descobrirá que começa a usar esta forma de respiração naturalmente sem precisar concentrar-se para fazê-la.

1 Comece exalando pelo nariz. Ao terminar a exalação, contraia os músculos do estômago e nivele ligeiramente o estômago. Ao fazer isso, você sentirá o músculo diafragma pressionar em direção ao tórax, forçando o ar para cima e para fora. Elimine o máximo de ar que puder, sem forçar, até sentir os pulmões vazios.

2 Relaxando os músculos do estômago, inspire naturalmente e dirija o ar para o abdômen, sentindo-o expandir-se debaixo de suas mãos como um balão. Não force, pois do contrário você criará tensões e anulará o efeito. Ao sentir o abdômen cheio, exale novamente, repetindo o passo 1.

Atenção
Não pratique esta técnica em excesso no início. Comece com três respirações por vez e aos poucos aumente o número de repetições.

TÉCNICAS RESPIRATÓRIAS

Postura para respiração

A respiração do *Ki* melhora a liberação de nutrientes pelo corpo e acelera a remoção de toxinas. Ela também fortalece o fígado, os rins e o sistema imunológico. A postura afeta significativamente a qualidade da nossa respiração. Se você tem asma, ou conhece alguma pessoa com asma, provavelmente já observou que durante um acesso a tendência é curvar os ombros e arquear as costas. Isso fecha a região do peito, o que resulta em constrição ainda maior da respiração. Muitas vezes o corpo mantém essa postura mesmo depois de passada a crise, o que contribui para a continuação da condição.

Abrir a região do peito (mantendo os ombros soltos e para trás, assumindo regularmente a postura *Seiza* aqui demonstrada, ou fazendo exercícios que alongam esses músculos) é fundamental para melhorar a qualidade da respiração e da energia que circula no seu corpo.

Como sentar em *Seiza*

Esta postura facilita a subida da energia pela coluna e ajuda a manter o centro cardíaco aberto.

1 Dobre as pernas e apoie o joelho direito no chão.

2 Apoie o joelho esquerdo no chão, a uma distância de 20 cm do direito tocando o dedão dos pés.

3 Dobre o corpo para trás sobre os joelhos e apoie as nádegas sobre os calcanhares. As costas ficam eretas e os olhos relaxados, mas voltados diretamente para a frente.

Postura alternativa
Os ocidentais têm bastante dificuldade de manter esta posição por muito tempo. Se sentir contração muscular, apoie as nádegas sobre uma almofada.

Exercício respiratório 2

O objetivo desta técnica é concentrar a mente no *Hara* (pp. 104-05) e ajudar a fortalecê-lo. Não faz sentido praticar estes exercícios respiratórios, ou meditar, apenas de vez em quando. Você não obterá os benefícios sem uma rotina regular, pois os efeitos de qualquer exercício se manifestam com o tempo.

Inicialmente você pode sentir mudanças no nível físico ou emocional, seguidas por alterações na percepção da energia. Essas mudanças variam de pessoa para pessoa, por isso não espere resultados predeterminados. No entanto, essas mudanças são a ponta do iceberg. Somente com a prática regular é que você perceberá o que está sob a superfície.

Pode ser-lhe difícil no início visualizar a energia expandindo-se pelo corpo. Se esse for o caso, sugiro que imprima na sua mente a intenção de que a energia se expanda por todo o corpo e preencha o espaço físico em torno do corpo. É importante não brigar com a visualização para não anular o efeito do exercício.

Como acontece com os outros exercícios, pratique lentamente, e se sentir tontura, faça uma pausa de 5 a 10 minutos e em seguida retome o exercício.

Antes de iniciar, lembre-se dos princípios de preparação (p. 62).

1 Depois de assumir a posição *Gasshô* (p. 62) por alguns instantes, coloque as mãos sobre os joelhos com as palmas voltadas para cima.

2 Comece com uma exalação, como no exercício respiratório 1 (pp. 76-7), para eliminar o ar impuro dos pulmões. Na inalação, inspire pelo nariz, dirigindo o ar para o abdômen, e imagine a energia preenchendo toda a cavidade abdominal. O abdômen se expandirá fisicamente, como no exercício 1.

3 Na exalação, visualize o ar como energia que se expande para encher todo o seu corpo e saindo do corpo pela pele para encher o espaço ao seu redor. Para isso, preste menos atenção ao ar que sai do corpo pelo nariz e concentre-se na região do *Hara*, sentindo-o como a fonte da energia que sai dele.

4 Termine reassumindo a posição *Gasshô* por alguns instantes.

Exercício respiratório 3

Esta é uma técnica respiratória mais avançada. Ela é semelhante a algumas técnicas de *Pranayama* próprias do yoga, como a respiração alternada pelas narinas, pois o objetivo do exercício é unir os lados direito e esquerdo do corpo para criar uma sensação unificada do eu. Ela é também muito útil para desenvolver a sensibilidade nas mãos, muito valiosa no trabalho com energia de cura.

Inicie seguindo os princípios de preparação (p. 62). Eles o ajudam a predispor-se para o exercício e a lembrar-se de que você está entrando num espaço especial.

Respiração difícil

Pessoas com problemas respiratórios estão sempre muito atentas à respiração.
Na minha adolescência, meu pai me ensinou técnicas de respiração do yoga para aliviar a asma. Na idade adulta, a doença tornou-se mais branda e depois que aprendi métodos de respiração do Chi Kung, nos quais controlamos e prolongamos a exalação, comecei a sentir melhoras ainda maiores. Combinados com o Reiki, esses exercícios ajudarão a facilitar a respiração dos que têm problemas respiratórios.

1 Sente-se com a coluna ereta, na postura *Seiza* (pp. 78-9) ou numa cadeira com espaldar vertical. Em seguida, coloque e mantenha as mãos na posição *Gasshô* (pp. 62-3). Por fim, coloque e mantenha a atenção no *Hara* (pp. 104-05).

2 Ao inspirar, em vez de acompanhar o fluxo do ar através do nariz até o abdômen, visualize a energia entrando pelas mãos, subindo pelos braços, passando pelo tronco e chegando ao *Hara*. Com a regularidade da prática, você conseguirá visualizar e sentir a energia entrando pelas mãos e fluindo até *Hara*.

3 Ao expirar, visualize a energia saindo do *Hara*, passando pelo tronco e pelos braços, e saindo pelas mãos.

Repita o processo, aumentando o número de repetições aos poucos, à semelhança dos outros exercícios. Se tiver problemas em sentir a energia fluindo com o ar, não se torture imaginando se está ou não fazendo o exercício corretamente – apenas confie que está.

Cura por imposição das mãos ou das palmas

Todos usamos as mãos para curar. Quando tocamos uma pessoa para tranquilizá-la, ou a abraçamos ou beijamos para aliviar a dor, estamos aplicando o conforto do toque, mas estamos também transmitindo uma energia que ajudará a pessoa a recuperar-se. Todos os que trabalham com energia sabem disso. Todavia, quem não está envolvido com esse trabalho talvez apenas suspeite da existência de algo mais forte do que apenas uma demonstração de simpatia por trás do seu instinto de tocar uma pessoa ou animal em dificuldade.

Muitas pessoas sabem que se puserem as mãos no estômago ao sentir dor, depois de alguns instantes a sensação será de alívio. As mãos podem ficar mais quentes, mas a pessoa não sabe por quê. Não é porque ela tem uma aptidão especial – podemos transmitir essa energia para nós mesmos e para os outros colocando as mãos sobre o corpo.

A imposição das mãos, como às vezes se diz, com o objetivo de curar, é uma tradição em quase todas as sociedades e culturas. Alguns acreditam que os curadores receberam algum dom especial de Deus. É verdade que alguns curadores espirituais e intuitivos são capazes de atrair energia suficiente para curar diretamente da fonte, sem treinamento numa prática como o Reiki. Entretanto, em sua maioria, as pessoas usam a própria energia quando colocam as mãos sobre si mesmas ou sobre outras pessoas para curá-las. Com o tempo, essa prática esgota o estoque pessoal de *Ki* e pode levar à doença. Por isso é importante aprender uma prática como o Reiki.

Acesso imediato à energia

A cura por imposição das mãos do Reiki, ou 'cura pelas palmas' segundo a tradução da palavra japonesa *Tenohira*, não é absolutamente o único sistema de transmissão de energia de cura, mas é único na simplicidade de aprendizado do método. Em comparação com outras práticas, a energia do Reiki é acessada imediatamente pelo praticante. Além disso, a energia flui com rapidez e intensidade para a maioria das pessoas desde o momento da primeira sintonização (pp. 96-7) e pode ser acessada instantaneamente no momento em que o praticante expressa a intenção de usá-la. Isso faz do Reiki uma prática ideal para a maioria das pessoas.

ESQUERDA Muitas vezes, quando consolamos uma pessoa abraçando-a ou tocando-a de algum modo, sem saber estamos usando as mãos para curar.

Cura pelas palmas no Reiki tradicional

Mikao Usui só introduziu a cura por imposição das mãos nos últimos anos do desenvolvimento do seu sistema de Reiki. Atualmente, é esse aspecto do Reiki que predomina na prática do sistema. A cura pelas palmas era uma prática muito popular no Japão na época em que Usui estava estruturando o seu sistema de Reiki e, de acordo com Bronwen e Frans Stiene em *The Japanese Art of Reiki*, um dos alunos de Usui, Eguchi Toshihiro, estava ligado a alguns grupos que trabalhavam com essa forma de cura. Mais tarde, em 1930, ele publicou um manual de posições das mãos para tratamento, apenas 4 anos após a morte de Usui. Sabe-se hoje que outros alunos também publicaram manuais semelhantes.

Quando Usui introduziu a cura pelas palmas, ele a ensinava principalmente como uma forma de primeiros socorros. Talvez isso reflita sua própria experiência inicial com a energia, ou seja, a de estancar o fluxo de sangue do dedo do pé quando descia do seu retiro na montanha. Informações obtidas com seus alunos sobreviventes certamente sugerem que ele não adotava um método estruturado de posições das mãos para tratamento de todo o corpo, mas pode ter dado destaque à cabeça e às partes que precisavam de cuidados no momento. Esse modo de trabalhar reflete o fato de que os seus primeiros alunos eram também estudantes avançados de outras práticas esotéricas e por isso não precisavam de uma técnica estruturada.

As posições das mãos

Foi quando Usui começou a ensinar a mais alunos leigos que ele sentiu a necessidade de um procedimento mais formalizado, e então pediu ao seu aluno Chujiro Hayashi que elaborasse um conjunto de posições de mãos possíveis de aplicar sistematicamente em todo o corpo. É provável que tenha pedido para Hayashi realizar essa tarefa devido aos seus conhecimentos médicos.

Essas posições das mãos podem ter sido ligeiramente modificadas por Hawayo Takata, mas isso não prejudica a efetividade do sistema. Certamente, o direcionamento do trabalho de cura para os chakras, e não para o *Hara*, durante o tratamento pelas palmas só foi introduzido na década de 80, e é uma interpretação puramente ocidental do trabalho com o sistema, sem nenhum envolvimento de Takata.

As posições das mãos às vezes variam de uma escola de Reiki para outra, mas, como sabem todos os praticantes experientes, as regras servem simplesmente de guias – a essência da prática está em deixar que a sabedoria da energia guie as suas mãos. (A Parte 4 apresenta as posições das mãos passo a passo.)

DIREITA O tratamento por imposição das mãos foi um acréscimo posterior ao sistema de Reiki, mas atualmente é um aspecto preponderante da prática.

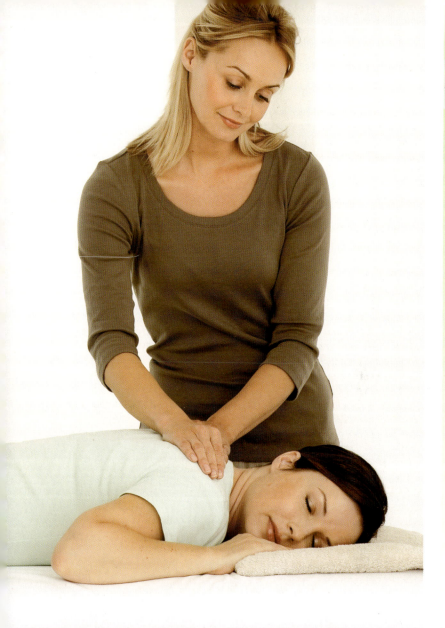

CURA PELAS PALMAS NO REIKI TRADICIONAL

87

Mantras

Um mantra consiste em palavras ou sons que são repetidos como uma forma de meditação. Os mantras são associados de modo especial às religiões ou práticas espirituais orientais. Um dos mantras mais difundidos, conhecido por milhares de pessoas, religiosas ou não, talvez seja *Om mane padme hum*, o principal mantra do Budismo tibetano.

A recitação de mantras é também a base da Meditação Transcendental, uma prática muito popular em todo o mundo. Seguidores do Budismo Nichiren Shoshu japonês, outra prática que se popularizou no Ocidente, entoam o mantra *Nam myoho renge kyo* como parte do seu ritual diário. No sufismo, o ramo místico do islamismo, os adeptos cantam *Allah-hu*.

O que faz o mantra produzir grandes transformações no praticante é a combinação entre o poder da palavra, a concentração no som e o efeito sobre a respiração. Praticando-os regularmente, os mantras lhe dão vislumbres espirituais e uma sensação de união com o Universo.

O Reiki tem os seus próprios mantras. Estes são geralmente ensinados como sendo os nomes dos quatro símbolos introduzidos nos níveis do Segundo e do Terceiro Graus. Entretanto, estritamente falando, eles não são nomes, absolutamente. Em japonês, eles são chamados *Jumon*, palavra que se traduz como 'som que invoca uma vibração cósmica bem específica', ou como *Kotodama*, isto é, 'palavras imbuídas de espírito'.

Os mantras do Reiki, que aqui abrevio como CKR (pp. 166-67), SHK (pp. 168-69), HSZHN (pp. 170-71) e DKM (pp. 190-91), derivam de uma combinação de origens xintoístas e budistas. Não escrevi os mantras por extenso porque quem chegou ao nível de prática para usá-los os reconhecerá e saberá aplicá-los quando aparecerem em exercícios.

Entoação

Caso você queira praticar a entoação de mantras, proceda do seguinte modo: os mantras são mais eficazes quando recitados em voz alta, por isso recolha-se num espaço onde ninguém possa perturbá-lo. Pratique com um mantra por vez, durante 3 a 6 meses, para imbuir-se da sua vibração e efeito específicos. Faça o exercício pelo tempo que considerar oportuno, mas saiba que é necessária muita paciência para consolidar uma prática de entoação e sentir a vibração interior.

Exercício com mantras
A meditação com um som é mais eficaz quando realizada com o corpo ereto.

1 Sente na postura *Seiza* ou numa cadeira, com a coluna ereta.

2 Coloque as mãos nos joelhos para relaxar. Se preferir, assuma a posição *Gasshô*.

3 Inspire pelo nariz, dirigindo o ar para o *Hara*. Ao expirar, recite o mantra clara e corretamente.

Poemas *Waka* japoneses

É possível que o Japão seja mais conhecido atualmente por exportar carros, consoles para jogos e *Mangás*, mas a sua poesia é um dos produtos de exportação culturais mais permanentes. A tradição de escrever poesia entre as classes altas, paralelamente à prática da caligrafia, existe no Japão há séculos. Pertencendo à classe samurai, Usui teria crescido com esta tradição de escrever poesia para expressar emoções, comemorar um evento ou registrar uma observação da natureza. Seu uso de um estilo específico de poesia chamado *Waka* para fins de meditação era desconhecido até recentemente entre os praticantes de Reiki ocidentais, mas está se tornando popular.

Usui adotava uma coleção de *Waka* inspiradores escritos pelo imperador Meiji para ajudar seus alunos em seu desenvolvimento espiritual. Todos esses poemas encontram-se em *The Spirit of Reiki*, de Walter Lübecк, Frank Arjava Petter e William Rand. Na página oposta estão dois exemplos de *Waka* escritos pelo imperador Meiji, traduzidos para o inglês por Inamoto Hyakuten.

Esses *Waka* podem fazer parte da sua prática de meditação em substituição aos princípios do Reiki, ou um *Waka* pode ser entoado como um mantra. Usui incentivava seus alunos a entoar ou cantar os *Waka* e identificar-se com o conteúdo deles.

Uma sugestão para o desenvolvimento da sua prática de Reiki é tentar escrever os seus próprios *Waka*. Tradicionalmente, os *Waka* não tinham o conceito de rima nem de verso, mas adotavam unidades e frases. A estrutura do poema é tipicamente constituída de cinco versos de 5, 7, 5, 7 e 7 sílabas, embora o exemplo 'Céu' na p. 91 tenha dois versos de oito sílabas cada um.

O diário de Reiki

Durante muitos anos, incentivei meus alunos a manter um diário de Reiki, especialmente durante o período de 21 dias após um curso. Escrever um diário é praticar uma forma de meditação, e eu gostaria de recomendar a todos a reservar pelo menos 15 minutos por dia para confiar seus pensamentos e sentimentos a uma folha de papel. Esse é um modo excelente de expurgar o lixo depositado na mente e deixar que a alma criativa se entusiasme e se expresse. Embora seja perfeitamente aceitável usar qualquer tipo de caderno como diário de Reiki, você pode homenagear seus pensamentos escolhendo um que o atraia visualmente, o que também o estimulará a começar a escrever.

POEMAS WAKA JAPONESES

Asamidori sumiwataritaru ohzorano, Hiroki onoga kokoro to mogana (Ten)
Como um grande céu em clara luz verde, Desejo que meu coração seja assim vasto (Céu)

Akino yono tuskiwa mukashini kawarenedo
yoni nakihito no ooku narinuru (Tsuki)
Enquanto a lua numa noite outonal permanece a mesma de sempre, neste mundo o número de falecidos aumenta (Lua)

TRADUÇÃO, Inamoto Hyakuten

Uso universal de símbolos

Símbolos são usados em todas as culturas desde os tempos mais remotos e antecedem a palavra escrita. Eles possuem um poder que vai muito além das palavras, contendo uma infinidade de significados que falam ao coração, às emoções e à alma. Muitos símbolos que ainda hoje nos afetam profundamente têm suas origens em culturas antigas, onde foram usados na arte e no ritual religioso.

Muitas vezes não conseguimos expressar o que um determinado símbolo significa, mas sabemos que ele nos fala e é algo que mais sentimos no coração do que entendemos na mente. Os símbolos nos instigam a ir além do óbvio e com frequência os mais simples comportam os significados mais complexos.

Alguns símbolos parecem ser culturalmente específicos, mas, como acontece com muitas crenças religiosas, se observarmos o quadro mais amplo, veremos que um símbolo predominantemente associado a uma cultura também aparece em outras, embora com pequenas variações. A cruz, que assume várias formas, é um exemplo disso (ver p. 93).

A cruz

A cruz é associada principalmente ao Cristianismo, e devido à grande expansão dessa religião, com toda probabilidade ela é um dos símbolos mais marcantes no mundo inteiro. Outra de suas formas é a cruz celta, a qual reúne a cruz e o círculo. Com suas origens numa antiga religião de culto à terra, ela representa a unidade do masculino e do feminino; o círculo representa a energia feminina procriadora e a cruz a energia masculina. A *ankh* egípcia representa a chave para revelar os mistérios da terra e do céu. À semelhança da cruz celta, sua forma combina energias masculinas e femininas. Essas duas cruzes são anteriores à cruz cristã.

A espiral

Outro símbolo muito presente nas culturas, e de particular interesse para o praticante de Reiki, é a espiral. Espirais e nós intermináveis são especialmente evidentes na decoração celta. A espiral significa o movimento da energia; o nó sem fim representa a eternidade. Do mesmo modo, na tradição do yoga, a energia *Kundalini* que leva à iluminação é representada como uma serpente enroscada; na verdade, uma espiral.

Acredita-se também que toda energia flui em espirais, o que representaria as energias solar e lunar, masculina e feminina. Este antigo conceito da espiral como representando a força vital é reforçado pela descoberta de que o DNA humano também é uma espiral.

CRUZ LATINA   CRUZ CELTA   ANKH EGÍPCIA

ESPIRAL PRÉ-HISTÓRICA   ESPIRAL EM NÓ CELTA

Símbolos no Reiki

Os símbolos usados no Reiki, ensinados a partir do Segundo Grau, foram objeto de polêmica entre as diferentes escolas de Reiki. A publicação de *Reiki Essencial* por Diane Stein em 1995 foi um momento crítico no Reiki ocidental. Alguns professores orientaram os alunos a não ler o livro porque ele quebrava as regras. Esse ponto de vista decorria dos conceitos de sigilo e de sacralidade que envolviam os símbolos.

Os professores tradicionais ensinam os símbolos de acordo com o método de Hawayo Takata. Esse método implica a memorização de todos os símbolos durante o curso e a queima dos papéis usados para treiná-los. Na realidade, isso em geral significa que os alunos esquecem como desenhar os símbolos mais complicados e relutam em pedir a seus professores que os mostrem novamente por medo de ser vistos como menos do que perfeitos ou como pouco dedicados.

É oportuno dizer que na época em que os símbolos foram publicados havia um clima de elitismo no seio da comunidade reikiana. A minha opinião é que o debate obrigou a comunidade reikiana a refletir sobre suas atitudes e que era inevitável os símbolos virem a público devido à crescente diversidade nas formas de Reiki que estavam sendo ensinadas, combinada com o uso cada vez maior da internet.

Os quatro símbolos principais

Outra questão relacionada com os símbolos veio à tona. Descobriu-se que quando os alunos-mestres de Hawayo Takata se reuniram depois da morte dela, eles encontraram variações entre os símbolos que ela lhes havia ensinado. Se Takata não ensinava os símbolos uniformemente, parece provável que muitas outras variações foram passadas de professor para aluno. Existem hoje muitos outros símbolos em circulação, mas a maioria dos praticantes ainda adota os quatro principais.

Depois de toda essa polêmica sobre os símbolos na década de 90, descobriu-se que Mikao Usui só introduziu os quatro símbolos tardiamente em seus ensinamentos. Certamente pareceria que, ao contrário do que acontecia no Ocidente, eles não eram o centro do seu sistema. Como acontece com as posições de mãos formalizadas, ele apenas os introduziu como apoio para a prática dos alunos. Na Parte 3 você encontrará uma análise mais detalhada de cada símbolo, acompanhada de formas de meditação sobre eles como parte do seu crescimento espiritual pessoal e do uso deles na cura.

DIREITA Mikao Usui introduziu os quatro símbolos tardiamente em seus ensinamentos, com a ideia de que servissem como tema para meditação.

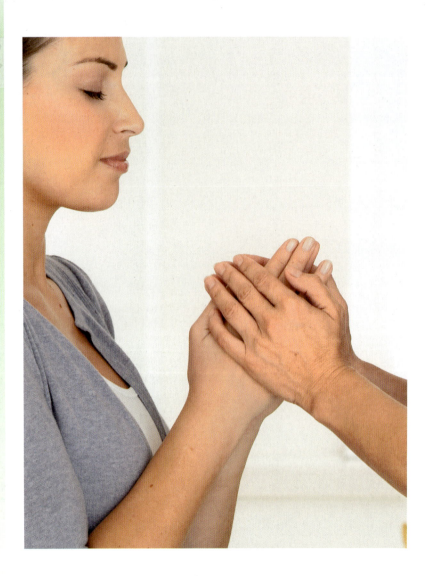

Sintonizações

No Reiki ocidental, a sintonização é parte integrante de todo curso de Reiki. Professores e escolas podem variar no número de sintonizações em cada nível de Reiki e no método que adotam para fazer a sintonização, mas ninguém, pelo que sei, ensina Reiki sem este processo de potencialização.

A história é diferente no Japão. Mikao Usui dava uma bênção espiritual, chamada *Reiju*, aos seus alunos. Esse não era um ato realizado uma única vez, mas repetido com frequência. A diferença entre uma *Reiju* e uma sintonização no estilo ocidental é que a primeira não tem o objetivo de potencializar a pessoa com energia precisamente do mesmo modo. É quase certo que Usui podia transferir ou alterar a energia dos alunos sem nenhum ritual formal. Entretanto, quando seus alunos começaram a ensinar, eles precisavam do apoio de um ritual estruturado, que provavelmente acabou ficando conhecido como sintonização.

O que é uma sintonização?

A resposta mais simples é que sintonização é uma forma de potencialização espiritual que passa do professor para o aluno, ativando nele a capacidade de atrair mais energia de acordo com a necessidade individual e capacitando-o a se tornar um canal mais eficaz para a energia do Reiki. É o aspecto individual do processo que explica o fato de que a experiência de cada pessoa é diferente. É também um meio real e simbólico de iniciar uma pessoa numa vida com Reiki. Ela assinala o momento entre a vida sem Reiki e um renascimento espiritual.

Cada professor adotará diferentes modos de conduzir a iniciação. Alguns podem iniciar vários alunos ao mesmo tempo de maneira simples e bem objetiva. Outros criarão espaços sagrados elaborados e iniciarão um aluno por vez. Seja qual for a maneira como for realizada, é uma experiência intensa tanto para o aluno como para o professor. Frequentemente, quando estou ministrando um curso, posso começar sem uma ideia clara sobre o momento do curso em que farei a sintonização. Em geral percebo que sou induzida pela energia do Reiki em si, e no momento certo sentirei subitamente a mim mesma, e à sala, encher-me com energia numa velocidade extraordinária.

Caso você seja principiante no Reiki, o processo pode deixá-lo nervoso. Peça ao seu professor que descreva como ele se movimentará ao seu redor e o que ele quer que você faça, sem diminuir o significado do processo.

ESQUERDA Uma sintonização é um método de potencialização espiritual que ativa a capacidade de uma pessoa para tornar-se um canal eficaz para a energia do Reiki.

Os Sistemas de Energia do Corpo

As filosofias orientais têm explicações minuciosas sobre o movimento da energia através do corpo e sobre o modo de operar do corpo de energia. Essas explicações enriquecem o conceito ocidental de sistemas do corpo.

Corpo de energia

O Reiki envolve trabalho com o corpo de energia. O que vou descrever nesta seção é o corpo de energia de acordo com o Chi Kung e também com o sistema de chakras – pois este último se tornou o modelo energético predominante no Ocidente.

O trabalho com os chakras só passou a fazer parte do Reiki após a morte de Hawayo Takata. Takata, Hayashi e Usui não trabalhavam com esse sistema, mas com o *Hara* (pp. 104-05), ponto de referência do trabalho com energia japonês e chinês abrangendo desde as artes marciais até a meditação budista.

Não podemos ver o corpo de energia, mas, pelo trabalho com energia, podemos senti-lo. Ele envolve e penetra cada célula do nosso corpo físico, vibrando numa frequência mais elevada do que ele. O corpo físico de cada pessoa é único para ela, e tem o que se poderia chamar de assinatura energética, a qual equivale ao modo como as impressões digitais produzem uma identificação pessoal única.

Descobri o Chi Kung quase 6 anos depois de encontrar o Reiki. Fiquei impressionada com as semelhanças entre a energia que eu sentia quando praticava Chi Kung e quando aplicava Reiki. Mencionei o fato à minha professora de Chi Kung. Ela concordou que devia haver semelhanças, e por isso lhe perguntei por que ela não praticava Reiki, pois era bem mais simples. Ela respondeu que enquanto eu certamente gostava da via expressa, ela preferia o roteiro turístico. Sem dúvida, grande parte do que aprendi com o Chi Kung acrescentou uma nova dimensão à minha prática do Reiki e à minha compreensão do movimento da energia e do corpo de energia em si.

Os meridianos, os chakras e a aura

Três elementos do corpo de energia são importantes para o Reiki: os meridianos (pp. 102-03), os chakras (pp. 106-07) e a aura (pp. 122-25). Os dois primeiros são sistemas diferentes de compreensão dos mecanismos do corpo de energia; a aura é comum a ambos.

Não é essencial para o sucesso de um tratamento de Reiki que o praticante tenha um conhecimento profundo de todos os meridianos ou que saiba tudo a respeito dos chakras. Entretanto, é importante conhecer a localização dos órgãos físicos.

Sistemas do corpo humano

Nesta seção examinaremos também dois sistemas do corpo humano físico que são de suma importância no trabalho de cura: o sistema endócrino, que corresponde aos chakras, e o sistema nervoso, que é o centro de comunicações do nosso corpo.

ACIMA A aura é um escudo de energia em forma de ovo que envolve nosso corpo e pode se expandir e contrair.

Os meridianos

Na Medicina Tradicional Chinesa (MTC), os meridianos são canais de energia invisíveis que correm em paralelo com o sistema físico anatômico, mas vibram numa frequência mais elevada. A ciência ocidental, como também os antigos sistemas científicos chineses e indianos, sugere que a energia que vibra numa frequência mais elevada influi sobre a matéria que vibra numa frequência mais baixa. Podemos deduzir daí que se os meridianos são afetados desfavoravelmente, o corpo físico manifestará sintomas de uma saúde afetada. A solução é tratar o corpo de energia tanto prevenindo o desequilíbrio como reequilibrando-o.

Segundo o sistema da MTC, são 35 os meridianos que conduzem o *Ki* através do corpo. Dentre esses, 12 são meridianos principais, 8 são meridianos extras e 15 são canais colaterais. É ao longo dos meridianos principais, dos Vasos Governador e da Concepção que se distribuem todos os principais pontos da acupressura. É recomendável conhecer alguns desses pontos, especialmente em ocasiões de urgência (pp. 308-09).

Cada um dos 12 meridianos principais tem relação com um órgão específico do corpo. Eles não estão 'ligados' ao órgão em si, mas à função do órgão. Desse modo, temos os meridianos do coração, dos pulmões, dos rins, e assim por diante. Cada meridiano está também relacionado com os aspectos físicos e emocionais da pessoa, e ainda com os elementos. Por exemplo, o meridiano do estômago está associado ao elemento terra, à cor amarela, à simpatia, à suavidade, à carne e à umidade.

Na MTC, o fluxo de energia também segue os ciclos naturais. Conhecemos bem os efeitos do ciclo lunar sobre o corpo, mas pouco sabemos a respeito do ritmo diário do ciclo solar. A energia está fluindo constantemente por seu corpo e o fluxo do *Ki* alcança e se mantém no pico em cada um dos órgãos principais durante duas horas todos os dias. Por exemplo, entre as 3 e as 5 horas, o fluxo do *Ki* chega ao máximo nos pulmões. Caso tenha problemas respiratórios, você pode acordar nesse horário por reação ao aumento de energia.

Parte do corpo	Picos de energia
Coração	11 – 13 h
Vesícula biliar	23 – 1 h
Intestino delgado	13 – 15 h
Fígado	1 – 3 h
Bexiga	15 – 17 h
Pulmões	3 – 5 h
Rins	17 – 19 h
Intestino grosso	5 – 7 h
Pericárdio	19 – 21 h
Estômago	7 – 9 h
Triplo-aquecedor	21 – 23 h
Baço	9 – 11 h

Os meridianos

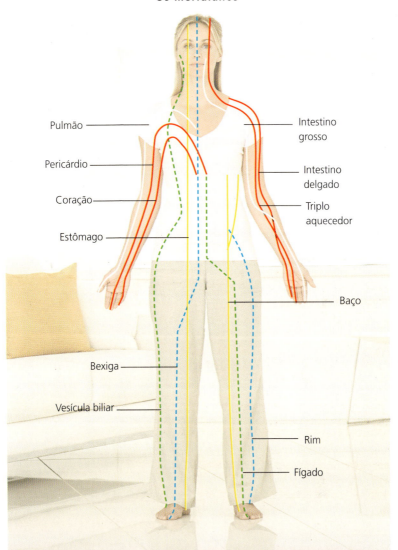

A órbita microcósmica e o *dantian*

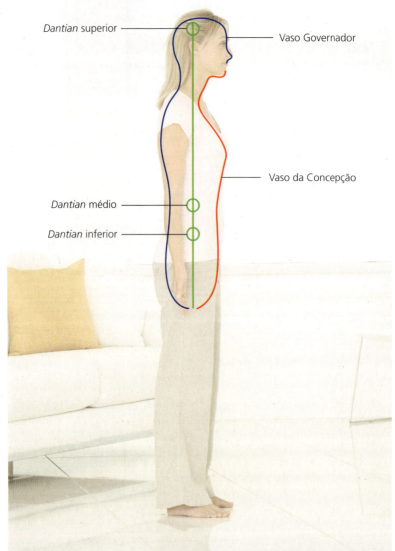

A órbita microcósmica e os centros de energia

A circulação do *Ki* pelos chakras favorece a cura e aumenta a consciência do eu superior. Os dois principais canais ou meridianos sobre os quais se localizam os chakras são os Vasos Governador e da Concepção. O Vaso Governador (masculino/Yang) corre ao longo das costas, desde o períneo, subindo pela coluna, circundando a cabeça, chegando ao terceiro olho e terminando no céu da boca. O Vaso da Concepção (feminino/Yin) corre pela frente do corpo, iniciando na língua, passando pelo chakra cardíaco e terminando no períneo. Juntos eles criam um circuito chamado órbita microcósmica.

O *Dantian* e o *Hara*

O ponto focal do corpo de energia na MTC consiste em três centros de energia, denominados *Dantian* inferior, médio e superior. Esses centros estão ligados aos Vasos Governador e da Concepção do sistema de meridianos. O *Dantian* de maior interesse para os praticantes tanto de Chi Kung como de Reiki é o inferior, que em japonês se chama *Hara*. Ele está localizado logo abaixo do umbigo e é o depósito de energia. Não se deve confundir essa energia com o *Ki*, mas é a energia com que nascemos.

O *Dantian* médio localiza-se logo acima do umbigo e é o centro das emoções e do *Ki*, enquanto o *Dantian* superior está relacionado com os aspectos mental e espiritual. No Chi Kung, é necessário aprender antes a controlar o centro inferior, estabilizando nele a energia, para depois começar a trabalhar com os outros dois. Se não aprender antes a estabilizar a energia, você pode se desequilibrar física e emocionalmente.

Os três tesouros

Num nível ainda mais básico do que o dos meridianos e do *Dantian*, temos os Três Tesouros, considerados o fundamento de toda a nossa constituição. Eles são conhecidos como *Jing*, *Chi* e *Shen*.

- *Jing* é a nossa energia genética herdada, associada ao *Dantian* inferior ou *Hara*. É também a nossa energia sexual, que precisa ser preservada.
- *Chi* (*Ki*) é a essência vital de que dependemos para viver. A qualidade do *Chi* de uma pessoa depende da qualidade do seu *Jing*. Assim, se fortalecermos o *Hara*, o que nos possibilita ligar-nos ao nosso *Jing*, podemos melhorar o *Chi* que flui através de nós.
- *Shen* é o nosso espírito ou alma, que é alimentado pelo nosso *Chi*.

O sistema opera para cima, com *Jing* alimentando *Chi* e *Chi* alimentando *Shen*. Não podemos mudar a energia *Jing* com que nascemos, mas o trabalho com o *Hara* pode ajudar-nos a dar apoio ao nosso *Chi*, que melhorará a nossa saúde e aumentará a nossa consciência espiritual.

O sistema de chakra

Chakra é uma palavra sânscrita que significa 'roda'. Há sete chakras principais no corpo de energia, estando o primeiro localizado no períneo, ou base da coluna, e o sétimo no topo da cabeça, ou coroa. Os chakras são tradicionalmente representados como uma flor de lótus, a qual – quando combinada com a ideia de roda – resulta numa forma circular girando em torno do seu centro à medida que as pétalas se abrem. Cada chakra tem alguns atributos, inclusive uma cor, uma relação com um elemento e a manutenção de funções físicas e emocionais específicas.

Embora não possamos ver os chakras, é possível saber como eles estão operando concentrando a atenção na área em que se localizam e tomando consciência da sensação que ali se manifesta. Além de trabalhar com energia para influenciar os chakras, podemos trabalhar com a cor e o som. Por exemplo, como cada chakra está associado a uma cor específica, você pode meditar e visualizar essa cor preenchendo o chakra ou usar roupas dessa cor para fortalecê-lo. Algumas pessoas também trabalham com a vibração sonora de cada chakra.

Chakra	Cor de influência	Elemento	Sentido
Base/Muladhara	Vermelho	Terra	Olfato
Sacro/Svadisthana	Laranja	Água	Gosto
Plexo Solar/Manipura	Amarelo	Fogo	Visão
Coração/Anahata	Verde/Rosa	Ar	Tato
Garganta/Vishuddha	Azul-turquesa	Éter/Akasha	Audição
Testa/Ajna	Azul índigo	Espírito	PES*
Coroa/Sahasrara	Violeta/Dourado	Espírito	Todos

(*Percepção extrassensorial)

Os sete chakras principais

Chakra 1

NOME INDIANO: **Muladhara**
NOME OCIDENTAL: **Base/Raiz**

O chakra da base ou da raiz é o primeiro dos sete chakras. Localizado no períneo, entre o ânus e os genitais, este chakra se abre para baixo, ligando o corpo de energia com a terra. Ele é associado à segurança, à estabilidade mental, à sobrevivência e à prosperidade.

Vários são os modos de trabalhar com este chakra para fortalecê-lo, mas o principal deles é a decisão inabalável de você respeitar a si mesmo em qualquer circunstância e o esforço para relacionar-se positivamente com a natureza e com a sua sexualidade.

Função do chakra

Este chakra tem a função de enraizar-nos no mundo. A energia da terra é puxada pelos chakras menores da sola dos pés e sobe pelas pernas para equilibrar este chakra. Se você se sente 'aéreo' ou sem base, uma solução é tirar os sapatos e pisar na grama ou na areia para absorver mais energia da terra. (Ver pp. 152-53 para um exercício de visualização que age sobre este chakra.) Em seguida a energia sobe pela coluna para equilibrar os testículos ou os ovários, que fazem parte do sistema endócrino associado ao chakra da raiz.

Problemas de saúde física

Problemas de saúde física relacionados com este chakra são os que afetam os pés, os tornozelos e os joelhos, pois essas partes do corpo estão no trajeto por onde a energia passa em seu movimento para cima. Outros sintomas que indicam que estamos desconectados da terra são dores lombares, especialmente em torno do sacro, que podem fazer-nos sentir fisicamente 'sem sustentação', e problemas com os órgãos sexuais.

Problemas mentais e emocionais

Duas funções do chakra da base são promover a confiança em nós mesmos e no mundo. Se não trabalhamos com este chakra, seu desempenho ao longo da nossa vida é afetado pelas nossas experiências mais antigas.

As pessoas que nasceram num ambiente estável, no qual se sentiram protegidas, em geral crescem sentindo que é seguro confiar no mundo que as cerca. Elas têm facilidade de conectar-se com a energia da terra e estão abertas a recebê-la. Assim elas mantêm o chakra da base funcionando melhor do que se tivessem vivido algum trauma no ventre materno ou uma infância instável. Pessoas com um início de vida marcado por situações como essas terão um chakra tenso, que então se manifesta como falta de confiança no mundo.

Chakra 2
NOME INDIANO: **Svadisthana**
NOME OCIDENTAL: **Sacro**

O chakra do sacro está fisicamente localizado logo abaixo do umbigo, na mesma posição do *Hara*. Seu elemento-chave é a água e o chakra está associado à energia sexual, mas neste caso a energia relacionada com a manutenção da vida e não a que usamos para as funções sexuais, própria do chakra da base. O chakra do sacro também está fortemente associado ao inconsciente e ao impulso criativo.

Função do chakra
Tanto nos ensinamentos hindus como taoistas, a energia sexual relacionada com este centro pode ser transmutada para desenvolver uma consciência espiritual mais elevada. Para que isso aconteça, é preciso fazer a energia fluir para os chakras superiores. Foram esses ensinamentos que influenciaram a adoção de uma vida celibatária como expressão de espiritualidade avançada. Naturalmente, essa não é uma vida que todos queremos seguir, e na verdade a tentativa de renunciar ao sexo tendo em vista a evolução espiritual pode resultar em problemas psicossexuais.

Uma das principais funções do chakra é ajudar-nos a formar relações emocionais e sexuais saudáveis. Essa energia pode manifestar-se sob a forma de criatividade, além de promover o entusiasmo e a alegria na vida. Dançar e cantar são excelentes atividades para fortalecer este chakra.

Problemas de saúde física
Problemas físicos decorrentes do chakra do sacro têm relação com as glândulas adrenais. Essas glândulas controlam o modo como reagimos ao stress. Diante de uma situação estressante, elas liberam adrenalina para fortalecer a nossa capacidade física e mental de lidar com ela. Entretanto, se o stress é constante, não conseguimos cessar o fluxo da adrenalina, prejudicando assim o corpo.

O chakra do sacro é regido pelo elemento água, por isso qualquer disfunção em geral se manifesta como alguma afecção do trato urinário e dos rins.

Problemas mentais e emocionais
Uma disfunção neste chakra muitas vezes resulta na incapacidade de receber amor, sendo que uma das suas formas é a incapacidade de relacionar-se com o sexo oposto. O próprio sexo também pode ser insatisfatório, como por exemplo quando a energia procura chegar aos chakras durante o ato sexual, mas não consegue passar pelos bloqueios no segundo chakra. Desbloqueado, este chakra nos ajuda a sentir amor incondicional.

Chakra 3
NOME INDIANO: **Manipura**
NOME OCIDENTAL: **Plexo solar**

O chakra do plexo solar está associado ao Sol (o *sol* em solar) e, portanto, relacionado com o elemento fogo. Ele se localiza no nível do plexo solar físico, no centro e na porção inferior da caixa torácica. Em geral, ele está vinculado ao poder pessoal, e é o lugar onde sentimos o nervosismo quando vivemos situações que afetam o nosso senso de poder tanto de modo positivo como negativo.

Função do chakra
Imagine este chakra como o sol no seu corpo. Ele atrai energia solar, promovendo assim o fluxo de energia através do corpo físico. Ele poderia ser descrito como uma central de energia que abastece os canais chamados *Nadis*, que são semelhantes aos meridianos.

Último dos chakras antes do chakra central do coração, é o ponto onde sentimos força, mas também medo e ansiedade.

Problemas de saúde física
Este chakra tem relação com a digestão, mas está associado principalmente ao stress. A relação entre problemas digestivos e stress geralmente se manifesta como ulcerações num dos extremos e como simples distúrbios estomacais no outro. Entre todos os chakras, é neste que sentimos com mais facilidade qualquer mudança de funcionamento, porque todos sentimos os efeitos do stress nessa região. Muitas vezes, o que começa como uma emoção, aqui rapidamente se transforma em manifestação física. O diabetes também está associado a este chakra, pois ele tem ligação com o pâncreas.

Um dos principais modos de fortalecer este chakra é aplicar técnicas de redução do stress. Aplicado regularmente, o Reiki é perfeito para isso; você pode também acrescentar algumas outras práticas físicas, como o yoga e o Chi Kung.

Problemas mentais e emocionais
O plexo solar exerce um papel importante na percepção que outras pessoas têm de nós. Quanto mais energia conseguirmos atrair através deste chakra, mais atraentes pareceremos a outras pessoas, pois estaremos permitindo que a nossa luz brilhe (não de maneira egoísta, mas como uma manifestação da autoestima natural). O equilíbrio neste chakra também nos capacita a assimilar sabedoria superior em nosso inconsciente e acessá-lo para nos curar.

Em termos negativos, uma disfunção neste chakra tende a deixar-nos infelizes com a vida e a parecermos arrogantes.

Chakra 4

NOME INDIANO: **Anahata**
NOME OCIDENTAL: **Coração**

No centro de todo o sistema está o coração. Posicionado no centro do peito, ele tem relação com o elemento ar e é a sede do eu superior. Considerado universalmente como o ponto de origem do amor, este chakra está associado às qualidades da paixão e da devoção.

Função do chakra

O coração está associado ao amor e ao romance no mundo inteiro. Essa associação transforma o órgão em si em objeto de reverência. No entanto, o chakra do coração não tem relação exatamente com o amor romântico, mas com a geração de energia de um amor voltado a tudo e a todos, como o amor da criação.

Ele é também o ponto de passagem entre os três chakras inferiores, mais ligados ao corpo físico, e os três superiores, ligados a algumas emoções mais elevadas, à nossa espiritualidade e à consciência superior.

Problemas de saúde física

Não é de surpreender que este chakra esteja relacionado com o sistema circulatório. As doenças do coração são responsáveis pelo maior número de mortes no Ocidente, uma situação que não é criada apenas pelo estilo de vida dos nossos dias; ela tem também um componente de stress, na medida em que sentimentos de frustração e de raiva são tão nocivos para o coração quanto o colesterol.

Podemos obter ótimos resultados na prevenção de doenças cardíacas trabalhando no sentido de liberar as questões que permanecem presas no chakra do coração, como trauma emocional, tristeza e aflição.

Problemas mentais e emocionais

A forma mais elevada de amor é o amor incondicional. O próprio amor romântico pode ser transformado nesse amor se formos capazes de criar relacionamentos enriquecedores que respeitam os sentimentos do outro. Talvez só possamos amar o outro desse modo amando antes a nós mesmos incondicionalmente.

Uma disfunção do chakra do coração manifesta-se como a incapacidade de manter emocionalmente relacionamentos ou amizades duradouros. Continuando nesse estado, acabamos por 'isolar' todo o sistema, porque não daremos nem receberemos amor.

Para ajudar o chakra do coração, procure uma terapia que possa reduzir o stress e o ajude a liberar a raiva ou a identificar a tristeza em seu coração. Além disso, se der a si mesmo um pouco de amor, você atrairá amor do Universo.

Chakra 5

NOME INDIANO: **Vishuddha**
NOME OCIDENTAL: **Garganta**

Este chakra está associado ao elemento éter e está localizado entre o centro da clavícula e da laringe. Como essa é também a localização das cordas vocais, o chakra está relacionado principalmente com a nossa comunicação externa e com os modos como expressamos o nosso eu interior.

Função do chakra

O chakra da garganta atua como ponto de união entre o coração e a cabeça. Muitas vezes falamos em agir movidos pelo coração ou pela cabeça, e por meio do chakra da garganta expressamos essa ação. Em outro sentido, é possível dizer que ele se situa entre o coração e o espírito.

Podemos usar a voz de muitas maneiras: para expressar amor, para acalmar ou para elogiar. Por outro lado, podemos usá-la para expressar raiva e negatividade. Quando usamos a voz desse modo criamos um desequilíbrio no chakra.

Como curador, muitas vezes você perceberá se uma pessoa tem algum problema nesse chakra apenas ouvindo-a falar. As palavras que ela usa lhe darão obviamente indicações sobre os problemas internos dela, mas se prestar atenção à qualidade tonal da voz, ouvindo-a como se fosse um instrumento musical, você compreenderá muito melhor o caráter da pessoa.

Problemas de saúde física

Caracteristicamente, as doenças físicas associadas à disfunção deste chakra são as que afetam os ouvidos, o nariz, a garganta e as vias respiratórias. Como a tireoide também está localizada nessa região, o hiper e o hipotireoidismo também são indicativos de desequilíbrio.

Quando temos uma deficiência neste chakra, tornamo-nos tímidos e receosos e temos medo de falar, ao passo que pessoas com excesso de energia aqui provavelmente falam em excesso e em voz alta.

Problemas mentais e emocionais

Um bloqueio neste chakra pode impedir a comunicação com outras pessoas, o que por sua vez pode levar à depressão. As pessoas que têm dificuldade de expressar verbalmente seus sentimentos íntimos podem ser ajudadas por alguém que preste atenção a elas, como um orientador preparado para ouvir as pessoas sem julgar. O ato de falar sobre os problemas ajuda a remover os bloqueios.

Chakra 6
NOME INDIANO: **Ajna**
NOME OCIDENTAL: **Testa/Terceiro olho**

O chakra da testa ou do terceiro olho está localizado no centro da testa, logo acima das sobrancelhas e, como o chakra da garganta, está ligado ao elemento éter. O ajna está associado à mente, especialmente às capacidades intuitivas e psíquicas. É também o chakra que ativamos quando meditamos.

Função do chakra
A mente é o aspecto menos compreendido do ser humano. A mente não é simplesmente o cérebro; ela é muito mais do que a soma das partes desse órgão. Este chakra nos capacita a ir além da mente no modo como nos relacionamos com ela todos os dias, com sua tagarelice constante e o fluxo dos pensamentos, e a entrar em contato com o conhecimento e a sabedoria que temos dentro de nós, mas dos quais somos inconscientes.

Uma disfunção neste chakra pode tornar-nos arrogantes em virtude dos nossos poderes intuitivos especiais, ou das nossas capacidades psíquicas, e levar-nos a usá-las para controlar outras pessoas.

Problemas de saúde física
Problemas físicos associados a este chakra são os que afetam a cabeça em geral e os olhos. Por isso, dores de cabeça e enxaquecas são sintomas de desequilíbrios neste chakra. Estes podem ser aliviados fortalecendo o chakra por meio da meditação para acalmar a mente e liberar a tensão.

Além disso, quase todos nós sobrecarregamos constantemente os olhos trabalhando longas horas diante de uma tela de computador. Essa é outra causa principal de dores de cabeça, e você deve procurar tirar os olhos do monitor o quanto puder, e se possível olhar para uma planta ou contemplar o céu pela janela. As cores e a energia da natureza são curativas por si mesmas.

Problemas mentais e emocionais
Em comparação com os outros chakras, o chakra da testa não está realmente ligado às emoções em si. Entretanto, um desequilíbrio nele pode afetar intensamente a glândula pineal, localizada no centro do cérebro, diretamente atrás dos olhos.

Essa glândula é responsável pela produção de serotonina e melanina, hormônios que afetam nosso estado de espírito e os padrões de sono, respectivamente. A glândula pineal é sensível à luz; por isso, a falta de luz reduz a quantidade de serotonina liberada, resultando em distúrbio afetivo sazonal (SAD), que muitas vezes se manifesta como um estado depressivo.

Chakra 7
NOME INDIANO: Sahasrara
NOME OCIDENTAL: Coroa

O sétimo chakra ocupa uma posição diametralmente oposta à do chakra da base, localizando-se no topo da cabeça. Enquanto o chakra da base se abre para baixo, em direção à terra, o chakra da coroa se abre para cima, em direção ao céu. Ele não está associado a nenhum elemento, e é o chakra que nunca deve ser fechado, o que significa que o praticante deve ser muito cuidadoso ao trabalhar nessa região.

Função do chakra
Como o chakra da base nos une à terra em que vivemos, assim o chakra da coroa nos liga com tudo o que transcende a nossa condição terrestre. Ele é o chakra que nos mantém unidos a uma consciência universal e através dele podemos viver a experiência do estado de puro ser e de consciência transcendental.

Problemas de saúde física
Como acontece com o chakra da testa, uma disfunção no chakra da coroa pode causar dores de cabeça, especialmente as provocadas pela negação de sentimentos específicos. A tendência a ser obsessivo é também sinal de desequilíbrio neste chakra. A epilepsia é outro sintoma associado ao chakra da coroa. Praticantes que trabalham com pessoas que sofrem de epilepsia devem certificar-se de que estas recebam também tratamento médico.

Problemas mentais e emocionais
Negação da vida, obsessão e retenção da raiva – também ligada ao chakra do coração – estão associadas ao chakra da coroa. Essas emoções podem resultar numa doença física, como pressão alta, que está relacionada com a emoção da raiva. Uma doença degenerativa, como o mal de Parkinson, também tem relação com uma disfunção neste chakra – o tremor sintomático pode indicar medo da vida; se ficamos paralisados, negamos a vida totalmente, pois somos incapazes de nos movimentar.

O lótus de mil pétalas
Sahasrara significa 'mil pétalas'. O símbolo de todos os chakras é a flor de lótus porque ela nasce do lodo e emerge da água para desabrochar na luz. O lodo reflete a nossa condição humana: estamos temporariamente ligados à terra e ao corpo físico, que é composto de elementos da terra. A água representa nossas emoções, que devem ser trabalhadas até alcançarmos a luz espiritual representada pelo Sol.

Estudo de caso: os chakras

Um amigo me pediu que lhe aplicasse um tratamento de Reiki, pois ouvira boas referências sobre a técnica e queria fazer uma experiência. Ele praticava uma religião de culto à terra e conhecia o trabalho com energia. Ele sempre parecia expansivo e confiante, com uma voz muito agradável. Ao terminar o tratamento, eu lhe disse que sentira um desequilíbrio na região da garganta e sugeri que usasse alguma coisa de cor azul-turquesa ou prateada perto do chakra da garganta.

Ele me disse que ficava muito nervoso ao falar na frente dos colegas no curso de pós-graduação que acabara de começar. Isso parecia surpreendente, dada sua personalidade, mas confirmou o que eu havia sentido. Depois de algumas semanas, ele voltou para me dizer que estivera usando uma pedra azul no pescoço e que agora não tinha mais problemas em falar diante dos colegas.

O sistema endócrino e os chakras

A função do sistema endócrino é secretar no corpo substâncias químicas chamadas hormônios; ao fazer isso, ele regula a ação dos órgãos e tecidos.

O mau funcionamento do sistema endócrino leva a problemas que sugerem desequilíbrio, como diabetes, hipertireoidismo e infertilidade, todos eles causados por níveis hormonais demasiadamente altos ou demasiadamente baixos.

As glândulas que compõem o sistema endócrino são:
- Pituitária
- Pineal
- Tireoide e paratireoide
- Timo
- Ilhotas de Langerhans no pâncreas
- Adrenais
- Gônadas (testítulos e ovários)

A principal glândula do sistema endócrino é a **pituitária**, localizada no cérebro, onde também está a glândula **pineal**. A pituitária coordena todas as demais glândulas e produz os hormônios que influenciam o crescimento.

A glândula **tireoide**, na garganta, controla o metabolismo. As **paratireoides**, ligadas à tireoide, são essenciais para a manutenção de ossos, nervos e músculos saudáveis, e também equilibram o cálcio e o fósforo no corpo.

O **timo**, situado perto do coração, mantém o sistema imunológico saudável.

As **ilhotas de Langerhans no pâncreas** são responsáveis pela secreção de insulina e glicogênio para manter níveis corretos de glicose no sangue. Quando a produção de insulina é insuficiente, os níveis de glicose aumentam, e resultam no diabetes.

As **adrenais** estão acima dos rins e produzem dois tipos de hormônios. A camada externa é a fonte de hormônios esteroides que equilibram a concentração de sal, açúcar e água no corpo, enquanto a camada interna fornece a adrenalina necessária para estimular nossa reação de 'luta ou fuga' diante de situações estressantes.

As **gônadas** (testículos e ovários) secretam os hormônios necessários para a reprodução. Mulheres com desequilíbrio da secreção hormonal nos ovários manifestam sintomas que variam desde infertilidade até menstruação e tensão pré-menstrual (TPM).

Conheça bem

Como você pode observar no diagrama da p. 119, este sistema tem correspondências com o sistema de chakras. Pessoas envolvidas com o trabalho de energia devem conhecer bem o sistema endócrino para compreender várias doenças.

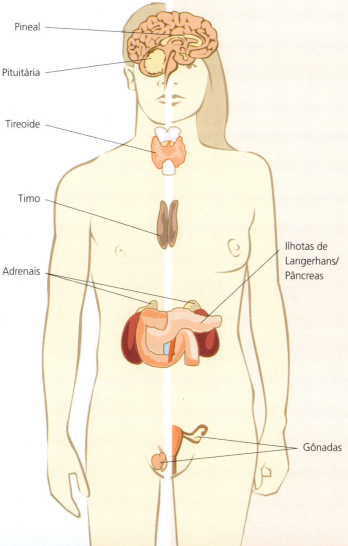

Sistema endócrino humano

Cada um dos sete chakras corresponde a uma ou mais das principais glândulas endócrinas (pp. 116-17).

Chakra da base
Tem relação com os ovários nas mulheres e com os testículos nos homens. Os ovários produzem os hormônios estrogênio e progesterona. O estrogênio está associado ao ciclo menstrual, enquanto a progesterona é necessária para preparar o útero para receber o óvulo fertilizado. Os testículos produzem a testosterona, o hormônio responsável pelas características masculinas, e o esperma.

Chakra do sacro
Tem relação com as glândulas adrenais localizadas acima dos rins e produz adrenalina e cortisol. A adrenalina prepara o corpo para reagir ao stress aumentando tanto a frequência cardíaca quanto a pressão sanguínea. O cortisol é o nosso antiinflamatório natural. Tratamentos à base de cortisona são comuns na medicina ocidental para sintomas indicativos de inflamação, como as associadas à artrite.

Chakra do plexo solar
Tem relação com as ilhotas de Langerhans, que produzem insulina para baixar os níveis de açúcar no sangue e glicogênio para aumentá-los. O diabetes e a hipoglicemia originam-se de disfunções nesta glândula.

Chakra do coração
Estreitamente relacionado com a glândula timo, centro de controle do nosso sistema imunológico. Aciona nossas defesas contra infecções virais e germes levados pelo ar, como gripes e resfriados.

Chakra da garganta
Relacionado com a glândula tireoide, que produz tiroxina e iodotironina. Esses hormônios favorecem o crescimento humano e são responsáveis pela reparação das células. Problemas de tireoide são consequência de deficiência ou de excesso desses hormônios.

Chakra da testa
Associado tanto à glândula pineal como à pituitária. A glândula pineal secreta serotonina e melatonina, responsáveis pela manutenção do humor e dos padrões de sono. A glândula pineal em especial é sensível à luz e sua estrutura é semelhante à da retina do olho.

Chakra da coroa
Como o chakra da testa, é associado às glândulas pineal e pituitária. A pituitária coordena todas as outras glândulas do sistema e como tal secreta diversos hormônios. Obviamente, qualquer problema com essa glândula produzirá um efeito dominó em todo o sistema endócrino.

As glândulas endócrinas e os chakras

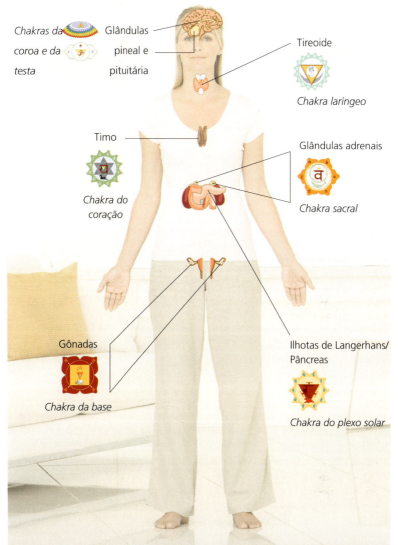

Sistema nervoso

Enquanto o sistema endócrino orquestra os hormônios, o sistema nervoso é o centro de controle e de comunicações do corpo. O sistema nervoso central está localizado no cérebro e na medula espinhal e controla nossas funções conscientes e inconscientes. O sistema nervoso periférico, constituído de nervos sensoriais e motores, envia mensagens para esse sistema central.

Os problemas comuns associados ao sistema nervoso são os que têm relação com a região do cérebro, como derrame ou hemorragia cerebral. A enxaqueca é outro problema, assim como a meningite. Problemas psicológicos, como depressão, ansiedade e insônia também estão associados ao sistema nervoso e podem ser causados por desequilíbrios químicos no cérebro.

Sistema nervoso autônomo

Todos os sistemas no nosso corpo estão interligados, assegurando assim o funcionamento harmonioso do corpo. O sistema que concretiza essa interligação e interdependência, e que é de especial interesse para quem trabalha com energia, é o sistema nervoso autônomo. Este inclui parte do sistema periférico e central e controla funções que ocorrem sem esforço consciente.

É importante destacar que o sistema nervoso autônomo é composto de duas partes: o simpático e o parassimpático. Esses dois regulam os batimentos cardíacos, a pressão sanguínea, a frequência respiratória e a temperatura do corpo, entre outras coisas. Partes do sistema também reagem ao stress emocional. O sistema simpático tem relação com as funções involuntárias do corpo, como a respiração. Ele também ativa as glândulas adrenais em resposta ao stress. Inversamente, o sistema parassimpático é mais ativo quando o corpo está relaxado, e também ajuda o corpo a se recuperar de um episódio estressante.

Esses dois sistemas precisam estar em equilíbrio para manter uma boa saúde. Se o sistema simpático está constantemente sobrecarregado, como em geral acontece na vida moderna que impõe um volume de stress cada vez maior, ele trabalha contra nossos esforços de manter o equilíbrio. Se não usamos o sistema parassimpático para voltar a um estado de relaxamento, ele enfraquece, e (como acontece com um músculo que não é usado) demora para voltar ao seu funcionamento pleno. Meditação regular, yoga, Chi Kung e Reiki são todos formas excelentes que ajudam a equilibrar este importante sistema do corpo.

O sistema nervoso humano

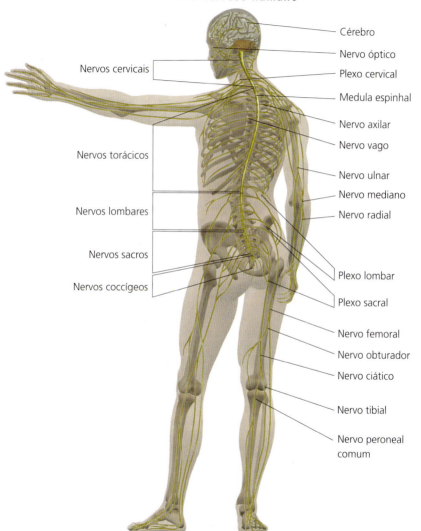

A aura

O último elemento do corpo de energia, comum tanto ao sistema de meridianos quanto ao dos chakras, é a aura. A aura é um campo de energia em forma de ovo que envolve totalmente o corpo humano, estendendo-se inclusive além dos pés. Às vezes ela é descrita como um 'arco-íris de luz', pois contém todas as cores do arco-íris, como os chakras (p. 106). O objetivo deste campo de energia é favorecer o crescimento do corpo físico, e nesse sentido ela é como uma grade de energia que existe antes do corpo. Em outras palavras, ela pode se formar no momento da concepção, embora não possa ser detectada depois da morte.

Refletindo o número de cores do arco-íris, a aura também tem sete camadas (p. 101). A primeira camada de energia, a mais próxima do corpo, tem as vibrações

Camada	Cor	Aspecto do corpo de energia	Qualidade
1	Vermelho	Corpo etérico	Os cinco sentidos
2	Laranja	Corpo emocional	Todas as emoções
3	Amarelo	Corpo mental	Atividade intelectual
4	Verde	Corpo mental superior	Interação com outras pessoas; plantas, animais; relações de todos os tipos
5	Azul	Corpo espiritual	Ligação com o divino
6	Índigo	Corpo causal	Experiência do mundo do espírito
7	Violeta	Corpo ketérico	Relação com o nosso eu superior e com a supraconsciência

mais densas; estas se tornam progressivamente mais leves e rápidas à medida que as camadas se distanciam do corpo. A primeira camada é vermelha, que é também a cor do chakra da base. A segunda camada é laranja, correspondendo ao segundo chakra – e assim por diante, com a última camada sendo a cor violeta, associada com o chakra da coroa. Cada camada está relacionada com um aspecto do corpo de energia, como mostra o quadro na página oposta.

Percepção da aura

Algumas pessoas podem perceber a aura, e sem dúvida muitas culturas a conhecem há muito tempo como campos de energia envolvendo o corpo, e como tal é representada na arte visual de muitas civilizações. No Ocidente, o halo é a representação mais comum e simboliza o caráter espiritual da pessoa.

As pessoas que conseguem ver auras podem ter nascido com esse dom, mas é também possível desenvolvê-lo. Os videntes dizem que a aura das pessoas muda constantemente, dependendo do humor, da saúde e do nível de desenvolvimento espiritual. As dimensões da aura também se alteram. Ela pode expandir-se até preencher uma sala e tocar todas as outras auras presentes ou pode ficar próxima ao corpo como um escudo protetor.

Essa expansão e contração da aura significam que podemos captar informações de pessoas próximas. Você pode ser inexplicavelmente atraído por alguém, por exemplo. Isso provavelmente indica que há alguma coisa na aura da pessoa que ressoa com você. De modo semelhante, sua aura pode contrair-se caso você tenha a sensação de alguma coisa que o perturba.

ABAIXO A arte religiosa representa a aura há muito tempo, muitas vezes como um halo, indicando assim que sua existência já era aceita pelos antigos.

Exercícios para sentir a aura

Três exercícios simples ajudam a sentir a aura. Em todos eles, você precisa relaxar os músculos dos olhos, de modo que ao olhar diretamente para a pessoa ou planta a sua visão fique desfocada. Não espere ver a energia da aura com nitidez inicialmente; apenas relaxe e procure distinguir certa claridade tremeluzente envolvendo a pessoa ou objeto.

Método 1 Sente-se ao ar livre e olhe para uma planta ou árvore projetada contra um cenário límpido, como um céu azul, por exemplo. As árvores têm campos de energia muito fortes.

Método 2 Erga a mão em direção ao céu, com os dedos abertos. Olhe entre os dedos e o contorno da mão.

Método 3 Peça a um amigo que se sente ou fique de pé junto a uma parede branca, num ambiente com luz suave. Observe o que você consegue ver ao redor do corpo.

Método 3

Limpeza da aura

Você pode usar um defumador e uma pena para limpar a sua aura e a sala de atendimento (é mais fácil se outra pessoa puder fazer isso por você).

1 Acenda o defumador. Tenha à mão um recipiente à prova de fogo contendo areia ou terra, onde você possa apagá-lo.

2 Movimente o defumador em torno do corpo, usando a pena para espalhar a fumaça pela aura. Esse ato retira todos os elementos prejudiciais presentes na aura.

Vivendo com o Reiki

O Reiki trata todos os aspectos da nossa vida. O Reiki é uma prática que cura nossas doenças, aquieta nossas emoções e nos possibilita criar a vida que desejamos.

Razões para praticar o Reiki

Cada um segue o próprio caminho no trabalho com o Reiki. O anseio da alma por alguma coisa a mais pode levar a um encontro com o Reiki em que o eu interior diz 'é disso que eu preciso'. Alguém pode se dedicar ao Reiki por um período curto de tempo apenas, no entanto a beleza da prática sempre acompanhará essa pessoa, e ela sempre poderá voltar a ele.

São muitas as razões para praticar o Reiki, sendo a mais comum o desejo de curar as pessoas; outro motivo é que ele é um sistema holístico para tratar a si mesmo. Ambas as razões são válidas. Parece egoísmo querer tratar-nos a nós mesmos antes, quando deveríamos estar fazendo o bem pelo resto do mundo. Naturalmente, estamos equivocados quando pensamos assim. É a nós mesmos que devemos curar antes de poder ajudar outras pessoas.

Benefícios do Reiki

Seja qual for a motivação que cada um tem para querer o Reiki em sua vida – e as razões de cada praticante são corretas para ele e não devem ser julgadas ou comparadas com as de outros – são muitos os benefícios que acompanham a prática. Em primeiro lugar, esses benefícios serão sentidos num nível físico e emocional. O Reiki sustenta a capacidade do corpo de curar a si mesmo recuperando seu equilíbrio energético. Ele fortalece o sistema imunológico para que possamos resistir a todos os tipos de doenças ou pelo menos restabelecer-nos mais rapidamente. O Reiki ajuda também a tratar muitas doenças (ver Parte 8) e é um dos mais eficazes redutores de stress que podemos aplicar sem a necessidade de procurar tratamento em consultórios médicos. Além disso, ele é muito eficiente com outras terapias (ver Parte 9).

Quando nos sentimos bem fisicamente, em geral temos melhores condições de voltar a atenção para questões menos palpáveis que enfrentamos. Num nível emocional, o Reiki promove uma sensação de paz com nós mesmos, e pode também, às vezes dolorosamente, revelar a causa dos nossos sentimentos e comportamentos. No entanto, por mais penoso que seja o processo de limpeza, o Reiki nos ensina que nada permanece igual para sempre. O que parece desespero hoje pode transformar-se em esperança amanhã à medida que abandonamos a bagagem emocional que esteve nos sobrecarregando.

O Reiki também nos oferece a oportunidade do desenvolvimento espiritual. Ele é muito mais do que uma terapia – ele é uma prática multifacetada que quando realizada regularmente alimenta a alma.

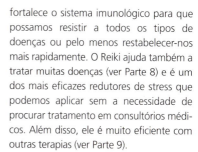

ESQUERDA O anseio da nossa alma por algo a mais pode levar-nos a um encontro com o Reiki em que o reconhecemos como esse 'algo'.

O Reiki e você

A única pessoa responsável pela sua vida é você. Entretanto, considerando o modo como quase todos nós fomos socializados, aceitar essa verdade, para muitas pessoas, é mais difícil do que parece. Não somos incentivados a assumir a responsabilidade pela nossa vida; em vez disso, somos orientados a fazer o que as outras pessoas querem que façamos. Se não seguimos esta 'norma', somos levados a acreditar que não colheremos os benefícios que a sociedade tem a nos oferecer, e se realmente não 'participamos do jogo' seremos exilados nos seus confins até recuperar o bom-senso.

Desde o nascimento somos ensinados a nos adaptar aos desejos das outras pessoas, em detrimento dos nossos. Pais, professores e mesmo amigos nos impõem seus sistemas de crenças, em geral com a melhor das intenções, e também porque não conhecem um modo diferente de nos orientar. Como resultado, fica difícil termos clareza sobre quem somos e em que acreditamos. Para encontrar a si mesmo no meio de todo esse condicionamento cultural é preciso dar um passo atrás e praticar alguma medida de introspecção.

Isso não significa afastar-se do mundo, embora muitos tenham feito essa escolha ao longo da história buscando a quietude de uma vida monástica. Para permanecer no mundo, e encontrar a nossa verdade interior, precisamos de uma ajuda que nos forneça os meios para percorrer nosso caminho na vida de modo que equilibre nosso corpo, nossa mente e nosso espírito.

As religiões procuram ser essa ajuda, e a proporcionaram em grande parte a um grande número de pessoas. Entretanto, o que satisfez os nossos ancestrais nem sempre é suficiente atualmente. O anseio de ir além dos ensinamentos das religiões ortodoxas é evidente mesmo entre os que as seguem. Esse anseio levou muitas pessoas a buscar os aspectos mais esotéricos das grandes religiões do mundo e a integrá-los em sua vida.

Reiki para todos

O Reiki é um dos instrumentos que podemos usar para orientar-nos através da vida. Sua simplicidade o torna acessível a todos e o fato de ele não ter dogmas significa que pode ser praticado por todos, independentemente de crenças religiosas. O Reiki promove a saúde física, a clareza mental e o desenvolvimento espiritual, e pode fazer parte de todos os estilos de vida. Você não precisa ir a nenhum lugar especial para praticá-lo – o Reiki está à sua disposição onde quer que você esteja e você nunca está separado dele.

DIREITA O Reiki nos ajuda a assumir a responsabilidade pela nossa vida e nos potencializa. Além disso, seu poder de cura está à disposição a todo momento e em toda parte.

O Reiki na sua vida diária

Seria uma pessoa ousada quem tentasse praticar yoga ou Chi Kung num trem a caminho do trabalho. Entretanto, um reikiano sempre pode aplicar-se Reiki onde quer que esteja, e ninguém notará nada. Sentado em silêncio, com as mãos sobre as pernas, ou talvez cruzadas junto ao peito, você pode aproveitar o trajeto diário para o trabalho como uma oportunidade para tratar-se. Do mesmo modo discreto, você pode aplicar-se Reiki no trabalho para aumentar seus níveis de energia ou para acalmar-se numa situação estressante. Você pode inclusive enviar Reiki para um conflito no escritório. Esse é apenas um dos benefícios da integração do Reiki na sua vida diária.

Flexibilidade

O sistema é tão flexível, com inúmeras maneiras de incorporá-lo em seu estilo de vida, que você sempre poderá encontrar um aspecto que lhe seja mais conveniente. Não existem regras dizendo que você 'deve' fazer isto ou aquilo. Em vez disso, você está no comando. Talvez você queira incluir meditações e cantos ao aplicar-se um tratamento, mas você decide quando e onde. Não há nada que lhe seja imposto no Reiki. Você assume a responsabilidade por sua prática e a desenvolve no seu ritmo.

Acrescente-se a isso que o Reiki pode ser aplicado a um grande número de aspectos da sua vida. Você pode dar Reiki a todos os que fazem parte da sua família, inclusive aos animais de estimação, como ilustrado nos capítulos que seguem. Você pode dar Reiki ao alimento, quer esteja num restaurante ou em casa. O Reiki aumentará as vibrações do alimento e melhorará seu valor nutricional. Você também pode dar tratamentos de Reiki à sua casa, e mesmo aos utensílios domésticos, como a máquina de lavar roupa ou o computador. Tudo e todos ao seu redor podem ser incluídos em sua prática.

Você é o centro

É importante que você se lembre de manter-se no centro da sua prática. O fortalecimento de si mesmo mudará o modo como você vive no mundo. As relações familiares melhorarão ou se resolverão para o bem de todos. Problemas se dissolverão à medida que a sua perspectiva sobre eles mudar. Agora você dispõe de um instrumento com que trabalhar, de modo que ao deparar com um desafio, por mais profano que seja, você terá condições de confiar que o resultado será perfeito para a sua vida.

DIREITA O Reiki é um sistema flexível que o coloca no centro e que você pode desenvolver de acordo com o seu próprio ritmo.

Ducha de energia

O exercício a seguir é um dos meus preferidos do Chi Kung, mas os praticantes de Reiki podem realizá-lo para aumentar e purificar seus níveis de energia; para isso bastam alguns minutos, todos os dias. No Chi Kung, ele é chamado 'Ducha de Luz' e é uma técnica maravilhosa para limpar o corpo com energia depois de tê-lo lavado com água. O praticante de Reiki só precisa ter a intenção de que a energia do Reiki flua pelas mãos durante a execução do exercício.

1 Fique de pé, com a coluna reta, os ombros caídos e o corpo relaxado. Com os braços ao lado do corpo, vire as palmas para fora e para cima. Inspirando, erga lentamente os braços lateralmente.

2 Continue levantando os braços até acima da cabeça. Mantenha-os sempre soltos e em forma circular. (É melhor se puder completar as etapas 1 e 2 somente inspirando. Se isso não for possível no início, porém, é melhor exalar quando sentir a necessidade em vez de reter a respiração.)

3 4

5

3 Quando os braços estiverem acima da cabeça, sinta a vinculação com a energia do Reiki através das palmas e imagine mais energia vinda do céu derramando-se sobre as palmas.

4 Exalando, abaixe lentamente as mãos, palmas voltadas para dentro, passando pelo topo da cabeça, diante do rosto e pela frente do corpo até chegar ao umbigo.

5 Visualize a energia limpando toda energia nociva. Repita toda a sequência de 4 a 6 vezes.

O REIKI NA SUA VIDA DIÁRIA

O Reiki e a medicina ocidental

Essencialmente, o Reiki complementa a medicina ocidental, ou seja, ele age com ela para intensificar tratamentos convencionais. Não se trata de escolher entre um tratamento e outro. Como praticante de Reiki, tenha cuidado para nunca sugerir que o Reiki substitui um tratamento médico, sejam quais forem as suas crenças pessoais.

Do mesmo modo, jamais faça um diagnóstico médico. Embora eu considere importante que um praticante de Reiki tenha conhecimentos médicos básicos, como também certa familiaridade com anatomia e fisiologia, nós não somos qualificados para dizer a outra pessoa que ela pode ter uma doença, mesmo que pareça evidente que tenha. Se um praticante suspeita que um cliente tem um distúrbio não diagnosticado, ele deve encontrar um jeito de sugerir à pessoa, sem causar alarme, que consulte um médico qualificado.

Doenças específicas e medicação

Assim também, se uma pessoa o procura para tratar um problema físico específico, sugiro que você descubra se ela está sob tratamento médico; caso não esteja, é aconselhável sugerir-lhe que consulte um profissional. Embora os praticantes de Reiki nunca tenham sido solicitados a registrar histórias médicas detalhadas de seus clientes, diferentemente do que acontece com outros terapeutas, é muito interessante conversar um pouco com o cliente, especialmente sobre doenças crônicas, como o diabetes, por exemplo, uma vez que o Reiki pode afetar os níveis de insulina necessários depois do tratamento.

Caso o cliente esteja usando algum medicamento, identifique o que é e faça alguma pesquisa sobre ele para saber como a droga age e seus possíveis efeitos colaterais. Entretanto, em nenhum momento você deve discutir a conveniência do tratamento ou orientar o cliente a alterar a dosagem. Existem muitos e bons catálogos de remédios no mercado, e se trata pessoas regularmente, você deve familiarizar-se com as drogas popularmente prescritas para doenças comuns.

Trabalho com hospitais

Nos últimos anos, o Reiki passou a integrar a rotina dos hospitais em muitos países, e alguns médicos conhecem os benefícios que ele pode trazer aos pacientes com enfermidades crônicas e doenças terminais, como também aos que se recuperam depois de uma cirurgia. É ótimo ver profissionais de todas as especialidades trabalhando em empregos remunerados na área da saúde. Entretanto, como esses ainda são limitados, os praticantes de Reiki sempre podem trabalhar como voluntários.

DIREITA Embora os praticantes de Reiki não façam diagnósticos médicos, é de bom-senso registrar a história médica básica de um cliente.

PARTE 3
Os Três Graus do Reiki

Primeiro Grau

O primeiro passo na sua jornada com o Reiki revela-lhe um novo mundo de experiências de cura, que se estendem desde a cura de si mesmo e de outras pessoas até a cura da sua casa e do mundo.

A escolha de um Mestre de Reiki

Na maioria dos casos, as pessoas escolhem um Mestre de Reiki baseadas em recomendações de amigos. Esse é um procedimento apropriado, embora se deva lembrar que as necessidades e crenças de amigos não são as mesmas que as suas. Muitas pessoas encontram seu professor em virtude de uma sincronicidade que as leva à pessoa certa no momento certo. Como ocorre com outros caminhos espirituais, esse tipo de 'coincidência', em que você tem o encontro certo exatamente quando precisa dele, acontece o tempo todo com o Reiki.

No meu caso, meu Mestre de Reiki foi resultado de uma forte sincronicidade. Uma amiga emprestou-me um livro sobre Reiki que acabara de receber de sua irmã que estava na Índia. Tratava-se do *Empowerment through Reiki*, de Paula Horan, um dos primeiros livros publicados sobre Reiki. Eu o li e soube imediatamente que queria aprender essa prática. Entretanto, nem eu nem minha amiga sabíamos onde poderíamos encontrar um professor na nossa região. Eu tinha certeza de que encontraria um professor, apesar de nenhuma das publicações alternativas fazer qualquer menção.

Duas semanas depois, eu estava passando pela farmácia local, que mantinha um setor de remédios naturais. Uma revista na vitrina chamou minha atenção, o que me estimulou a comprar um exemplar. Na seção de anúncios, deparei-me com as informações de uma Mestra de Reiki que oferecia tratamentos e cursos. Procurei-a imediatamente para um tratamento, mas resolvi não fazer o curso de Primeiro Grau com ela, pois me senti pouco à vontade com certas crenças por ela professadas. A minha procura de um professor continuou, porém, e depois de vários telefonemas para inúmeras organizações, finalmente encontrei o meu primeiro professor.

Faça a sua tarefa de casa

Se você está à procura de um professor de Reiki, é importante fazer algumas pesquisas para poder analisar os diferentes enfoques do sistema de Reiki e concluir com qual deles você mais se identifica. Também é importante falar com o professor antes de participar do curso. Um professor com quem você cria empatia e que lhe inspira confiança e respeito será sempre mais recomendável do que um professor com quem você se sente pouco à vontade. A jornada que você está prestes a iniciar com esse professor é uma jornada em que você precisa se sentir seguro, e não se justifica escolher um professor que não lhe inspira confiança apenas porque outra pessoa lhe diz que ele é o melhor à disposição. O melhor professor para você como indivíduo existe, e você o encontrará – ou, como expressa o ditado, 'o professor encontrará o aluno'.

DIREITA Ao escolher um professor de Reiki, é importante que você se sinta à vontade com ele e que as crenças que ele segue sejam compatíveis com as suas.

Experiências e reações a um tratamento

A experiência de uma pessoa com um tratamento de Reiki e o modo como ela reage são peculiares dela. Assim, se você é principiante em tratar pessoas, não espere uma reação uniforme e nem que a sua experiência de canalização da energia seja sempre a mesma.

Um dos primeiros contatos que tive com as variações da energia aconteceu quando minha professora pediu voluntários para ajudá-la a aplicar Reiki num evento público. Eu ajudava uma reikiana experiente quando um homem se aproximou da barraca e pediu um tratamento. Quando coloquei as mãos sobre os ombros dele para conectar-me com a energia, lembro que pensei que a forma de manifestação da energia era diferente de todas as outras formas que eu havia sentido até aquele momento. Ao visualizar a energia, eu podia ver picos irregulares neste caso, ao passo que em outras pessoas ela sempre apresentava o formato de ondas arredondadas. Depois do tratamento, relatei o fato à minha colega. Ela me perguntou se esse era o primeiro homem que eu havia tratado, eu disse sim. Ela então explicou que eu estivera em contato com uma energia masculina muito forte que contrastava nitidamente com a energia feminina a que eu estava acostumada.

Nem todos sentirão do mesmo modo a diferença entre energia masculina e feminina. Essa foi a minha experiência, e bem no início da minha prática, mas ela certamente foi útil para ensinar-me que eu poderia esperar encontrar diferenças entre as pessoas e entre os tratamentos.

Você poderá sentir que algumas pessoas absorvem e se entregam à energia durante um tratamento, enquanto outras oferecem resistência. Algumas têm experiências visuais intensas, ao passo que outras podem sentir fortes sensações físicas. Algumas simplesmente veem cores sucedendo-se, outras não lembram o que vivenciaram. Seja qual for a experiência, você pode estar seguro de que a pessoa está recebendo a cura – talvez não do modo que ela espera, e possivelmente não do modo que você espera, porque embora não devamos alimentar expectativas sobre o processo, em geral alimentamos.

As expectativas limitam a cura. Quando somos jovens, aprendemos com a mente lógica: se tocamos alguma coisa quente, nos queimamos; por isso, quando adquirimos experiência, evitamos repetir o ato. No caso da cura, não podemos aplicar a mesma lógica. Imagine que você esteja tratando uma doença específica e observe uma reação em particular. A tentação da lógica é identificar uma reação semelhante na próxima vez que tratar a mesma doença. No entanto, a cura é peculiar do indivíduo e exige que mantenhamos a mente aberta.

DIREITA Ao tratar uma pessoa com Reiki, é recomendável não alimentar expectativas sobre como ela irá reagir.

EXPERIÊNCIAS E REAÇÕES A UM TRATAMENTO

145

ACIMA A história de Rose ilustra a cura dramática vivida por alguns receptores.

Estudo de caso: a história de Rose

Com algumas pessoas, a experiência de cura é imediata e dramática, chegando a parecer uma revelação. A história de Rose serve de exemplo.

Rose era uma mulher com seus 60 anos e com família já criada. Depois de abandonada pelo marido, ela criou os filhos praticamente sozinha. Certa ocasião, ela visitava a filha, proprietária de um belo salão de beleza, também local onde eu alugava uma sala de tratamento. Um dia, perguntei a Rose se ela gostaria de receber um tratamento. Ela nada sabia a respeito do Reiki, mas com o incentivo da filha concordou em fazer uma tentativa. Antes de iniciar, ela me explicou que tinha um problema nos quadris e que estava para ser operada.

Quando cheguei ao chakra do coração nas costas, senti uma alteração súbita na energia. Mantendo as mãos nessa posição, senti alguém atrás de mim envolvendo-me com os braços e colocando as mãos sobre as minhas. Naquele momento, tive certeza absoluta de que as mãos postas sobre as minhas eram de Jesus. De repente, tive uma sensação muito forte de alívio na energia e me senti orientada a assumir a posição seguinte.

Ao chegar à última posição, com uma das mãos sobre o quadril e a outra na sola do pé, o quadril de Rose parecia dissolver-se sob as minhas mãos e eu tive a sensação de que a minha mão deslizava sobre o corpo dela. No fim do tratamento, nós não conversamos sobre o que havia acontecido e Rose retirou-se para descansar.

Uma hora e pouco mais tarde, a filha veio contar-me o que a mãe havia sentido. Quando minhas mãos estavam sobre o chakra do coração nas costas, ela sentira a necessidade de perdoar totalmente o marido que a havia abandonado. Toda a raiva e amargura que sentia saíram dela naquele momento.

Ela voltou para casa e começou a procurar um curso de Reiki. Além disso, seu quadril não apresentava os mesmos problemas. Com apenas um tratamento Rose transformou sua vida e, na minha opinião, chegou ao cerne da sua fé católica para receber a energia de cura de Jesus.

Esse é um exemplo do modo como cada pessoa atrai para si exatamente o que ela precisa do Reiki e do modo como ele opera com outros sistemas de crença.

Aplicações do Primeiro Grau

O primeiro nível de Reiki tem muitas aplicações. O que não faz parte deste nível é a habilidade de enviar tratamento a distância, que é aprendida no segundo nível. Por isso, para muitas pessoas, o Primeiro Grau é suficiente em si mesmo. O Primeiro Grau de Reiki pode ser aplicado para:

- autotratamento
- tratamento de outras pessoas
- tratamento de animais e vegetais
- atrair energia para o ambiente
- energizar alimentos e bebidas.

Autotratamento

É o primeiro passo, importante no Reiki, porque sem a cura de si mesmo você não pode curar outras pessoas. Aplicar-se Reiki todos os dias é uma parte essencial desse processo. Eu sempre peço aos meus alunos que se apliquem um tratamento completo de Reiki todos os dias nos primeiros 21 dias após o curso do Primeiro Grau. Eu gostaria muito que continuassem com autotratamentos diários depois desse período, mas compreendo que nem todos têm tempo disponível para essa rotina. O período de 21 dias posteriores a um curso é o mais importante para eliminar velhas energias e restabelecer o equilíbrio.

As posições das mãos para o autotratamento estão descritas na Parte 4. Cada posição deve ser mantida por aproximadamente 3 a 5 minutos, mas se você achar conveniente permanecer numa posição por mais tempo, siga sua intuição. Se você não tiver tempo para um autotratamento completo todos os dias, um pouco de Reiki é melhor do que nada. Quanto mais você se der Reiki, mais conhecerá e estará à vontade com a energia e com o período de tempo que precisa dedicar a cada posição.

Assuma sempre uma posição confortável para o tratamento. A cama ou o sofá são as melhores opções. Algumas pessoas gostam de aplicar-se Reiki antes de levantar da cama; outras preferem que seja a última coisa antes de ir dormir. Tudo depende do que lhe for mais conveniente. Se a sua opção for tratar-se antes de dormir, é provável que adormeça antes de terminar o tratamento.

Os efeitos do autotratamento são cumulativos. Quanto mais regular for a sua prática, maiores serão os benefícios obtidos. Poderá haver ocasiões em que você não tenha disposição para aplicar-se Reiki. Isso é normal, mas se essa atitude persistir, reserve um momento para refletir sobre o que está por trás disso. Talvez você acredite que não merece tempo para si mesmo ou talvez esteja deixando que a vida dite um passo que você preferiria não seguir, mas do qual não vê como sair. Qualquer que seja o motivo, não se sinta culpado – apenas reconheça a situação e retome a sua prática.

DIREITA Autotratamentos podem tanto energizá-lo como curá-lo. Eles também o ajudam a compreender melhor a energia.

Objetos inanimados e problemas pessoais

Dois aspectos do Primeiro Grau que talvez sejam menos abordados do que os outros são o trabalho com objetos inanimados e com problemas pessoais. Este último recebe mais atenção no Segundo Grau, mas há maneiras de se trabalhar com ele já no primeiro nível.

Reiki para objetos inanimados

As pessoas tendem a rir se você menciona a ideia de aplicar Reiki no seu computador ou geladeira. Mas dá resultado, e não é tão estranho assim se você se lembrar da explicação sobre a natureza da energia apresentada na Parte 1. Tudo se origina da mesma energia, inclusive os materiais usados para montar uma máquina de lavar roupa. Eles apenas vibram em diferentes frequências em comparação com a matéria animal.

Se um dos seus utensílios domésticos deixar de funcionar, coloque as mãos sobre ele e deixe o Reiki fluir. Procure não passar o Reiki movido pela raiva devida à avaria sofrida pelo aparelho, mas envie a energia com gratidão pelo serviço que ele lhe presta. Você deve também dar Reiki sem a expectativa de um resultado específico. Talvez ainda seja necessário consertar ou substituir o aparelho, mas a cura sempre ocorrerá em algum ponto da situação.

Reiki para problemas pessoais

Numa reunião depois do meu primeiro curso de Primeiro Grau, uma colega comentou que havia tentado vender sua casa durante meses, mas não conseguira. Agora, depois de andar pela casa aplicando Reiki nas paredes, várias pessoas demonstraram interesse em fazer negócio.

Mesmo no nível do Primeiro Grau podemos aplicar Reiki a problemas que nos preocupam. Um modo de fazer isso é escrever o problema num pedaço de papel, segurar o papel entre as mãos e aplicar Reiki. Seja claro e positivo em sua expressão. Por exemplo, escreva sempre 'Eu quero' em vez de 'Eu não quero'. Você também precisa estar aberto. Se deseja um novo relacionamento, não especifique a pessoa com quem quer relacionar-se. No fim do meu 'desejo', sempre acrescento estas palavras: 'Isto ou algo melhor se manifesta agora para mim de modo totalmente satisfatório e harmonioso pelo bem de todos os envolvidos'.

ESQUERDA Ao aplicar Reiki em um objeto, envie a energia com gratidão pelo serviço que ele lhe prestou.

DIREITA Escreva o problema num pedaço de papel e envie Reiki para a situação com a intenção de que ela se resolva.

Estabilização da energia

Como alguém que trabalha com energia, é importante você saber como estabilizar sua energia e caso você ensine ou aplique tratamentos, você deve mostrar às pessoas como fazer isso. Ademais, é fundamental que você perceba quando uma pessoa precisa ser estabilizada.

Alguns sintomas que indicam falta de estabilidade são as sensações de tontura, de desorientação e de saída do corpo. A sua causa é o fato de não se estar suficientemente ligado à energia da terra. Um modo de estabilizar-se é pôr os pés, descalços, em contato com a grama ou com a terra com a maior frequência possível (pp. 108-09). Entretanto, depois de aplicar um tratamento de Reiki ou de receber uma sintonização, isso pode não ser suficiente.

Exercício de visualização

Eu adoto o seguinte exercício para estabilizar a energia e também o ensino nos cursos de Reiki. Leia as instruções várias vezes. Alternativamente, peça a um amigo que as leia para você nas primeiras tentativas, ou grave-as de modo a poder ouvi-las. Não se preocupe se não conseguir 'ver' tudo conforme descrito.

1 Sente-se numa cadeira com espaldar vertical ou num banquinho, de modo a assentar inteiramente os pés no chão. Tire os sapatos, mas fique de meias se for frio.

2 Feche os olhos e respire profundamente 3 vezes. Visualize uma corda descendo da base da coluna, passando pelo piso, entrando na terra, perfurando camadas de rochas, até chegar ao centro da terra. Fixe a corda ali.

3 Agora imagine dois buracos na sola dos pés e uma lama pesada, avermelhada, subindo por esses buracos e circulando por toda a parte inferior do corpo até a altura da cintura. Deixe essa energia circular até sentir o corpo mais pesado.

4 Então visualize um ponto distante no céu. Desse ponto projeta-se um raio de luz branca que se conecta com um ponto no topo da sua cabeça. Sinta essa luz passar por esse ponto e circular por toda a parte superior do corpo, limpando-a e deixando-a mais leve.

5 Por fim, sinta as duas diferentes energias circulando ao mesmo tempo. Termine tocando o chão com as mãos e deixando que o excesso de energia volte para a terra.

Tratamento da casa com Reiki

Só depois de iniciada no Segundo Grau foi que despertei realmente para as possibilidades de utilização do Reiki em casa. Eu o estivera usando para objetos inanimados, como o relógio e o computador, mas não conseguia entrever um modo de aplicá-lo no ambiente, com exceção das técnicas sugeridas no Primeiro Grau, que pouco ajudavam a alcançar os meus objetivos.

Li vários livros sobre espaço sagrado e técnicas de limpeza de ambientes, e depois do Segundo Grau criei modos de combinar algumas dessas técnicas com os símbolos do Reiki como parte da minha rotina doméstica, com ótimos resultados. Não obstante, quanto mais eu trabalhava com a energia, mais compreendia que não precisava ter o Segundo Grau para limpar a energia da minha casa e que poderia ter feito isso eficazmente com o Primeiro Grau.

DIREITA Muitas culturas utilizam o sal para purificação. Use-o para purificar a casa e a própria aura.

ABAIXO Para tratar um quarto, desenhe os símbolos do Reiki no centro e nos cantos ou visualize o Reiki preenchendo toda a casa.

Depois de feita a limpeza física, a casa está pronta para a limpeza energética. Para isso, passe por todos cômodos e desenhe o símbolo CKR (pp. 166-67) em todos os cantos. Se quiser, desenhe o símbolo no centro do cômodo e visualize todo o espaço sendo preenchido com Reiki. Você pode ainda passar pelos cômodos com um defumador, novamente dando atenção aos cantos, pontos onde a energia tende a ficar presa. Essa é uma técnica semelhante à limpeza da aura com um defumador (pp. 124-25).

Se você não foi iniciado no Segundo Grau, simplesmente use a intenção e a visualização para encher a casa com Reiki. Mantenha as palmas para cima nos cantos dos cômodos e imagine a energia fluindo das suas mãos e purificando a área.

Sal marinho

Outra prática para limpar a energia é jogar sal marinho puro nos cantos dos cômodos, sempre depois da limpeza física. Mais tarde o sal precisa ser varrido e jogado fora. Se você observar a luta japonesa do sumô, perceberá que os lutadores jogam sal na área do combate, para limpar o espaço e afastar toda vibração negativa de confrontos anteriores. O sal é muito conhecido por suas qualidades purificadoras. Quando acrescentado ao banho, ele ajuda a limpar a sua aura e a estabilizá-lo, além de curar feridas abertas.

Tratamento do mundo com Reiki

Sempre há algum conflito em alguma parte do mundo. Guerras e fome ceifam a vida de milhares de pessoas todos os dias. Nós que não sofremos diretamente com esses problemas durante a vida constituímos uma minoria estatística entre a população mundial, infelizmente. Entretanto, mesmo assim vivemos num clima de medo. Centenas de mensagens veiculam diariamente pela mídia sobre ameaças de terrorismo, recessão econômica e desastres ambientais. Os danos ao ambiente são os únicos sobre os quais acreditamos poder ter certo controle, esforçando-nos individualmente para deter a destruição do planeta.

No entanto, podemos dar uma contribuição positiva para ajudar a resolver os problemas que o mundo enfrenta, enviando energia de cura para eles, seja qual for o nível de Reiki que pratiquemos. Se você recebeu o Primeiro Grau, siga o mesmo método aplicado para problemas pessoais. Escreva a situação num pedaço de papel e segure-o entre as mãos. Visualize a situação e expresse a intenção de que a cura chegue até ela e produza uma solução para o bem maior. Novamente, não peça um resultado específico, pois ele poderia não ser para o bem maior. Embora possa parecer contrário à lógica que a perda de vidas seja um benefício, não podemos criticar o Universo depois de ocorrido o fato. Só podemos ajudar enviando energia para favorecer o melhor resultado possível. Se você tem o Segundo Grau, aplique o símbolo CKR (pp. 166-67) para intensificar a energia, seguido pelo símbolo HSZSN (pp. 170-71), que acrescentará outra dimensão ao tratamento.

Outra solução é formar um grupo de praticantes e enviar Reiki regularmente para situações globais e locais. Grupos de trabalhadores da luz ou de pessoas que trabalham com energia se reúnem regularmente em todo o planeta para enviar energia, e vêm fazendo isso há muitos anos. Todos nós podemos participar dessa rede energética que dá apoio ao mundo com amor.

A grande invocação

Embora a invocação na página 157 não pertença estritamente ao Reiki, ela expressa um sentimento maravilhoso que é recomendável levar em conta quando queremos tratar o mundo com energia. A versão da oração aqui reproduzida foi canalizada pela escritora esotérica Alice Bailey nos anos 1940. O título 'Cristo' referido na invocação representa todos os Mestres espirituais – por isso a oração não pertence a nenhuma religião em particular.

DIREITA Reunindo-nos em grupos e enviando Reiki para situações mundiais, com amor podemos ajudar a resolver conflitos e dar apoio ao mundo.

TRATAMENTO DO MUNDO COM REIKI

Do ponto de Luz na mente de Deus
Flua Luz à mente dos homens
Que a Luz desça à Terra.

Do ponto de Amor no coração de Deus
Flua Amor ao coração dos homens
Que Cristo retorne à Terra.

Do centro onde a Vontade de Deus é conhecida
Guie o propósito as pequenas vontades dos homens
O propósito que os Mestres conhecem e servem.

Do centro que chamamos raça dos homens
Realize-se o plano de Amor e Luz
E sele-se a porta onde mora o mal.

Que a Luz, o Amor e o Poder restabeleçam o Plano na Terra.

Versão por Alice Bailey

Segundo Grau

O desejo de aperfeiçoar-se na prática do Reiki leva-o a um contato mais profundo com os mistérios da energia e com os modos como ela transcende nossas ideias de Tempo e Espaço.

Desenvolvimento da prática

O desejo de avançar e de adquirir mais conhecimento é natural. O Reiki é ensinado numa sequência de três níveis, mas é o aluno, em consenso com o professor, que deve tomar a decisão de até onde, e quando, prosseguir.

A decisão de progredir do Primeiro para o Segundo Grau reflete idealmente um compromisso por parte do aluno de envolver-se mais profundamente com o Reiki e de mudar sua vida. Em outras palavras, deve ser uma decisão consciente, não automática, pois a sintonização conduz as pessoas por processos que estão intimamente ligados ao seu ser mental e emocional, e elas entram num processo de limpeza nesse nível. Essa experiência nem sempre é agradável. O professor também precisa ter condições de orientar os alunos que descobrem que a mágoa e a raiva adormecidas há muito tempo estão vindo à tona e atormentando-os. Essa limpeza profunda é sumamente benéfica ao longo do tempo, mas os alunos devem ser preparados para ela e orientados no modo de processá-la. Esse é um dos motivos que justifica o distanciamento entre os Graus, apesar de muitos professores não observarem essa convenção atualmente. Na minha opinião, porém, são muitos os benefícios de se prosseguir com mais vagar.

Não tenha pressa

Muitos professores, contudo, seguem normas quanto ao momento em que você pode prosseguir para o Segundo e o Terceiro Graus. Por exemplo, quando descobri o Reiki, em 1992, os professores do Usui Shiki Ryoho insistiam num período mínimo de três meses entre o Primeiro e o Segundo Graus. Hoje é bastante comum fazer os dois cursos num único fim de semana, embora eu deva acrescentar que nem todas as escolas de Reiki fazem isso.

Ainda que eu trabalhe na qualidade do que se chama professor 'independente' de Reiki, acredito haver boas razões para seguir algumas regras mais ortodoxas e respeitar esse período mínimo. Primeiro, há tempo para ajustar-se à nova energia e observar as mudanças. Segundo, há tempo para compreender melhor como a energia trabalha antes de aprofundar-se no processo.

Vivemos numa cultura veloz e as nossas expectativas orientam-se para resultados rápidos. Quando pensamos nos anos de treinamento necessários para Mikao Usui chegar à criação do sistema de Reiki, esse fato deveria estimular-nos a refletir sobre a nossa necessidade de respostas imediatas e sobre a possibilidade de deixar que nossa prática de Reiki se aprofunde lenta, mas firmemente.

DIREITA Num mundo de resultados imediatos, pode ser mais proveitoso desenvolver a sua prática de Reiki em ritmo mais lento.

Significado dos símbolos

Na Parte 2, refletimos sobre o uso universal de símbolos e sobre aspectos do debate entre escolas de Reiki a respeito dos símbolos do Reiki (p. 94). Nesta seção, abordarei cada um dos símbolos e os modos de usá-los e meditar sobre eles.

Os símbolos não faziam parte do sistema inicial de Reiki de Mikao Usui. Segundo fontes japonesas, ele só introduziu os símbolos quando começou a ensinar Reiki para pessoas que não seguiam nenhuma prática espiritual. Em outras palavras, como auxílio para o desenvolvimento espiritual. Os símbolos deviam atuar como foco para a mente, de modo semelhante ao uso de mantras. Os símbolos de Usui combinam tanto um foco visual como auditivo, embora na tradição ocidental seja dada mais ênfase ao aspecto visual.

Professores de várias escolas terão diferentes opiniões sobre o significado dos símbolos. O ensinamento principal é que os símbolos aumentam o poder do Reiki canalizado por um iniciado. Uma visão mais próxima da intenção de Mikao Usui na época em que ele introduziu os símbolos é que eles não têm poder próprio, mas atuam como foco para a nossa intenção.

Uso dos símbolos

O que se requer é que nos conectemos com cada símbolo e com o aspecto da energia do Reiki que ele manifesta. Quando combinamos esse aspecto com uma compreensão interior da vibração do seu respectivo mantra, podemos dispensar os símbolos totalmente e apenas concentrar-nos em manifestar a energia própria de cada um. Isso não é simples, absolutamente, e um praticante pode precisar de muitos anos de meditação sobre cada símbolo até chegar a esse ponto.

A maioria das escolas ensina quatro símbolos principais. Existem inúmeros outros símbolos em circulação, canalizados pelos fundadores de alguns sistemas de Reiki mais recentes. Aqui nos concentramos sobre os símbolos tradicionalmente associados ao Reiki, sobre as características de cada símbolo e sobre aspectos da energia Reiki que eles pretendem manifestar.

Sigilo dos símbolos

Como vimos na página 94, símbolos e mantras estão envolvidos por um conceito de sigilo, por isso não foram publicados neste livro. Quem estudou o Nível 2 conhecerá os símbolos e mantras e terá condições de seguir as instruções para seu uso nas páginas seguintes.

DIREITA Os símbolos atuam como foco para a mente e, assim, são um apoio para o desenvolvimento espiritual.

SIGNIFICADO DOS SÍMBOLOS

Sensação da energia dos símbolos

Este exercício o ajudará a trabalhar com os símbolos em forma de meditação. Se sentir tontura ao final, estabilize a energia. Para isso, faça o exercício descrito nas pp. 152-53 ou aplique alguma outra técnica que julgar conveniente. Pense também na possibilidade de fazer esta meditação por períodos de tempo menores, caso ela o desestabilize.

Em geral, desenhamos os símbolos com a mão inteira, palma voltada para fora. Algumas pessoas preferem traçá-los no ar com o dedo indicador ou com os dedos indicador e médio juntos. Você pode também visualizá-los sendo desenhados, sem fazer qualquer movimento da mão, ou traçá-los no céu da boca com a língua. Estas duas últimas são técnicas úteis quando você quer usar os símbolos, mas prefere que ninguém o observe fazendo isso, talvez por estar num lugar público.

Por fim, talvez você queira visualizar os símbolos coloridos ao meditar sobre eles. A cor pode aparecer espontaneamente e seria interessante manter um diário (p. 90) onde você pode observar a relação entre mudanças na cor e as qualidades da energia.

1 Sente-se numa posição de meditação e respire no *Hara* até sentir o corpo relaxar completamente.

2 Erga a mão direita, com a palma voltada para fora. Desenhe o símbolo no ar e repita o respectivo mantra 3 vezes em voz alta. Visualize o símbolo onde você o desenhou ou na tela da mente. Continue repetindo o mantra na exalação. Faça o exercício de 5 a 10 minutos, aumentando gradativamente o período de tempo que você consegue manter o foco.

2

SIGNIFICADO DOS SÍMBOLOS

165

Símbolo 1 - CKR

A forma do primeiro símbolo, pelo menos em parte, encontra-se em culturas fora do Japão. Uma aluna minha levou-me certa vez a uma famosa catedral na Inglaterra, dos tempos da Idade Média, para mostrar-me a descoberta que fizera desse símbolo em partes da construção interna. O símbolo está presente também nas culturas hindu e celta.

Nas escolas ocidentais, a característica da energia associada ao símbolo é o Poder; nos ensinamentos japoneses, é o Foco. Lembre que o que consideramos como o nome do símbolo é de fato o mantra que lhe é associado: quando repetido, o mantra manifestará a mesma vibração do símbolo visual. O Símbolo 1 não tem nome; ele é um símbolo puro e deve ser simplesmente chamado Símbolo 1.

Nos ensinamentos japoneses que influenciaram Usui, este símbolo é também associado à energia da Terra, que pode precisar ser estabilizada. Essa é também a energia encontrada no *Hara*, que lhe é única desde o momento da concepção. Ela é a sua ligação com a força vital universal. A prática de conectar-se com este símbolo meditando sobre ele o ajudará a aumentar essa energia.

Este primeiro símbolo talvez seja o mais usado e o mais versátil dos três símbolos ensinados no nível do Segundo Grau. Isso porque ele atua para concentrar a energia do Reiki no ponto para o qual ela é dirigida, de modo a intensificá-la. Podemos comparar sua ação à incidência de um raio de luz sobre um ponto ou à precisão de um laser.

Podemos visualizar o símbolo em qualquer tamanho. Por exemplo, eu o visualizo abrangendo toda a minha casa, para proteção, especialmente quando estou de saída.

O símbolo pode ser usado isoladamente, do mesmo modo que todos os demais. Alguns sugerem que é preciso aplicar este antes para ativar os outros, mas esse é um equívoco. Naturalmente, ele pode ser usado em combinação com os outros.

O mantra - CKR

Quando usar o mantra com o símbolo, repita-o sempre 3 vezes. Não é preciso conhecer o significado literal do mantra, porque o poder está na vibração do som que ele produz quando expresso em voz alta. Na verdade, a necessidade de conhecer o significado é uma distração mental. Entretanto, para que você possa responder perguntas sobre o seu sentido, traduções do mantra variam desde 'aumento do poder' até 'espírito que vem diretamente da existência suprema'.

DIREITA O primeiro símbolo nos une à força vital universal através da energia da Terra e da energia que está no *Hara*.

Símbolo 2 – SHK

Como o Símbolo 1, este é outro símbolo puro. Ele é associado ao bem-estar emocional e mental nos ensinamentos ocidentais, e à Harmonia na tradição japonesa. As duas vertentes o descrevem bem, pois ele produz paz de espírito e equilíbrio emocional.

Em contraste com o Símbolo 1, o 2 atrai a energia do Céu, que também pode ser chamada de Luz. Essa energia nos ajuda a desenvolver as capacidades intuitivas e psíquicas, refletindo sua associação com a mente. Ela também nos liga com a energia do eu superior ou espírito.

É proveitoso desenhar e visualizar este símbolo quando você deseja ter mais clareza mental sobre uma situação. Como ensina a tradição, deve-se desenhá-lo no chakra da testa, tanto no autotratamento como no tratamento de outras pessoas. No tratamento a distância, devemos concentrar-nos mais intensamente neste símbolo quando o receptor parece estar angustiado mental ou emocionalmente.

A energia do Símbolo 2 é sutil e pode ser mais difícil de distinguir do que a energia dos outros dois símbolos ensinados no segundo nível. É por isso que ela talvez receba pouca atenção dos alunos. Entretanto, a perseverança com este símbolo traz suas próprias recompensas de acordo com o que você precisa no momento. Ele pode ser usado com o Símbolo 1 para aprofundar o processo de limpeza emocional.

O mantra – SHK

Como dito anteriormente, ao usar o mantra com o símbolo, repita o mantra 3 vezes. Caso queira trabalhar apenas com o mantra, você pode entoá-lo repetidamente, conforme descrito nas pp. 88-9.

Traduções do mantra variam desde 'Eu tenho a chave' e 'hábito mental' até 'a terra e o céu se unem'.

É importante recitar os mantras com exatidão, do mesmo modo que é importante desenhar os símbolos do modo mais preciso possível, de acordo com a forma que lhe foi ensinada. Não se trata da precisão pela precisão, mas porque ela reflete consciência com relação ao que você está fazendo. Desenhar um símbolo ou cantar um mantra tem pouco ou nenhum efeito se você fizer isso com a mente voltada para outras coisas. A energia está na intenção e ela irá para onde a mente a dirigir.

ESQUERDA O segundo símbolo é associado à energia do Céu/Luz e nos põe em contato com o eu superior.

Símbolo 3 – HSZSN

O Símbolo 3 não é um símbolo no mesmo sentido que os Símbolos 1 e 2, porque ele é formado a partir de cinco *Kanji* japoneses que podem ser lidos como uma frase. É essa frase que forma o mantra do símbolo.

A característica deste símbolo no Reiki ocidental é a de enviar energia a distância; no sistema japonês, o seu sentido é de Conexão. Esses aspectos não são muito diferentes, pois quando enviamos energia de cura através do tempo e do espaço estamos realmente nos conectando com o Universo e uns com os outros. Desse ponto de vista, não estamos enviando cura como se estivéssemos separados da pessoa que esperamos ajudar; antes, tornamo-nos Um com ela para que ela possa curar a si mesma.

De fato, ao trabalhar com este símbolo sobre outras pessoas, você pode ter a sensação de tornar-se parte dessa pessoa. Você pode sentir como se estivesse dentro do corpo ou da mente da pessoa e como se vivesse o mundo como ela. Essa sensação desaparece assim que o tratamento chega ao fim. Ao aplicar este símbolo, é muito importante fazer a limpeza da conexão ao terminar, do mesmo modo que você limpa a aura no fim de um tratamento físico.

A beleza deste símbolo está em que ele o conecta não só com pessoas que estão distantes, mas também com você mesmo em qualquer momento do passado, do presente ou do futuro, dando-lhe condições de tratar aspectos da sua vida a respeito dos quais você talvez pensasse que não poderia fazer mais nada. Por exemplo, muitas pessoas sentem que seus problemas de relacionamento com pais falecidos ficam resolvidos, pois conseguem elaborar seus sentimentos de culpa e de raiva, podendo assim prosseguir livres em sua vida.

O mantra – HSZSN

Mesmo sendo formado de *Kanji* reais, este mantra aceita diversas traduções. Diferentemente do alfabeto romano, cada *Kanji* tem vários significados, de modo que é quase impossível estabelecer uma tradução uniforme em outro idioma.

Algumas traduções são 'Eu sou consciência correta', significando que num estado de consciência correta alcançamos a Unidade. Outras traduções mais características da Nova Era são 'sem passado, sem presente, sem futuro' e 'Eu me uno com Deus'.

DIREITA O Símbolo 3 consubstancia a capacidade que temos de enviar energia de cura através do tempo e do espaço, tornando-nos Um com outras pessoas onde quer que estejam.

SÍMBOLO 3 - HSZSN

171

OS TRÊS GRAUS DO REIKI

Reiki e ritual

O ritual tem muitos sentidos. Ele pode significar algo feito rotineiramente, mas contendo algum sentido especial para a pessoa que o realiza, ou pode ser uma cerimônia da qual se participa apenas em algumas ocasiões da vida. Em ambos os casos, o ritual tem relação com a qualidade de marcação de um tempo ou evento.

Você pode tomar uma xícara de chá ou de café todas as manhãs ao acordar. Esse é o seu ritual para marcar o início do dia. Você pode rezar todas as noites antes de dormir, como uma forma de encerrar o dia. Toda grande religião estrutura-se em torno de inúmeros rituais, sendo que os três comuns a todas são os rituais de nascimento, casamento e morte. Seja profano ou espiritual, o ritual estrutura nossa vida.

O Reiki contém diversos componentes ritualísticos que nos ajudam a estruturar a nossa prática. Por exemplo, as posições das mãos para tratamentos, embora flexíveis, oferecem-nos uma estrutura ritualística que podemos seguir regularmente. Meditações sobre os mantras e símbolos são outro elemento que você pode escolher para transformar num ritual pessoal.

ESQUERDA Em todas as suas formas, sejam elas espirituais ou profanas, o ritual confere estrutura à nossa vida e muitas vezes é um modo de celebrar eventos especiais.

Ritual de sintonização

Talvez o ritual mais importante associado ao Reiki seja o de passar uma sintonização (ver também pp. 96-7). Este ritual define um momento singular de mudança na vida de um aluno. Não consigo lembrar outra prática espiritual que tenha um ato equivalente capaz de produzir uma mudança tão profunda num período de tempo tão curto.

O ritual em torno do processo de sintonização varia de professor para professor. Alguns gostam de preparar um espaço sagrado com incenso, flores, velas e fotografias de Mikao Usui, Chujiro Hayashi e Hawayo Takata, enquanto outros preferem um lugar simples e livre de simbolismos religiosos ou da Nova Era. Cada aluno encontrará sem dúvida o professor com um estilo que mais lhe convenha. A decoração do espaço importa menos do que a intenção com que o professor realiza o ritual de sintonização.

O ritual de sintonização parece ter origem no Budismo Tendai. Mikao Usui pode não ter usado os movimentos físicos que a maioria dos professores conhece, dado que ele estava capacitado a conduzir o processo energeticamente. Entretanto, quase todos nós precisamos do ritual físico para dar sustentação ao processo energético de abertura do espaço ao redor e dentro do aluno para que a energia do Reiki entre.

Tratamento a distância

Uma das muitas razões por que as pessoas desejam chegar ao segundo nível de Reiki é a perspectiva de capacitar-se a aplicar tratamentos de cura a distância. Nos dias de hoje, familiares e amigos estão frequentemente espalhados pelo mundo, e quando estão doentes ou enfrentando algum problema, é maravilhoso poder oferecer-lhes ajuda mesmo não estando fisicamente com eles. De fato, muitos alunos meus revelam seu desejo de ajudar um pai que está para submeter-se a uma cirurgia ou que tem uma doença crônica, como um dos seus motivos para aprender a técnica.

No segundo nível você aprende a usar o Símbolo 3 (HSZSN) para ligar-se à pessoa a ser tratada e o Símbolo 1 (CKR) para intensificar o tratamento. É importante lembrar-se de repetir 3 vezes o mantra de cada símbolo ao aplicá-lo. Dar um tratamento a distância é simples, bastando que você encontre um lugar onde não seja perturbado de 20 a 30 minutos.

Pedido de permissão

A primeira coisa a lembrar antes de enviar um tratamento a distância é o aspecto ético envolvido. É importante que você tenha permissão da pessoa para aplicar o tratamento. Enviar Reiki sem o consentimento do receptor é como correr para alguém e posicionar as mãos com a intenção de aplicar-lhe Reiki sem antes perguntar se é isso que ele quer. Se for uma emergência e você não consegue pedir autorização, visualize a pessoa, desenhe o Símbolo 3 sobre a visualização e pergunte-lhe no nível do espírito se ela quer receber o tratamento. Você conseguirá sentir a resposta. Se a resposta parecer negativa, em vez de enviar o tratamento, visualize a pessoa envolvida por uma luz de cura azul para protegê-la. Respeite sempre a escolha da pessoa sem julgar.

Momento adequado

Se possível, combine com o receptor o horário para a sessão de cura, para que ele também possa encontrar um lugar para relaxar e entrar em sintonia com a energia. Essa providência aumentará os benefícios do tratamento para o receptor; caso você envie o tratamento enquanto ela desenvolve outra atividade, ela não terá condições de prestar atenção a si mesma. E também poderia ser perigoso, pois a energia pode torná-la sonolenta; por isso, seria imprudente receber um tratamento ao dirigir um carro ou operar uma máquina.

Como realizar o tratamento a distância

São quatro os principais métodos adotados para enviar um tratamento a distância. Do ponto de vista prático, todos eles são muito fáceis de aplicar, quase não havendo necessidade de materiais para realizá-los. Embora seja recomendável enviar o tratamento desde um espaço silencioso, os métodos podem ser usados discretamente em público.

Método 1 Escreva o nome da pessoa num pedaço de papel e desenhe os símbolos sobre ele; em seguida, envolva o papel com as mãos.

Método 2 Desenhe os símbolos sobre a sua mão esquerda e visualize a pessoa sustentada por essa mão. Em seguida, envolva a pessoa com a mão direita.

Método 3 Desenhe os símbolos sobre uma fotografia da pessoa, envolvendo a fotografia com as mãos.

Método 4 Use um substituto para representar a pessoa; desenhe os símbolos e use as posições das mãos sobre o objeto.

Pessoalmente, quando possível, prefiro usar uma fotografia, pois esse método ajuda a me concentrar melhor do que os outros. Quando não consigo uma fotografia, uso a técnica da visualização.

Durante o tratamento, é essencial que você não imponha a sua própria necessidade de que a pessoa seja curada nessa sessão. O tratamento é mais eficaz quando o Reiki simplesmente flui enquanto você permanece neutro e deixa a pessoa absorver dele o que ela precisa, como num tratamento físico.

Você pode visualizar-se aplicando todas as posições das mãos de um tratamento normal, ou simplesmente visualizar a pessoa puxando o Reiki para todo o corpo. Experimente diferentes métodos até encontrar aquele que o ajuda a concentrar-se melhor.

Termine o tratamento alisando a aura da pessoa em sua mente e desenhando o Símbolo 1 (CKR) sobre ela. Eu então desfaço a conexão soprando entre as minhas mãos 3 vezes. Uma alternativa é bater as palmas 3 vezes. Em seguida, prossiga com sua rotina habitual de encerramento de um tratamento e limpeza da aura.

Minhas experiências com o tratamento a distância

Devo admitir que no início eu era um tanto cética com relação ao poder do tratamento a distância para produzir o mesmo efeito de um tratamento por imposição das mãos. Só depois que eu mesma senti seus efeitos foi que pude avaliar sua eficácia.

Eu havia contraído catapora de meu filho e estava me aplicando tratamentos várias vezes ao dia, o que certamente aliviou as manifestações mais agudas dos sintomas. Entretanto, eu me sentia muito fraca e estava envolvida com a organização de um seminário para um professor de Reiki da Índia. Ele telefonou para perguntar como estavam os preparativos e eu lhe expliquei a situação. Ele respondeu que me enviaria Reiki durante três dias seguidos. Naquela noite senti uma forte ardência na região dos rins. A segunda e terceira noites foram iguais, mas na manhã do quarto dia eu acordei e descobri que os sintomas haviam desaparecido. Eu me sentia como se nunca tivesse adoecido.

Esse fato aumentou a minha confiança no tratamento a distância, e como resposta o Universo enviou-me pessoas que queriam tratamento para seus amigos e familiares.

Estudo de caso: o músico

O filho de uma aluna minha foi assaltado e ferido com bastante gravidade na cabeça. Apesar de se recuperar da lesão, ele estava deprimido e com medo de sair. Sua mãe pediu-me que lhe aplicasse alguns tratamentos, com autorização dele.

Minha impressão imediata durante o primeiro tratamento foi de alguém submerso na água. Essa impressão persistiu nos tratamentos seguintes, com uma sensação de raiva também emergindo. Então um dia eu o 'vi' sair da cama e sentar-se a uma escrivaninha. Ele se pôs a escrever uma composição sobre música. Eu nada sabia a respeito dos seus interesses pessoais, mas senti que essa atividade era fundamental para sua cura.

Telefonei para a minha aluna e perguntei-lhe se o filho se interessava por música. Ela me respondeu que ele era o primeiro da classe em música, tanto em composição como em execução, mas que perdera o interesse desde o assalto. Como praticante de Reiki e artista, a mãe compreendeu que incentivar o filho a concentrar-se em seu talento musical o tiraria da depressão e restabeleceria sua confiança. Esse interesse também lhe deu motivo para sair da cama impulsionado por uma força proveniente da sua alma. O Reiki proporcionou esse vislumbre tão necessário, mostrando as muitas formas em que a cura ocorre.

Preparação de un outras pessoas

Antes de tratar outras pessoas, você precisa preparar-se energeticamente e preparar o seu espaço de trabalho. O segundo aspecto é especialmente pertinente se você pratica o Reiki profissionalmente.

Idealmente, você deve usar uma mesa de massagem para aplicar os tratamentos. Você pode usar uma cama ou um acolchoado no chão, mas somente se os tratamentos forem esporádicos, pois do contrário você acabará com problemas nas costas. Se usar uma mesa, cubra-a com um lençol ou com os envoltórios de papel usados pelos terapeutas massagistas. Você vai precisar também de uma manta leve para cobrir o cliente, pois o corpo esfria rapidamente quando relaxado. Tenha também uma caixinha de lenços à mão, dado que um tratamento pode ser uma experiência muito emotiva para algumas pessoas.

Crie uma atmosfera descontraída

Se você trabalha em casa, escolha o cômodo que você considera como o mais relaxante para aplicar tratamentos. O ideal seria você dispor de uma sala exclusiva para Reiki – como isso em geral é impossível, escolha a sala que requer um mínimo de trabalho para alterar sua função diária e transformá-la numa sala para Reiki. Sejam quais forem as circunstâncias, a coisa mais importante é que a sala seja limpa, silenciosa, aquecida e confortável.

Areje bem o ambiente antes do tratamento e se você costuma usar incenso, queime-o antes do tratamento, não durante. Algumas pessoas, especialmente as que têm problemas nos brônquios, sofrem com o incenso, pois ele tende a ressecar o ar. Alternativamente, você pode perfumar a sala com um aquecedor de óleo, escolhendo um óleo leve, como lavanda, que favorece o relaxamento. Você também

ESQUERDA   É aconselhável queimar incenso antes de começar o tratamento, pois algumas pessoas têm reações adversas a ele. Aquecer óleo é uma solução mais apropriada.

ACIMA Uma sala de tratamento deve ser limpa, confortável, silenciosa e ter sido preparada com zelo e respeito.

PREPARAÇÃO DE UM ESPAÇO PARA TRATAR OUTRAS PESSOAS

pode limpar a sala energeticamente usando os métodos descritos nas pp. 154-55. Outro aspecto a levar em consideração é o ruído. Embora possa ser agradável trabalhar com uma janela aberta, sons externos em excesso podem distrair o cliente. Do mesmo modo, desligue todos os telefones e use uma secretária eletrônica.

Um som que complementa o tratamento é o da música. No entanto, mantenha o volume num nível em que o cliente possa ouvi-la, mas sem ser perturbado. Cada praticante terá suas próprias preferências musicais; pessoalmente, gosto de músicas apenas tocadas e que sejam melódicas, relaxantes, não energizantes e que não perturbarão o cliente.

Preparando-se para tratar outras pessoas

Uma das prioridades antes de aplicar um tratamento é prestar atenção à sua higiene pessoal. Suas roupas devem estar limpas, as mãos lavadas e os dentes escovados. Esses cuidados impedem que odores desagradáveis, como de alho ou cigarro, interfiram no conforto do cliente. Tire também o relógio do pulso e outras joias que possam atrapalhar, especialmente pulseiras e anéis, embora possa ficar com a aliança, se assim o desejar. Depois de lavar as mãos logo antes de começar o tratamento, eu gosto de passar nelas um mínimo de óleo essencial de rosa.

O passo seguinte é limpar-se energeticamente. O método que segue pertence ao Chi Kung, mas é muito semelhante à técnica recentemente descoberta usada pelos praticantes de Reiki japoneses para remover energia tóxica.

Massagem dos meridianos

O objetivo deste exercício é limpar o *Ki* bloqueado e negativo. O exercício pede pelo menos seis repetições dos passos, chegando a um total de 36. Depois de dominar a técnica, você estabelecerá um ritmo que tornará esse número de repetições fácil de completar. Não é preciso realizar a série antes de cada tratamento, se você aplicar vários num dia. Bastará realizá-la no início e no fim de várias sessões.

1 Fique de pé, coloque a mão esquerda sobre o ombro direito e levante o braço direito.

2 Deslize a mão esquerda pelo lado externo do braço direito enquanto abaixa o braço e o posiciona na frente do corpo.

3 Quando a mão esquerda chega à ponta dos dedos, a mão direita desloca-se para cima pela face interna do braço esquerdo, até o ombro, enquanto você eleva o braço esquerdo até acima da cabeça.

4 Quando a mão direita alcança o ombro esquerdo, deslize a mão direita pelo lado externo do braço esquerdo até a ponta dos dedos, abaixando o braço ao mesmo tempo. Agora a mão esquerda movimenta-se para cima pela face interna do braço direito até o ombro, que é a posição onde você começou.

Algumas situações médicas e o Reiki

Como já foi mencionado, podemos aplicar Reiki a qualquer doença. Diferentemente de alguns outros terapeutas, o praticante de Reiki não tem necessidade de obter a história médica do cliente, pois ele não irá manipular o corpo fisicamente nem introduzirá qualquer elemento, como óleos, por exemplo, que poderia provocar reações adversas. Entretanto, embora um dos principais benefícios do Reiki seja o de que a energia age unicamente para o bem do receptor, há ocasiões em que cuidados são necessários.

Ossos fraturados

Não trate o local de um osso fraturado antes que ele seja posto no lugar, pois existe a possibilidade de que a energia comece a colar o osso fora da posição, o que poderia resultar numa nova fratura. Aplique Reiki à pessoa que está em estado de choque (pp. 310-11), mas mantenha as mãos afastadas da fratura. Quando o osso estiver no lugar e engessado, aplique Reiki o quanto possível no local da fratura.

Partes cortadas do corpo

O Reiki acelera a recuperação, por isso qualquer acidente em que uma parte do corpo, como um dedo, foi cortada também exige cuidados, pois os tecidos e as extremidades dos nervos precisam ser recuperados cirurgicamente. Aplicar Reiki diretamente à área afetada pode fazer com que ela comece a fechar antes da realização da cirurgia, causando problemas para uma recuperação bem-sucedida. Novamente, trate a pessoa por choque e dor, concentrando a atenção no chakra do coração.

Marca-passos

Aprendi que devemos verificar se uma pessoa usa marca-passo. A razão para isso é que o efeito do Reiki sobre esse dispositivo é imprevisível. Porquanto eu acredite que o Reiki não causa nenhum mal, reconheço a lógica desse conselho porque o marca-passo funciona com correntes elétricas e uma oscilação da energia poderia afetar o seu ritmo. Caso você se defronte com essa situação, analise-a com o seu professor de Reiki e com o cliente.

Diabetes

Também aprendi a ter cuidado com o diabetes, porque o Reiki pode influir nos níveis de insulina no corpo. Por isso, oriente todo receptor com diabetes a monitorar seu nível de insulina logo após um tratamento e a alterar a dosagem de acordo com a leitura feita. Desde que aprendi a agir assim, o tratamento do diabetes mudou muito e hoje as pessoas têm muito maior facilidade para monitorar os níveis e ajustar as dosagens segundo as necessidades.

DIREITA Embora, por sua natureza, o Reiki não cause nenhum mal ao receptor, é recomendável saber que algumas doenças exigem cuidados especiais.

Terceiro Grau

Ensinar Reiki a outras pessoas é uma vocação e implica o compromisso de orientá-las em sua jornada espiritual e de ajudá-las a realizar seu pleno potencial.

Tornando-se Mestre de Reiki

O Terceiro Grau prepara o aluno para tornar-se Mestre de Reiki e professor. As escolas tradicionais e as independentes mais recentes têm enfoques diferentes com relação a essa preparação. Essencialmente, ser Mestre de Reiki é dispor-se a ajudar outras pessoas a realizarem seu potencial. Cada pessoa deve examinar suas necessidades e crenças e escolher o treinamento e o professor que lhe forem mais compatíveis.

Enfoque tradicional

Nas escolas tradicionais, como a Usui Shiki Ryoho, os Mestres só aceitam um número limitado de alunos neste nível, em geral preferindo ensinar um aluno por vez. Este não é necessariamente um enfoque elitista. Antes, baseia-se na ideia de que quem quer se tornar professor deve ter uma compreensão profunda do Reiki, acumulada ao longo de uma prática regular, e um alto grau de comprometimento com ele.

Há boas razões para isso. Um professor precisa ter uma atitude madura e responsável para desenvolver uma prática espiritual e para assumir responsabilidade pela sua vida em geral, pois orientará outras pessoas através de um processo por meio do qual se espera que também alcancem o mesmo nível de maturidade e responsabilidade. Desse modo, os alunos devem ter condições de demonstrar sua aptidão para isso a seu Mestre de Reiki.

Assim, espera-se que os alunos tenham praticado Reiki por algum tempo e cabe a cada Mestre avaliar cada aluno. O Mestre aceitará o aluno se julgar que ele está preparado e, mais importante, se estiver convencido de que esse é o passo certo para o aluno.

A preparação geralmente se desenvolve no decorrer de um ano, período durante o qual o aluno auxilia o Mestre nos cursos de Primeiro e Segundo Graus e em outras tarefas, como organização de grupos de troca de Reiki e atividades ligadas à condução dos cursos. O processo é muito semelhante a um aprendizado, quando o aluno também recebe orientações sobre o modo de ensinar.

Enfoque independente

O enfoque dos professores independentes difere da perspectiva tradicionalista em três aspectos: (1) eles tendem a não ser tão rigorosos na seleção de alunos; (2) o treinamento pode ser muito curto, apenas de um dia, por exemplo; (3) os custos são significativamente mais baixos. O argumento para esse enfoque é que os custos mais elevados do treinamento tradicionalista efetivamente excluem muitas pessoas que seriam excelentes professores e curadores.

DIREITA Pessoas que desejam tornar-se Mestres de Reiki têm idealmente compromisso com a cura e um forte desejo de ajudar outras pessoas a realizar seu potencial.

ACIMA Ao preparar-se para o Terceiro Grau, você deve empenhar-se em elevar a sua vibração energética em todos os níveis.

Preparando-se para mudar de vida

Tomada a decisão de tornar-se Mestre de Reiki, você deve começar a preparar-se para mudar sua vida. Se sua intenção com relação ao passo que está para dar é séria, você entenderá que o Reiki não poderá mais ser uma espécie de acessório espiritual em sua vida – ele *será* a sua vida. Ser Mestre de Reiki não é tanto um trabalho, mas uma verdadeira vocação em que você será o que realmente é. Ser Mestre de Reiki não é uma questão apenas de ser competente em dar aulas e passar sintonizações; trata-se também de ter o conhecimento para 'empreender a jornada' com a pessoa que você está ensinando e de servir-lhe de guia.

Você pode fazer várias coisas que o ajudam a preparar-se para o Grau de Mestre, seja qual for o caminho que tenha optado por seguir. Elas o auxiliarão a elevar a sua vibração energética em todos os níveis, do físico ao espiritual, como preparação para a última sintonização que você receberá.

Prática regular

Enfatize a regularidade da sua prática. Recomendam-se autotratamentos diários e meditação. Você deve também fazer tantas trocas de tratamento com outros praticantes quantas possíveis. Isso significa que você receberá Reiki regularmente de outras fontes além de você mesmo e que também estará dando Reiki a outros que são experientes, aumentando assim a sua compreensão da energia e elevando as suas vibrações. Também é importante meditar sobre os símbolos e mantras para aprofundar a sua compreensão deles e a sua ligação com eles.

Aplicação dos seus conhecimentos e habilidades

É de grande proveito você refletir sobre outros conhecimentos e habilidades que você pode aplicar em suas atividades de Mestre. A experiência com outras práticas, como yoga e Chi Kung, o ajudarão a valorizar o aspecto físico do trabalho com energia. O conhecimento de várias filosofias e religiões o ajudará a compreender a relação que existe entre todos os sistemas de crença, e a leitura de livros sobre a grande variedade de outros métodos de cura ampliará o seu entendimento de inúmeras doenças e dos modos de tratá-las. Todas essas possibilidades (e provavelmente você pode pensar em outras) contribuirão para o aprofundamento de um conhecimento que, embora não seja obrigatório como parte do treinamento, em última análise modela um Mestre de Reiki mais completo.

A sintonização é o início

Finalmente, é importante lembrar que quando você recebe a sintonização que lhe confere o Grau de Mestre de Reiki, esse é o início da sua jornada, não o fim.

Símbolo 4 – DKM

O símbolo do Mestre, DKM, não é um símbolo como tal; à semelhança do HSZSN (pp. 170-71), é composto de três *Kanji* que formam uma frase, que também é o mantra correspondente ao símbolo. O símbolo é usado no processo de sintonização em todos os níveis de Reiki, mas só é ensinado no terceiro nível.

Nos ensinamentos ocidentais, a característica associada ao símbolo é apenas a do Mestrado, ao passo que nos ensinamentos japoneses, é a Potencialização. Uma das suas funções é ajudar-nos a estabelecer contato direto com o nosso Mestre interior. Essa é a parte de nós que já está iluminada, mas oculta, esperando ser descoberta ao longo da jornada de muitas práticas espirituais. Em outras palavras, o Reiki não é o único que nos ajuda a ter acesso à Luz interior, é simplesmente um caminho a percorrer.

De fato, o Símbolo 4 tem suas origens na tradição budista e pode ser encontrado num texto *Mykkiô* do Budismo Tendai praticado por Mikao Usui. Ele faz parte de um ritual esotérico em que o praticante se torna Um com sua natureza búdica original e o capacita a manifestar a Luz interior, que é uma força natural de energia. Essa informação nos ajuda a compreender por que Usui escolheu este símbolo como o mais fundamental no desenvolvimento de uma prática de Reiki.

O símbolo do Mestre atrai energias de uma vibração superior com qualidades intensificadas de cura. Podemos aplicá-lo com os demais símbolos para intensificar o poder destes e para purificar a intenção que os inspira. Este é um símbolo que lança luz sobre todas as situações, sejam físicas, mentais ou espirituais, e que remove todos os bloqueios que impedem a solução dos problemas, por mais resistentes que esses bloqueios sejam.

A prática da meditação sobre o símbolo desenvolve a consciência de nós mesmos e promove o nosso crescimento espiritual. O símbolo deve ser desenhado do mesmo modo que os outros – com a palma da mão ou com os dedos, ou visualizando-o na tela da mente. Ele é multidimensional, no sentido de que tem as três dimensões da altura, largura e profundidade, e as dimensões acrescidas de operar no espaço e no tempo. Um método de meditação com este símbolo consiste em desenhá-lo e entrar nele como num holograma. Durante a meditação, ele frequentemente manifesta diferentes cores, sendo a cor violeta uma das que mais aparecem. Para intensificar a energia deste símbolo, você pode visualizá-lo intuitivamente com uma determinada cor ao aplicá-lo a uma situação particular.

DIREITA O símbolo do Mestre nos possibilita entrar em contato com a parte de nós que já está iluminada, mas oculta à nossa percepção.

O mantra – DKM

Há muitas traduções do mantra, desde 'tesouro da grande luz radiante' até 'grande iluminação' ou 'grande luz brilhante'. Luz é a característica comum das traduções, por isso você pode concentrar-se no conceito de Luz ao entoar o mantra, adotando a mesma técnica descrita nas pp. 88-9.

Exercício para equilibrar o *Ki* 1

Todo professor de Reiki precisa saber equilibrar sua energia. Este exercício diário de Chi Kung é excelente para promover o equilíbrio energético, podendo ser realizado por praticantes de Reiki de todos os níveis.

Abertura e fechamento do *Ki*

O aspecto mais importante deste exercício é concentrar a atenção nas sensações de resistência. Ao atrair a energia, você pode visualizar-se puxando uma boia de nadar debaixo da água; ao empurrar a energia para cima, imagine o dorso das mãos presos ao chão por uma substância elástica.

1 Fique de pé, com as pernas afastadas na largura dos ombros e os joelhos levemente flexionados. Olhe diretamente à frente, ombros soltos. Procure sentir os chakras da coroa e da raiz em alinhamento (esses dois pontos são chamados *Baihui* e *Huiyin*, no Chi Kung). Coloque a ponta da língua no palato duro, logo atrás dos dentes. Isto é importante para ajudar o *Ki* a formar um circuito completo no corpo.

2 Ao inalar, leve os braços para a frente do corpo, palmas para cima.

3 Ainda inalando, erga as mãos até a extremidade inferior do esterno. Os dedos não devem se tocar, mas apontam uns para os outros. As mãos ficam ligeiramente arqueadas e com os dedos abertos.

4 Gire os braços para dentro, de modo a virar as palmas para baixo.

5 Ao exalar, pressione as mãos para baixo lentamente. Ao fazer esse movimento, dobre levemente o corpo. Continue pressionando até chegar à altura do umbigo.

Repita a sequência de 4 a 6 vezes. Cuide para não levar as mãos acima da altura do peito, pois elevar a energia acima desse nível pode causar desequilíbrio mental. O objetivo é equilibrar a energia em torno do umbigo ou região do *Hara*.

Exercício para equilibrar o *Ki* 2

Este exercício é muito proveitoso para professores; alguns o realizam como parte do processo de sintonização. Esta é uma versão simplificada de um exercício avançado de Chi Kung. Talvez você precise praticá-lo várias vezes antes de começar a ter a sensação da energia fluindo por todo o circuito. Um modo de ajudar o processo é movimentar a energia mentalmente até conseguir chegar à sensação física.

A órbita microcósmica

Você pode fazer este exercício sentado ou de pé. A posição de pé facilita a execução até você se habituar a ele.

1 Fique de pé, com as pernas afastadas na largura dos ombros e os joelhos levemente flexionados. Olhe diretamente à frente, ombros soltos. Procure sentir os chakras da coroa e da raiz em alinhamento (esses dois pontos são chamados *Baihui* e *Huiyin*, no Chi Kung). Coloque a ponta da língua no palato duro, logo atrás dos dentes. Isto é importante para ajudar o *Ki* a formar um circuito completo no corpo. Mantenha os olhos total ou parcialmente fechados para sentir a energia com mais facilidade.

2 Primeiro leve a energia do ponto logo abaixo do umbigo para o períneo, entre o ânus e os genitais, e contraia a energia nesse ponto. Isso significa comprimir os músculos, de modo a produzir a sensação de que eles se elevam dentro do corpo. As mulheres identificarão esta técnica caso conheçam os exercícios de Kegel, ensinados em cursos de preparação para o parto.

3 Em seguida, movimente a energia do períneo para a base da coluna, e daí faça-a subir pela coluna, passando por trás do coração e do pescoço, pela nuca, até o topo da cabeça. Então, visualize a energia descendo do topo da cabeça até a língua, que, tocando o céu da boca, interliga os dois circuitos. Daí a energia desce até o centro do corpo e volta ao períneo.

Repita este circuito de 4 a 6 vezes inicialmente. Se a energia ficar presa na área da cabeça, causando tontura ou dor de cabeça, desloque-a até os pés e faça-a fluir para a terra.

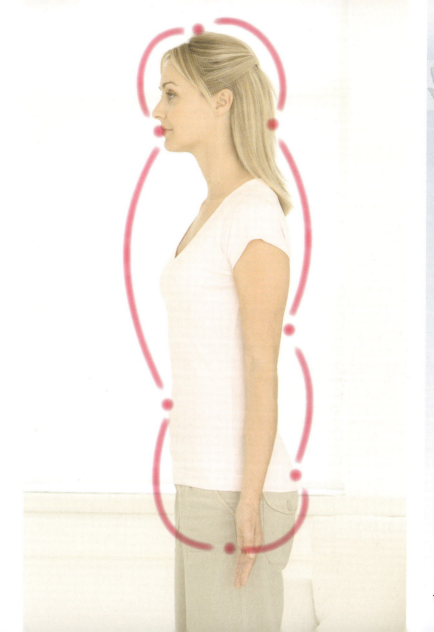

EXERCÍCIO PARA EQUILIBRAR O KI 2

195

ACIMA O processo de sintonização une o aluno à energia universal pelo resto da vida.

O processo de sintonização

Uma das principais funções de um professor de Reiki é realizar o ritual de iniciação de outras pessoas por meio de sintonizações (pp. 96-7). Rituais de iniciação encontram-se em outras tradições espirituais, com maior ou menor grau de importância. No Reiki, eles são um aspecto essencial, porque o aluno não pode praticar a técnica sem receber as sintonizações. As sintonizações têm o objetivo de religar o aluno à energia espiritual do Universo e ao mesmo tempo elevar seus níveis de energia pessoal. A energia pessoal os ajuda a ser canais mais fortes para a energia do Reiki.

Métodos para transmitir a sintonização

Os professores interpretam a sintonização diversamente. Por exemplo, os professores da Aliança de Reiki fazem quatro diferentes sintonizações no primeiro nível, uma sintonização no segundo nível e uma no terceiro. Professores de outras escolas podem fazer apenas uma sintonização em cada nível.

Existem também inúmeras variações na aplicação do método. Em todos os métodos, o aluno geralmente fica sentado, com os olhos fechados e as mãos em posição de oração. Alguns professores preferem tocar o corpo, movimentando-se em torno da pessoa das costas para a frente e terminando nas costas; outros optam por não tocar o corpo. Em todos os métodos, o ritual é concluído em poucos minutos.

O aspecto importante a lembrar é que não há maneira certa ou errada de transmitir sintonizações – todas elas alcançam o objetivo, desde que a intenção do Mestre de Reiki seja clara.

A prática leva à perfeição

Como professor, você precisará realizar o ritual da sintonização que lhe foi ensinado até poder aplicá-lo quase mecanicamente. A confiança em sua aptidão física lhe possibilitará concentrar-se mais no aspecto energético do processo ao ministrar um curso. Caso você cometa um erro, como omitir traços de um símbolo, sugiro que, em vez de parar e recomeçar, você formule a intenção de que o erro seja corrigido. Acredito que se a sua intenção é de que a sintonização aconteça, e você realiza o processo de modo respeitoso, o aluno sempre receberá a sintonização e atrairá a energia de que precisa. Também é bom lembrar que a energia sentida numa sintonização não depende do 'poder' do professor, mas das necessidades do aluno.

Sem volta

Finalmente, a partir do momento em que o aluno recebe a iniciação, ela não pode ser desfeita. Não existe algo como uma sintonização temporária – uma vez dada, ela é para sempre.

Prática profissional

Alguns alunos tomam a decisão de se tornar praticantes de Reiki profissionais. Você não precisa ter o Terceiro Grau para fazer isso; estritamente falando, nem o Segundo, embora, sem dúvida, seja benéfico ter alcançado esse nível, pois sua experiência com a energia aperfeiçoará as suas habilidades de tratamento.

Talvez seja prudente começar aos poucos, combinando a prática profissional com o trabalho normal, caso você tenha um emprego. Assim, você pode formar uma clientela gradualmente e ao mesmo tempo descobrir se é algo que você gostará de fazer em tempo integral. São consideráveis as vantagens de uma prática em tempo parcial, no sentido de que você pode ter duas profissões. Conheço um advogado de sucesso que, à noite, transforma um dos seus escritórios em sala de tratamento de Reiki, para grande espanto dos colegas de trabalho. Desse modo, sua vida fica preenchida de todas as formas, e ele consegue manter os custos baixos, passando esse benefício para os clientes.

Um lugar para praticar

Começar na sua casa é a melhor ideia, se a família lhe der apoio ou se você puder programar tratamentos em horários que não interfiram nos compromissos familiares. Alternativamente, você pode deslocar-se para a casa do cliente. Embora essa pareça uma solução promissora, pondere que você não conseguirá preparar o espaço do mesmo modo que o faria em outro lugar, além do que terá muito pouco controle sobre o restante do ambiente, como ruídos de terceiros, animais domésticos e telefones. Essas coisas não contribuem para uma experiência relaxante.

Outra opção é alugar uma sala onde já seja praticada outra terapia alternativa, ou então um salão de beleza. Você pode alugar uma sala apenas por algumas horas por semana e assim dividir os custos com outros praticantes (pois, de outra forma, os custos podem ser elevados). Idealmente, você precisa formar um bom catálogo de clientes previamente, ou acabará pagando por horas ociosas. Se optar por essa alternativa, informe-se antes sobre o sucesso do negócio já em andamento e dedique algum tempo para sentir o espírito e a atmosfera que envolvem o ambiente. A sala onde você irá trabalhar deve revelar-se energeticamente propícia para você. Se tiver algum receio com relação à sala ou ao negócio, siga a sua intuição, mesmo que em outros aspectos pareça ser uma boa solução.

DIREITA Muitas decisões devem ser tomadas antes de iniciar uma prática profissional. Ao tomá-las, siga a sua intuição e o seu coração.

PRÁTICA PROFISSIONAL

A questão da cobrança

Decidir quanto cobrar por um tratamento de Reiki é uma questão angustiante para muitos praticantes profissionais. Um modo de encará-la é lembrar que o dinheiro é simplesmente uma forma conveniente que a sociedade adota para permutar bens e serviços. A cobrança de uma taxa atribui um valor a você e ao Reiki, que o cliente pode respeitar. Da parte do cliente, pagar por um tratamento demonstra respeito também por ele mesmo, e assim o sistema de cobrança cria um equilíbrio entre o dar e o receber.

ABAIXO Com a cobrança do tratamento, as partes demonstram respeito e a energia do dar e do receber equilibra-se.

Você precisará fazer algumas pesquisas sobre os valores cobrados por outros praticantes de Reiki na sua região; também é recomendável verificar os preços de terapeutas massagistas, aromaterapeutas e reflexologistas. Assim você terá uma boa ideia dos valores correntes. Não é correto cobrar abaixo dos preços de outros praticantes da sua região. Primeiro, essa atitude não necessariamente lhe atrairá mais clientes, porque ela poderá levantar suspeitas sobre os motivos de uma cobrança mais baixa. Segundo, ela não lhe atrairá amigos entre a comunidade local de praticantes, e estes podem ser uma boa fonte de referências para clientes.

Estabeleça um preço que cubra todos os custos envolvidos, com o qual você se sinta confortável e que esteja de acordo com os valores de outros profissionais. Caso sinta a necessidade de dar tratamentos gratuitos, ofereça-os onde serão mais benéficos, como em hospitais, por exemplo.

Divulgue a sua prática

Anunciar regularmente em jornais locais é dispendioso. É melhor procurar um guia especializado de saúde alternativa, mas mesmo este pode se mostrar uma forma pouco compensadora de estruturar o seu negócio. Usar a internet para fazer propaganda da sua prática é uma opção mais barata e mais eficaz. Você não precisa ter um *website* próprio, simplesmente acrescente os seus dados para contato em um dos muitos endereços para praticantes.

Um aspecto essencial da divulgação é um prospecto bem desenhado e bem escrito que informe as pessoas sobre o Reiki, sua formação, duração do tratamento, preços e detalhes para contato. Esses prospectos podem ser distribuídos em lugares que, de acordo com as suas pesquisas, atraem clientes potenciais, como lojas de produtos naturais, centros de entretenimento, bares e livrarias. Também é recomendável ter à mão um cartão de visita quando você participa de eventos profissionais e de reuniões sociais.

Seguro e contabilidade

Ao estabelecer a sua prática de Reiki, você incorrerá em alguns custos – a mesa de tratamento e os materiais de divulgação são os principais. Entretanto, você precisará também fazer um seguro da sua responsabilidade e indenização civil, mesmo que trabalhe em casa. Inúmeras seguradoras são especializadas em políticas para vários tipos de terapia; alternativamente, você talvez possa fazê-lo com uma das organizações de Reiki do seu país.

Por fim, você precisará manter um registro contábil básico que informe as receitas e despesas decorrentes da sua atividade.

PARTE 4
Posições das Mãos

Percussão e alisamento

Quando começou a mostrar aos seus alunos como aplicar Reiki em si mesmos e em outras pessoas, Mikao Usui não seguia o sistema estruturado de posições das mãos que conhecemos hoje. Como sabemos, foi Chujiro Hayashi que formalizou essas posições a pedido de Usui. Usui usava as técnicas de percussão e alisamento ao aplicar um tratamento. Se desejar, além das posições das mãos, você pode usar essas técnicas em tratamentos e cursos. Elas são opcionais, porém, são incluídas aqui para que você tenha uma ideia mais abrangente do modo como o Reiki já foi praticado.

Percussão (*Uchite chiryô-hô*)

A aplicação desta técnica em áreas onde a energia está bloqueada ajuda a restabelecer o fluxo energético. Ela é semelhante à técnica de batimento do Chi Kung para soltar a energia estagnada que tende a se acumular nas articulações.

Com a mão espalmada, comece dando batidas leves e rítmicas na área bloqueada, aumentando aos poucos a força até que se transformem em palmadas suaves. Continue até sentir que a energia foi desbloqueada.

Percussão

Alisamento

Alisamento (*Nadete chiryô-hô*)
Esta técnica suave estimula o fluxo de energia pelo corpo e é também usada para aumentar o fluxo do Reiki para e por todo o corpo.

Você pode aplicá-la na frente do corpo e nas costas, mas lembre-se de sempre realizar os movimentos de cima para baixo. Por exemplo, faça as manipulações dos ombros para os braços, e depois dos ombros para a cintura. Em seguida, trabalhe da cintura para os dedos dos pés. Cuide para não tocar os seios e os genitais.

Posicione as mãos espalmadas sobre o corpo. Aplicando a cada movimento pressão suficiente, de modo a evitar que a pessoa tenha sensações de cócegas, deslize as mãos para baixo com movimentos curtos e com a intenção de aumentar o fluxo de energia.

Posições das Mãos para Autotratamento

A simplicidade do sistema para autotratamento possibilita-lhe tratar-se em qualquer lugar. Em viagens ou em casa, as suas mãos estão sempre à sua disposição.

Autotratamento

Quer você opte por manter-se sentado ou deitado para aplicar-se um tratamento, procure sempre sentir-se confortável. Além disso, previna a ocorrência de possíveis distrações, como o uso do celular, por exemplo.

O que segue é um conjunto de posições para autotratamento; aplique as posições na ordem apresentada. Às vezes, talvez você queira desviar-se dessa ordem e concentrar-se numa área específica. Não há nada de errado nisso, embora seja sempre recomendável tratar o corpo inteiro com a maior regularidade possível. Do mesmo modo, se você tiver pouco tempo para dar-se um tratamento completo, basta dedicar-se à região dos rins e do coração para restabelecer suas energias.

Os principiantes normalmente se preocupam em manter as posições pelo período de tempo especificado nas instruções. Mais do que preocupar-se com o tempo, preste atenção ao que suas mãos lhe dizem e siga-as. Se parecerem grudar-se num ponto, mantenha-as na posição enquanto a sensação perdurar. Você provavelmente perceberá que o período de tempo aplicado num autotratamento pode variar, mas em princípio gira em torno de 45 minutos.

Na hipótese de você se aplicar um tratamento logo antes de dormir, é possível que adormeça antes de chegar à metade das posições. Isso não é problema e não afeta os benefícios que o Reiki lhe propicia. No entanto, se quiser ter certeza de um tratamento completo, uma boa alternativa é tratar-se ao acordar pela manhã.

ESQUERDA Dar-se Reiki todos os dias é uma forma de demonstrar respeito por você mesmo e de manter-se em ótimas condições. Onde quer que se encontre, o que quer que esteja fazendo, coloque as mãos sobre você mesmo e abençoe-se com a energia do Reiki.

Posição 1

Assuma uma posição confortável e providencie para não ser perturbado antes e durante o tratamento.

Coloque as mãos no rosto, com as palmas sobre os olhos e a porção superior das bochechas. Os dedos se mantêm unidos e a ponta dos dedos chegam logo acima da linha dos cabelos. Mantenha a posição por 3 minutos, pelo menos.

Posição 1

Posição 2

Esta posição tem eficácia própria, podendo ser usada isoladamente. Aplique-a para dor de ouvido e para problemas com os dentes.

Sempre com os dedos unidos, posicione as mãos em concha sobre as orelhas. Mantenha a posição até sentir que pode passar para a seguinte. Se tiver dor de dente, posicione as mãos em concha sobre a região da boca.

Posição 2

Posição 3

Posição 3
É fácil fazer esta posição estando sentado, como mostra a foto, mas torna-se ainda mais fácil ficando deitado, pois a tensão nos braços é menor.

Envolva a região posterior da cabeça com as mãos posicionadas horizontalmente através do crânio. Os dedos apontam em direções opostas.

Posição 3 alternativa
Alternativamente, posicione as mãos unidas, dedos apontando para cima, palmas na base do crânio.

Posição 4a e 4b

A posição 4 só pode ser feita por quem foi iniciado no Segundo Grau de Reiki, pois é preciso traçar os Símbolos 1 e 2 (CKR e SHK) sobre a testa.

Posição 4a Mantenha a mão esquerda na nuca, confortavelmente e sem torcer o pulso. Desenhe os símbolos no centro da testa com a mão direita.

Posição 4b Em seguida, posicione a mão direita horizontalmente na testa, cobrindo-a por inteiro.

Posição 4a

Posição 4b

POSIÇÕES DAS MÃOS

Posição 5

Posição 5
Há duas versões desta posição para tratar a região da garganta. Adote a que lhe for mais confortável; mantenha-a até sentir que pode prosseguir.

Mantendo os dedos unidos, envolva a região posterior do pescoço com a mão esquerda. Com a direita, cubra levemente a área da garganta, polegar apontando para a orelha direita. Você pode inverter as mãos, se desejar.

Posição 5 alternativa
Alternativamente, posicione as mãos em concha em volta da garganta, pulsos tocando-se no meio.

Posições 6a e 6b

Estas duas posições tratam o estômago, o baço e o fígado, e são eficazes em si mesmas se você sentir algum distúrbio estomacal ou se perceber que o baço e o fígado precisam de ajuda para eliminar toxinas do corpo.

Posição 6a Para a primeira posição, coloque as mãos sobre a região do plexo solar, as pontas dos dedos tocando-se no meio. Lembre-se de manter os dedos unidos.

Posição 6b Terminada a aplicação de Reiki sobre a região do plexo solar, apenas desloque as mãos para baixo, com os dedos médios tocando-se logo abaixo do umbigo.

Posição 6a

Posição 6b

Posição 7

Esta posição trata as áreas pélvica e reprodutiva e os órgãos da reprodução. É uma boa posição para mulheres no início do período menstrual, ajudando a aliviar dores devidas a cãibras.

Posicione a base das palmas sobre os ossos dos quadris, dedos apontando para baixo e para o meio, as pontas tocando-se. Os polegares podem ficar unidos às palmas ou estendidos para fora, formando um coração entre as mãos.

Posição 8

A última posição na frente do corpo promove o equilíbrio da energia. Eu me aplico esta posição antes de começar um tratamento de Reiki em outra pessoa.

Posicione uma das mãos sobre a área do *Hara* ou do segundo chakra, logo abaixo do umbigo, e a outra sobre o quarto chakra, que está ao lado do coração físico, no centro da região do esterno.

Posições 9a e 9b

É difícil assumir uma posição confortável para tratar as costas. O autotratamento aqui limita-se aos rins e às glândulas adrenais, logo acima dos rins. Para essas duas posições, coloque as palmas em cada lado das costas com os dedos apontando para a coluna. Se as costas forem estreitas, os dedos se tocarão.

Posição 9a Para cobrir as adrenais, posicione a lateral externa das mãos ligeiramente sobre a porção inferior da caixa torácica; as mãos assumirão naturalmente a posição.

Posição 9b Para cobrir os rins, deslize as mãos uns oito centímetros para baixo, detendo-se sobre a porção inferior da cintura.

Posição 9a

Posição 9b

Posição 10

Posição 10

A região dos ombros é a única outra parte das costas um pouco mais acessível, e como acumulamos nela muita tensão, é recomendável aplicar-lhe Reiki sempre que possível. Esta é uma boa posição para assumir enquanto você faz uma pausa do trabalho no computador ou enquanto assiste à televisão.

A posição pode ser feita de dois modos. Cruze os braços diante do peito e coloque as mãos sobre a área posterior de cada ombro.

Posição 10 alternativa
Alternativamente, posicione a mão direita sobre a região posterior do ombro direito e a mão esquerda atrás do ombro esquerdo, apontando os dedos para a coluna.

Posições 11 e 12

Estas duas posições são extras, não sendo ensinadas pelos Mestres tradicionais Usui como parte do autotratamento. Elas podem ser feitas facilmente durante o banho ou como parte de uma massagem nos pés ou de um tratamento de reflexologia.

Posição 11 A primeira consiste em aplicar Reiki nos joelhos. Os joelhos podem acumular energia estagnada e medo, além de serem áreas problemáticas para pessoas com artrite e reumatismo. Coloque as mãos sobre os joelhos e mantenha a posição por 3 minutos. (Eu incluí as posições no autotratamento completo, mas elas podem ser aplicadas isoladamente.)

Posição 12 Do mesmo modo, podemos tratar também os pés e os tornozelos, sempre muito exigidos, simplesmente envolvendo-os com as mãos, na posição que lhe for mais confortável.

Posição 11

Posição 12

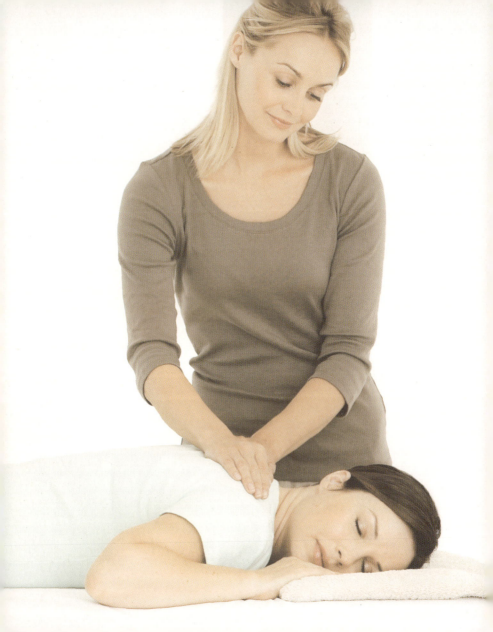

Posições das Mãos para Tratamento de Outras Pessoas

Tratar outras pessoas é um privilégio e uma experiência profunda sob vários aspectos. Fazer uso da sua intuição e escutar as suas mãos é mais importante do que seguir rigidamente as posições das mãos.

Tratamento de outras pessoas

Um tratamento típico de Reiki aplicado a outra pessoa dura em geral em torno de uma hora, se cada posição for mantida no mínimo por 3 minutos. Há ocasiões em que você talvez queira demorar-se mais, caso a pessoa esteja se sentindo muito indisposta e você sinta intuitivamente que ela precisa de mais energia, ou caso você queira concentrar-se numa área específica.

Ao aplicar um tratamento pela primeira vez, você precisará reservar um tempo antes de começar a sessão para conversar com o receptor sobre o tratamento e responder perguntas que ele possa ter. Pessoalmente, em geral reservo em torno de meia hora para um primeiro tratamento com um novo cliente, havendo assim bastante tempo antes e depois para refletir sobre todas as questões e analisar possíveis experiências que ele teve durante o tratamento.

Importância da cabeça

As primeiras cinco posições são aplicadas na cabeça e na garganta. Com algumas pessoas, sinto que posso passar quase metade do tempo de tratamento trabalhando a cabeça, especialmente nas primeiras sessões. Como é na cabeça que se localizam os chakras relacionados com o espírito, ou seja, o intelecto e os principais responsáveis pela organização do sistema endócrino – as glândulas pituitária e pineal – é lógico que essa área exija atenção especial. No entanto, isso varia de acordo com as necessidades de cada receptor.

Movimentos fluidos

Tratamentos regulares dados a outras pessoas aperfeiçoarão a sua prática de passar suavemente de uma posição das mãos para outra. A autoconfiança e o controle da respiração ajudarão a fazer com que os seus movimentos fluam. Isso favorece uma experiência mais relaxante para ambos.

ESQUERDA Reserve algum tempo para uma troca de ideias antes e depois de um tratamento de Reiki.

Posições 1a e 1b

Estas posições ajudam você a entrar em sintonia com o fluxo de energia do receptor.

Posição 1a Peça ao receptor que se deite confortavelmente de costas sobre a mesa de tratamento, com os braços ao lado do corpo, e não cruzadas sobre o estômago. Posicione-se atrás da cabeça do receptor. Para iniciar, posicione as mãos suavemente sobre os ombros do cliente por alguns momentos, entrando assim em sintonia com o fluxo de energia dele.

Posição 1b Posicione as mãos, com os polegares se tocando e as palmas voltadas para baixo, alguns centímetros acima do rosto do receptor. Desça lentamente as mãos pelo rosto. Os polegares posicionam-se no centro da testa e ligeiramente sobre a ponte do nariz. As palmas cobrem os olhos e os dedos se apoiam levemente sobre as bochechas. Mantenha a posição por 3 minutos.

Posição 1a

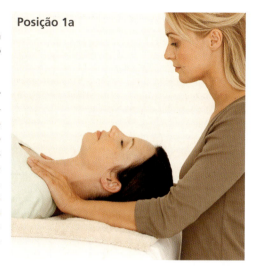

Posição 1b

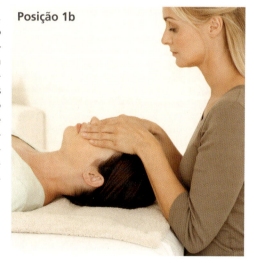

Posição 2a

Posição 2b

Posições 2a e 2b

Algumas posições podem variar ligeiramente, dependendo da preferência do Mestre. Aqui você encontra duas variações da segunda posição; aprendi as duas com Mestres da escola tradicional. A primeira foi ensinada por Hawayo Takata; a segunda é uma versão bastante comum.

Posição 2a Posicione as mãos sobre as orelhas do receptor, com os polegares na frente das orelhas. Os dedos ocupam uma posição natural sobre a região posterior da mandíbula e do pescoço.

Posição 2b Posicione a base das palmas acima das têmporas e as palmas sobre as têmporas. Os dedos apoiam-se nas laterais da face, com os mínimos na frente das orelhas.

Posição 3a

Posições 3a, 3b e 3c

A prática lhe dará condições de movimentar adequadamente as mãos para assumir essas posições. Respire calmamente, sem se apressar. Muitos receptores ficam tensos quando os movimentamos para assumir esta posição, querendo eles mesmos assumi-la. Peça-lhes que relaxem e que o deixem sustentar o peso da cabeça e do pescoço, mas não insista em demasia para não desconcentrá-los. Relaxada ou não, esta é a posição preferida de muitas pessoas, provavelmente porque relembra o modo como a mãe segura a cabeça do filho. Após o tratamento, muitas pessoas já disseram que esta posição é a que as faz sentir-se 'mais acalentadas'.

Posição 3a Posicione a palma direita sobre a orelha do receptor, quase embaixo da cabeça. Coloque a mão esquerda sobre a face esquerda do receptor. Vire lentamente a cabeça para a direita, de modo a colocá-la sobre a sua mão direita.

Posição 3b

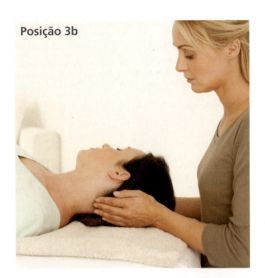

Posição 3b Coloque a mão esquerda sob a cabeça, dedos apontando para baixo, apoiados sobre parte do pescoço do receptor.

Posição 3c

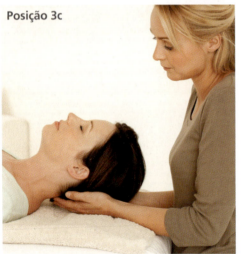

Posição 3c Lentamente, com a mão direita, role a cabeça do receptor para o lado esquerdo, posicionando-a sobre a sua mão esquerda. Acomode as mãos conforme seja necessário para que possam sustentar a cabeça e a porção superior do pescoço. As suas mãos devem ficar confortáveis e a cabeça do receptor, firme e equilibrada.

Posição 4a

Posições 4a, 4b e 4c

Esta posição envolve o uso dos símbolos para *mental healing*, como se ensina no Segundo Grau. Os símbolos são desenhados no centro da testa. Com as mãos sob a cabeça, como na posição 3c, veja com qual das mãos você irá desenhar os símbolos.

Posição 4a A partir da posição 3c, remova delicadamente a mão escolhida de debaixo da cabeça, mas não sem antes ajustar a outra mão para que sustente sozinha a cabeça. Com a cabeça bem apoiada por essa mão, desenhe os símbolos sobre o centro da testa com a mão escolhida.

Posição 4b

Posição 4c

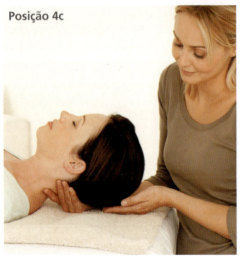

Posição 4b Posicione a mão escolhida, com os dedos unidos, horizontalmente sobre a testa.

Posição 4c Depois de manter a posição 4b por 3 a 5 minutos, primeiro retire a mão que está sobre a testa e coloque-a sob o pescoço, de modo a apoiar a cabeça enquanto retira lentamente a outra mão.

O receptor talvez queira erguer novamente a cabeça para ajudar esse movimento; diga-lhe calmamente que relaxe e o deixe fazer o trabalho.

Posições 5a e 5b

Algumas pessoas se sentem desconfortáveis com as mãos de outra pessoa tão próximas da garganta, e você deve se lembrar disso antes de tratar essa região. Lembre também que a garganta é uma área onde muitas pessoas armazenam uma enorme quantidade de questões emocionais; durante o tratamento podem vir à tona imagens, emoções e mesmo dores muito fortes.

Posição 5a Primeiro apoie os cotovelos ao lado da cabeça do receptor (não perto demais) e leve as mãos sobre a área da garganta, a 7,5 cm de distância. Entrelace os dedos, com a ponta dos polegares apenas se tocando ou mesmo sem se tocar, de modo a abranger o contorno da mandíbula e a garganta. Variação: posicione as mãos em cada lado da mandíbula do receptor, polegares logo acima do osso maxilar e os dedos apontando uns para os outros, sem se entrelaçar. Essa versão mantém as mãos mais próximas da área da garganta, enquanto na posição mostrada as mãos ficam a certa distância da garganta.

Posição 5b Termine separando os dedos e afastando os braços em arco até alcançarem a borda da mesa.

Posição 5a

Posição 5b

Posição 6

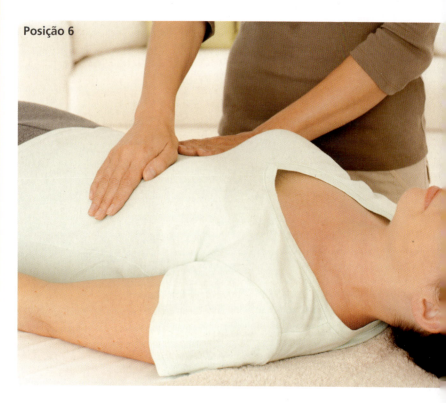

Posição 6
Terminadas as posições da cabeça e da garganta, o passo seguinte é tratar a frente do corpo. Para isso, você precisará ficar de pé, a não ser que tenha uma cadeira que se movimente sobre rodízios.

Para a primeira posição do corpo, coloque as mãos, uma na frente da outra, na região inferior da caixa torácica (nas mulheres, logo abaixo dos seios). Mantenha a posição por 3 minutos.

Posição 7

Adote a versão desta posição que você achar mais apropriada.

Para passar da Posição 6 para 7, apenas desloque as mãos 3 a 5 cm para baixo; ou então movimente a mais afastada de você para mais perto e para baixo e desloque a que está mais perto de você para o lado oposto. Você pode adotar esse movimento cruzado na frente do corpo e nas costas.

Posição 7

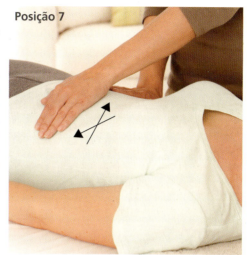

Posições 6 e 7 alternativas

Uma forma alternativa das posições 6 e 7 é colocar as mãos lado a lado em um dos lados do corpo do receptor, mantendo a posição por 3 minutos, e em seguida deslocá-las para o lado oposto, também por 3 minutos. O detalhe importante nesses dois métodos é abranger os chakras e os órgãos principais.

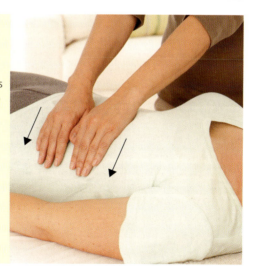

Posição 8

Esta posição trata a região pélvica. Como você está trabalhando perto da genitália, você precisa ter sensibilidade e evitar todo contato direto com esses órgãos. A posição ilustrada é a mais apropriada para trabalhar com mulheres.

Posicione a mão esquerda no lado interno do osso do quadril do receptor, dedos unidos e apontando para o osso pubiano. Depois coloque a base da mão direita ligeiramente afastada da ponta dos dedos da mão esquerda, apontando a mão para cima no lado interno do osso do quadril esquerdo, formando assim um V.

Posição 8 alternativa para homens

Em vez de colocar as mãos em forma de V sobre a região pélvica, é melhor colocar uma das mãos sobre o osso de cada quadril, ou quase na face interna. A maneira mais fácil de fazer isso é colocar uma das mãos com os dedos apontando diretamente para cima e a outra com os dedos apontando para baixo. Cuidados nessa área evitarão embaraços de ambas as partes.

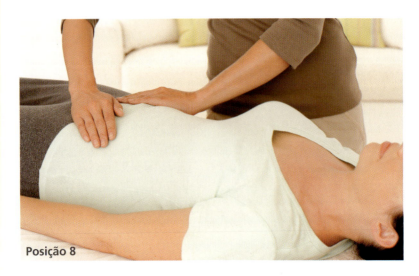

Posição 8

Posição 9

Posição 9

Esta posição completa o tratamento na frente do corpo equilibrando e ligando a energia nas partes superior e inferior do corpo. Esta posição influencia os chakras do coração e do sacro.

Posicione uma das mãos sobre o abdômen do receptor e a outra sobre o esterno. Mantenha a posição durante 3 a 5 minutos ou até sentir que a energia está equilibrada entre suas mãos.

TRATAMENTO DE OUTRAS PESSOAS

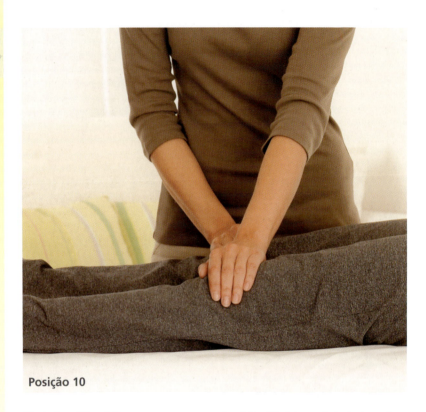

Posição 10

Posições 10 e 11

Essas posições são extras e não foram ensinadas por Hawayo Takata. Aplique-as caso as considere apropriadas para as necessidades do receptor ou então para encontrar a sequência de posições de tratamento que você constata serem mais eficazes para a maioria dos receptores.

Posição 10 Esta posição trata os joelhos. Desloque-se da posição pélvica para esta posição, uma das mãos depois da outra. Mantenha a posição por 3 minutos.

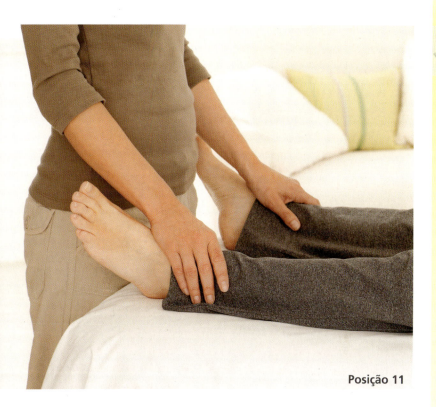

Posição 11

Posição 11 Posicione-se na ponta da mesa e desloque as mãos para os tornozelos e os pés, segurando-os com as mãos apontando para cima. Em seguida, peça ao receptor que se vire de barriga para baixo. Como ele, em geral, está relaxado ao chegar a este ponto, diga-lhe para se virar lentamente. Posicione os braços dele ao longo do corpo. Algumas pessoas preferem apoiar a cabeça sobre os braços. Não há problema nisso, embora dificulte um pouco mais para você fazer a primeira posição nas costas, pois os músculos se contraem. Uma solução é pedir-lhes que mantenham os braços ao lado do corpo apenas durante a primeira posição.

Posição 12

Na maioria das pessoas, os ombros são uma parte muito tensa do corpo. Os ombros de alguns receptores parecem esponjas, sugando muita energia, e você pode sentir que as mãos resistem a passar para a posição seguinte. Essa sensação das mãos presas numa posição pode ocorrer a qualquer momento durante um tratamento de Reiki, por isso é recomendável manter a posição até que as mãos estejam prontas para deslocar-se, pois essa parte do corpo evidentemente precisa de energia extra.

Esta posição é boa também para aplicação isolada com a pessoa sentada. Por exemplo, se alguém da família já está trabalhando no computador há várias horas, você pode estimulá-lo a fazer uma pausa e dar-lhe 10 minutos de Reiki nos ombros e no pescoço. Você pode combinar esta posição com uma massagem na cabeça.

Posicione as mãos ao longo dos ombros do receptor, como foi feito na frente do corpo. Particularmente, acho um pouco mais confortável colocar as mãos em pequena curva, de modo que uma delas aponta levemente para cima e a outra para baixo.

Posição 12

Posição 13

O tratamento da região atrás do coração pode produzir algumas sensações interessantes e você pode se sentir inclinado a permanecer mais tempo aqui do que o habitual ao tratar algumas pessoas. Como cada pessoa é única e você nunca sabe de antemão o que pode sentir, escute sempre com as suas mãos.

Desloque as mãos dos ombros para a área atrás do coração e mantenha a posição durante 3 minutos. Essa é uma região que pode necessitar de um pouco mais de atenção. Nesse ponto, você está abrangendo também os pulmões, por isso é bom passar algum tempo a mais aqui, se for preciso. Você pode achar que sente diferentes respostas emocionais no receptor em torno da região do coração. Às vezes, ele terá consciência dessas respostas e as mencionará, ao passo que com outras pessoas só você sente o que está acontecendo. Dependendo da extensão das costas, talvez seja conveniente acrescentar mais uma posição sobre a região logo abaixo do coração, antes de passar para a posição das adrenais e dos rins.

Posição 13

Posição 14

Para cobrir as glândulas adrenais e os rins completamente, talvez seja necessário aplicar esta posição em etapas.

Da posição anterior, desça as mãos pelas costas, primeiro cobrindo as adrenais, e em seguida descendo um pouco mais para abranger os rins. Se a pessoa sente dor na base da coluna, desça as mãos até cobrir toda essa região. Se o receptor for homem, trate a próstata colocando uma das mãos sobre a outra no centro das nádegas, logo abaixo do cóccix, depois de completar as posições nas costas.

Posição 14

Posição 15a

Posição 15

Esta última posição estabiliza o receptor e precisa ser feita em duas etapas, tratando um lado do corpo por vez.

Algumas pessoas, e eu também às vezes, sentem sensações muito fortes nesta posição. Lembro de ter recebido tratamentos em que tive a sensação de me expandir até preencher toda a sala, e só quando o praticante chegou a essa posição foi que senti como se estivesse preenchendo o meu espaço 'normal' novamente. Assim também, se eu sentisse que a minha energia estava desequilibrada durante um tratamento em termos de lado direito e esquerdo do corpo, esta posição a reequilibrava.

Posição 15a Coloque uma das mãos no alto da perna do receptor e a outra espalmada na sola do pé. Mantenha a posição por 3 minutos.

Posição 15b Desloque-se para o lado oposto da mesa e trate a outra perna. Quando faço esse movimento de deslocamento, mantenho a mão num dos pés do receptor para não interromper o contato. Repita a posição na outra perna e pé do receptor. É possível inclinar-se sobre a mesa para efetuar as duas etapas desta posição, desde que você não precise forçar e tensionar as costas.

Limpeza da aura

Agora que você terminou o tratamento, só falta limpar a aura e ajudar o receptor a 'acordar' antes de levantar-se. O alisamento da aura depois de um tratamento ajuda a energia a depositar-se e também pode eliminar energias negativas. Há muitas maneiras de limpar a aura, e eu testei várias delas. O método descrito aqui é da escola tradicional.

Alisamento da aura

O método que adoto começa no corpo físico e termina agindo sobre as camadas externas da aura.

1 Posicione as mãos no lado dos quadris do receptor e desloque-as com firmeza até os pés. Sacudindo as mãos, livre-se do excesso de energia. Faça o procedimento 3 vezes.

2 Em seguida, posicione as mãos sobre as costas, em torno da região da cintura. Movimente as mãos na direção do coração, para fora nos ombros e para baixo no lado externo dos braços. Sacuda o excesso de energia das mãos. Faça isso 3 vezes.

3 Por fim, mantendo as mãos afastadas do corpo em torno de 30 cm, alise a aura. Comece no alto da cabeça e desça até os pés.

LIMPEZA DA A

Término do tratamento

Depois de alisar a aura, eu posiciono uma das mãos no meio das costas do receptor e massageio a região suavemente com movimentos circulares. Às vezes também, se ele tem dificuldade de voltar a si, sussurro o seu nome. Quanto mais relaxada a pessoa fica durante o tratamento, mais ela demora a voltar à realidade. Feito isso, você pode oferecer-lhe água. Oriente-o a beber muita água nos dois ou três dias

seguintes, pois ela ajuda a expelir as toxinas mais rapidamente.

Com o receptor desperto, saio silenciosamente da sala para que ele possa levantar-se no seu tempo (mas com uma pessoa mais idosa ou com problemas de equilíbrio ou na coluna, é melhor ficar e ajudá-la a sair da mesa de tratamento). Em seguida, lavo as mãos para terminar a sessão simbolicamente e livro-me de toda a energia do receptor. Você pode fazer uma limpeza mais prolongada depois da saída do receptor, conforme descrito nas pp. 180-81, ou então no fim do dia, caso tenha várias sessões muito próximas.

Falando sobre o tratamento

É logo depois de despertar que a maioria dos clientes quer relatar suas experiências ou então perguntar-lhe o que você sentiu. Eles querem saber se você sentiu bloqueios no corpo deles e se detectou alguma coisa errada. É nesse momento que você precisa ser cauteloso e sensível. Não é fácil interpretar sensações de energia, uma vez que elas nem sempre significam a mesma coisa. A minha interpretação de uma sensação de frio na região dos rins pode ser totalmente diferente da interpretação de outro praticante. Além disso, o significado de uma sensação que sinto num cliente pode ser totalmente diferente da que sinto em outro, apesar de sentir praticamente a mesma coisa.

Lembre-se de que você não deve fazer nenhum diagnóstico. Antes, fale em termos gerais sobre o que sentiu em diferentes partes do corpo e se o receptor teve algum problema nessas áreas anteriormente. Desse modo, você pode orientá-lo para que ele tire suas próprias conclusões.

Estudo de caso: o cliente insone

Eu tive um cliente surpreendente que me procurou para tratar a insônia. Ele estava convencido de que o Reiki não produziria nenhum resultado, mas a esposa lhe pedira que fizesse uma tentativa, e assim ele chegou para essa primeira sessão. Depois de apenas 10 minutos, ele já caíra no sono, e ao término do tratamento dormia profundamente. Por fim, consegui despertá-lo massageando-lhe as costas com movimentos mais firmes do que habitualmente. Ele comentou que esse fora o melhor sono em muito tempo e desse dia em diante passou a ser um dos meus clientes mais regulares.

Padrões de cura

As reações a um tratamento variam de pessoa para pessoa. Algumas sentem uma explosão incrível de energia física, enquanto outras só querem ir para casa e dormir. Minha vizinha, que morava no andar de cima, pediu-me um tratamento durante um surto de gripe. Depois da sessão, ela foi para casa e pouco tempo depois ouvi sons de muita atividade em andamento. No dia seguinte, perguntei-lhe o que ela estivera fazendo; ela respondeu que se sentira com tanta energia depois do tratamento que decidira dar nova disposição a todos os móveis do apartamento. Outro cliente relatou que foi para casa, reuniu todos os discos que costumava ouvir nos seus 20 anos e dançou durante horas.

Por outro lado, algumas pessoas podem voltar e dizer que se sentiram muito cansadas ou que sentiram oscilações de humor durante alguns dias depois do tratamento. Como praticante, você não deve interpretar situações assim como indicação de que o tratamento não foi bem-sucedido. Essa é simplesmente a reação dessa pessoa nessa ocasião específica. Você pode explicar-lhe que todos temos reações diferentes, embora não possa dizer por que ela teve essa experiência.

Se a pessoa parece estar um pouco 'aérea' ou tonta depois do tratamento, lembre-se de estabilizá-la antes de despedir-se. Isso é especialmente necessário se ela for para casa dirigindo. Você pode fazer isso usando parte do exercício de estabilização nas pp. 152-53. Peça-lhe que sente com os pés apoiados totalmente no chão e que visualize a energia saindo pela sola dos pés e penetrando na terra. Bater os pés no chão é outra maneira rápida de estabilizar a energia.

Quantos tratamentos?

O aspecto seguinte a levar em consideração é o número de tratamentos que uma pessoa precisa. Isso depende muito da doença que está sendo tratada. O Reiki pode ser usado para tratar tanto doenças agudas como crônicas. Uma doença aguda é temporária, como cortes, resfriados e infecções virais. Dores de cabeça também são agudas, a não ser que sejam frequentes, caso em que são sinal de uma doença crônica velada. Doenças crônicas são prolongadas, como artrite. Entretanto, muitas doenças crônicas também apresentam episódios agudos, sendo a asma e o eczema dois exemplos típicos.

DIREITA É importante lembrar-se de estabilizar a pessoa depois de um tratamento e de não deixá-la sair sem que ela se sinta 'com os pés no chão'.

Doenças agudas

Essas doenças podem apresentar boas reações depois de apenas um ou dois tratamentos. Eu tinha gripes frequentes e a recuperação era quase sempre muito difícil. Logo antes de aprender Reiki, fiquei novamente gripada e pedi a uma amiga que acabara de ser iniciada que me aplicasse um tratamento. Durante a sessão, senti o corpo ficar cada vez mais pesado, a ponto de ter a impressão de que se transformara num bloco de concreto. Essa sensação foi seguida por outra desse peso penetrando no chão onde eu estava deitada. Quando o tratamento terminou, eu esperava me sentir um pouco melhor. Entretanto, a gripe desapareceu naquela única sessão, e eu me senti ainda melhor do que antes de adoecer. De fato, depois que fiz o curso do Segundo Grau, parei definitivamente de contrair gripe.

Você provavelmente descobrirá que com uma doença aguda, como um resfriado ou gripe, a melhor alternativa é dar tratamentos frequentemente dentro de um período curto de tempo. Isso é mais fácil de fazer com familiares do que com clientes que participam de uma prática de Reiki, pois você está à disposição em casa para dar tratamentos com a frequência que seja necessária. Aplique sempre um tratamento completo e, se necessário, um tratamento extra em regiões específicas.

ESQUERDA O número de tratamentos necessários depende da natureza da doença a ser tratada.

Doenças crônicas

Estas exigem uma atenção mais prolongada. As causas de uma doença crônica formam-se no nível da mente e do espírito antes de se manifestarem como sintomas físicos. Por exemplo, as causas de doenças crônicas que aparecem numa idade mais avançada estiveram se formando durante bastante tempo. Por isso, é provável que essas causas não possam ser removidas rapidamente.

É impossível dizer exatamente quantos tratamentos uma pessoa com uma doença crônica precisará, mas é responsabilidade sua adverti-la de que provavelmente precisará de muitos tratamentos. Basicamente, é decisão dela continuar ou interromper os tratamentos, por isso uma maneira de resolver a questão é sugerir que receba alguns tratamentos e ver qual a reação que apresentam.

No caso de doenças crônicas, você pode dizer à pessoa que às vezes uma doença piora antes de apresentar melhoras. Cada um tem o seu próprio padrão de cura, e porquanto pessoas muitas vezes sintam algum alívio imediato depois do primeiro tratamento, podem descobrir que depois de alguns tratamentos seguintes os sintomas pioram. Isso as desestimula e talvez queiram desistir. Então é proveitoso que saibam que outras pessoas têm experiências semelhantes e que, continuando com o Reiki, talvez suplementado por outras terapias, elas conseguirão superar a crise.

Tratamentos em grupo

Participar de um tratamento em grupo é uma experiência única. Estamos tão habituados a ver os tratamentos aplicados individualmente, sejam eles convencionais ou alternativos, que perdemos a noção da força que o trabalho em grupo pode ter. Muitos professores de Reiki promovem encontros para dar tratamentos em grupo, mas você sempre pode começar o seu grupo.

Organização dos encontros

Resolva quanto tempo você quer que os encontros durem e com que frequência devem se realizar. Em princípio, em torno de duas horas é um tempo suficiente, e 2 vezes por mês parece ser o intervalo mais apropriado. Você pode optar por um sistema de rodízio em que os encontros se realizam sucessivamente na residência de um dos membros do grupo – possibilitando assim a cada um ser líder do grupo e ter a experiência da responsabilidade pelo grupo.

Em seguida, analise como você quer estruturar os encontros. Deve haver espaço para que cada pessoa possa participar com sua aptidão especial. Por exemplo, uma pessoa pode querer conduzir o grupo num exercício de visualização; outra pode ter trazido uma seleção musical que gostaria que todos ouvissem. Vocês também podem começar formando um círculo para troca de experiências. Assim, os encontros podem assumir muitas formas. Em seguida, vocês podem passar ao tratamento em grupo. Ou então, podem começar o encontro diretamente com o tratamento.

Como realizar o tratamento em grupo

Havendo muitas pessoas, pense na possibilidade de formar dois grupos. Você precisa trabalhar com tempo limitado para cada tratamento, ou todos terão de ficar à disposição por horas. Assim, por exemplo, se houver seis pessoas e você quer que o tratamento seja aplicado em uma hora, cada pessoa terá 10 minutos. Se uma pessoa do grupo tem um problema especial, talvez seja necessário dedicar mais tempo a ela.

Em um tratamento em grupo, normalmente o receptor fica deitado de costas, a não ser que queira especificamente um tratamento nas costas. É responsabilidade do líder do grupo sentar à cabeceira da mesa e sinalizar o momento de mudar as posições das mãos e o de terminar o tratamento de uma pessoa.

O líder do grupo começará com as mãos na Posição 1 (p. 221). Os demais posicionam as mãos na parte do corpo que lhes está mais próxima, mantendo essa posição até que o líder prossiga para a Posição 2 (p. 222). Pode não haver espaço para posicionar as mãos muito longe, mas o objetivo principal é todos movimentarem as mãos ao mesmo tempo.

DIREITA Num tratamento em grupo, o tempo de cada pessoa é menor do que num tratamento normal, mas a energia é intensificada na proporção equivalente a um tratamento individual completo.

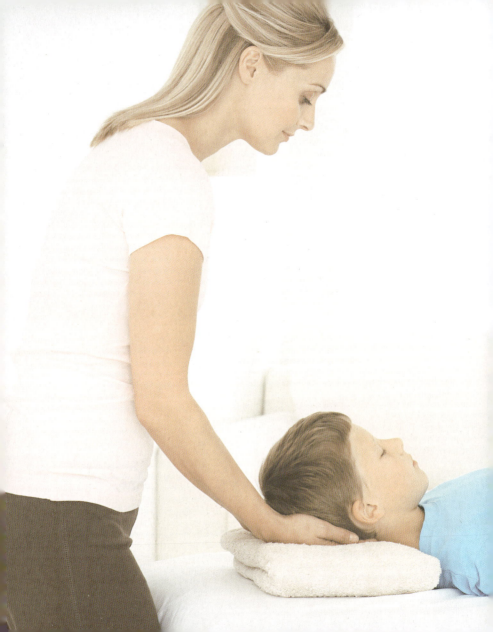

PARTE 5
Reiki para Amigos e Familiares

Tratamento de bebês e crianças

Em sua maioria, as crianças são muito receptivas à energia do Reiki e a veem como algo mágico; como deve ser, aliás. Através de programas e de livros infantis, elas estão familiarizadas com caracteres que têm 'poderes especiais', de modo que não é muito difícil sua imaginação aceitar a ideia de sarar um corte ou de dormir mais facilmente com a energia que sai das mãos.

Algumas crianças podem resistir a receber um tratamento, e podem ter seus motivos para isso. Elas são mais sensíveis à energia do que os adultos, por isso provavelmente estão mais conscientes quando você está lhes dando Reiki, mesmo que não diga o que está fazendo. Em minha opinião, se elas não querem Reiki, respeite esse desejo e só lhes dê quando pedirem.

É mais fácil trabalhar com crianças de mais idade, pois elas têm períodos de atenção mais longos e maior compreensão da ideia de um processo estruturado. Com crianças de menos idade, você pode ter problemas em mantê-las quietas pelo tempo suficiente de um tratamento, caso em que pode tratá-las enquanto estão dormindo.

Ponha a criança à vontade

Às vezes, envolver a criança no processo de preparação da sala para o tratamento é uma maneira de concentrar a atenção dela no processo e de deixá-la mais confortável com a ideia de deitar na mesa. Um menino que eu estava tratando só subia na mesa depois de me ajudar a acender todas as velas da sala. Satisfeito com a tarefa cumprida, ele pulava para cima da mesa e se concentrava.

De modo geral, as crianças não precisam receber Reiki durante tanto tempo como um adulto. Seus corpos são menores e não acumularam os mesmos bloqueios energéticos que os adultos. Um período de 20 a 30 minutos deve ser suficiente para um tratamento completo. Você pode dar um tratamento com a criança deitada na mesa, mas caso ela se inquiete, diga-lhe para sentar-se e ficar falando enquanto você continua a dar-lhe Reiki.

Sintonizações para pais e crianças

Idealmente, os pais que levam os filhos para tratamento deveriam ser incentivados a receber as sintonizações para que eles mesmos possam dar-lhes Reiki. Isso se aplica especialmente se a criança tem uma doença crônica que exige tratamento prolongado. Além disso, os pais têm a sensação de participar do tratamento do filho. Não esqueça que as crianças também podem receber sintonizações; analise a situação com o seu professor de Reiki.

DIREITA As crianças são muito receptivas ao Reiki, e dar tratamentos regulares ao seu filho é uma oportunidade ímpar de relacionar-se com ele.

Tratamento de crianças

As crianças são cheias de energia. Você pode sentir isso quando lhes dá um tratamento de Reiki. A energia flui pelo corpo livremente da cabeça aos pés, como se não houvesse nada no trajeto. Essa pelo menos é a minha experiência com crianças saudáveis. Entretanto, essa abundância de energia também significa que às vezes lhes é difícil acalmar-se, especialmente à noite. Os passos a seguir o ajudarão nesse aspecto e facilitarão à criança concentrar-se mentalmente.

Combinar Reiki com um exercício de relaxamento do corpo, como o de levá-la a contrair e em seguida relaxar cada parte do corpo, a começar pela cabeça, também pode ser muito eficaz para algumas crianças com problemas de sono.

Para acalmar

O foco desses tratamentos é a cabeça. O tratamento em si tem a dupla função de acalmar a atividade mental excessiva e de liberar endorfinas que nos fazem sentir bem e alegres. O alisamento da aura também ajuda a energia a se aquietar.

1 Coloque uma das mãos na nuca e a outra na testa, cobrindo o chakra da testa. Esta posição acalma e alivia o stress.

2 Coloque as mãos embaixo da cabeça, aconchegando-a. Esta posição favorece o sono em crianças e adultos.

3 Coloque uma das mãos na testa e a outra no plexo solar, ajudando assim a equilibrar as emoções. Se quiser, desloque a mão do plexo solar para a região do estômago, aumentando desse modo a sensação de relaxamento da criança.

2

3

253

Para aumentar a concentração

Este tratamento é proveitoso antes de exames ou testes de qualquer natureza. Muitas crianças ficam mais estressadas do que pais e professores imaginam, e podem inclusive desenvolver sintomas fóbicos com relação a exames. Este tratamento simples de três etapas pode ajudar a abrandar medos quando aplicado regularmente. As posições das mãos ajudam a reduzir a atividade mental e a relaxar a mente e o corpo. O tratamento também pode ajudar a produzir uma mudança positiva na visão de vida da criança, especialmente se for reforçado por mensagens que estimulam a confiança.

1 Posicione as mãos sobre os olhos, que devem ficar fechados. Esta posição faz a energia fluir para dentro.

2 Em seguida, posicione as mãos nas laterais da cabeça, na frente das orelhas, para equilibrar os dois lados do cérebro.

3 Coloque as mãos embaixo da cabeça, como no passo 2 do tratamento anterior.

1

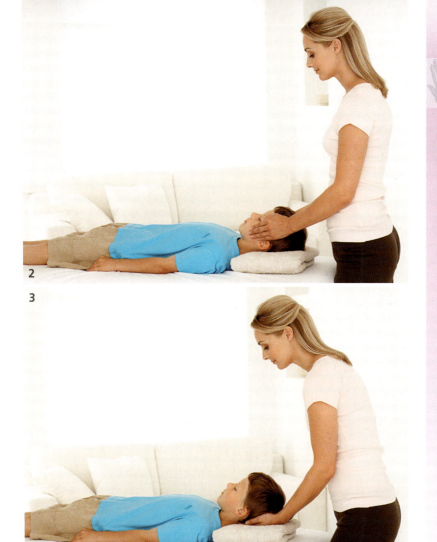

2

3

Tratamento de bebês

Os praticantes de Reiki que são também pais há pouco tempo dispõem de um dom maravilhoso que os acompanhará, e também ajudará seus bebês, ao longo da vida, mas especialmente nas primeiras semanas de formação de vínculos. O toque de qualquer natureza é muito importante para um bebê, e você naturalmente terá muitas oportunidades no decorrer do dia para aplicar-lhe Reiki.

Como as crianças, os bebês não precisam de tratamentos completos, e você provavelmente descobrirá que meros 10 minutos serão quase sempre suficientes. Se perceber que o seu bebê não reage bem ao toque direto, apenas mantenha as mãos acima do corpo, que absorverá o Reiki do mesmo modo.

O Reiki pode ser especialmente proveitoso para ajudar a estabelecer um padrão de sono regular, além de acalmar o bebê quando ele está perturbado, agitado ou não consegue dormir por sentir alguma dor.

Para induzir ao sono

Como o corpo do bebê é muito pequeno, em geral é possível aplicar-lhe um tratamento completo mantendo as mãos numa única posição.

1 Para ajudar o bebê a adormecer, coloque uma das mãos na testa e a outra no estômago. Essas duas posições aumentam a sensação de segurança e relaxamento.

Para equilibrar a energia

Esta posição ajuda a dar ao bebê uma sensação geral de calma e relaxamento.

1. Sente o bebê de frente para você, ou de lado. Se necessário, apoie as costas de algum modo para que ele não caia.

2. Coloque uma das mãos atrás da cabeça e a outra nas costas. Se o bebê está sentado de lado, sua mão apontará para cima ou para baixo nas costas, dependendo do lado em que você está.

Posição alternativa

Esta posição alternativa para equilibrar a energia de um bebê concentra-se mais na área do estômago e atrás do coração, por isso é eficaz em casos de cólicas ou gases; ela também o ajudará a sentir-se seguro.

1. Esteja o bebê deitado de costas, de barriga ou sentado, coloque uma das mãos no estômago e a outra nas costas. Neste caso, é mais fácil colocar as mãos horizontalmente. Esta posição equilibra a energia em todo o corpo e acalma o sistema digestivo.

Tratamento de idosos

Em muitas sociedades, os idosos estão cada vez mais isolados. Muitos vivem seus últimos anos sem um companheiro e sem o benefício da família por perto. Mesmo que tenham pessoas com quem conversar, o que quase todos eles não têm é o toque. Essa falta de contato físico contribui para o declínio do corpo e também dificulta-lhes recuperar-se da doença. É por isso que um animal de estimação pode ser muito importante para uma pessoa idosa; acariciar um animal ajuda muito a substituir o toque humano.

As pessoas mais velhas também cresceram numa época em que a inibição com relação ao corpo era bem maior. A ideia de despir-se para uma massagem não agrada absolutamente a uma pessoa idosa, e apesar dos benefícios dessa modalidade de terapia, uma barreira psicológica as impede de aceitá-la. Por esses motivos, o Reiki é o tratamento perfeito para o idoso, como o são a reflexologia, a massagem indiana da cabeça e a acupuntura, porque nenhuma delas é tão intrusiva como a massagem, mas ainda assim têm no toque o seu elemento fundamental.

Doenças comuns

Os idosos têm grande probabilidade de sofrer de doenças crônicas, como artrite, por exemplo, e o Reiki pode ser muito benéfico para aliviar a dor nas articulações. Ele também é útil para tratar problemas de sono, muito comuns nessa fase da vida. Os idosos também têm maiores probabilidades de passar longos períodos de tempo no hospital; você pode oferecer-lhes Reiki para fortalecê-los antes de uma cirurgia e para acelerar a recuperação no pós-operatório.

Sem dúvida, podemos recorrer ao Reiki para tratar doenças terminais. Embora não haja garantia de remissão em nenhuma idade, o Reiki pode acompanhar suavemente uma pessoa ao longo da jornada dos últimos dias e ajudá-la a realizar uma passagem tranquila.

Problemas de mobilidade

O tratamento de Reiki aplicado a uma pessoa idosa não difere daquele dado a outro adulto. Entretanto, talvez você precise levar em consideração a questão da mobilidade física. É possível que um idoso não consiga subir numa mesa de tratamento. Se esse for o caso, trate-o na posição sentada, numa cadeira com espaldar reto. No momento de trabalhar as costas, peça-lhe que sente de lado.

Uma alternativa com os idosos é aplicar o tratamento a distância. Assim eles podem relaxar na cama ou no sofá sem preocupar-se com a mobilidade.

DIREITA Muitas vezes os idosos não têm os benefícios saudáveis do toque, o que faz do Reiki, da reflexologia e da massagem indiana da cabeça formas ideais de compensação.

TRATAMENTO DE IDOSOS

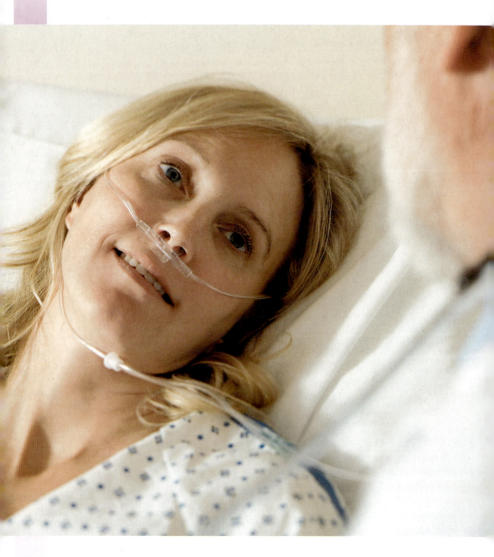

O Reiki antes e depois de uma cirurgia

Enquanto os idosos são hospitalizados com mais frequência do que outros grupos etários, a necessidade de uma operação pode acontecer a pessoas de qualquer idade. As técnicas médicas avançaram tanto, que muitas doenças são hoje tratadas por cirurgias feitas com anestesia local e exigindo apenas um dia de internação. No entanto, outras enfermidades só podem ser tratadas com cirurgias mais complexas, que requerem anestesia geral e permanência mais prolongada no hospital. Toda cirurgia é invasiva em todos os níveis do corpo e quando somada a outros fatores enfraquece muito o corpo.

Tratamento pré-operatório

No caso de algumas pessoas, a cirurgia precisa ser adiada porque o médico conclui que elas estão muito fracas para suportar a operação. Se esse for o caso, dê à pessoa tantos tratamentos completos quantos possível para fortalecê-la. Talvez você julgue apropriado concentrar-se na área do corpo que será operada. Se você não puder estar com a pessoa, é possível obter a mesma eficácia enviando à pessoa tratamento a distância vários dias antes da cirurgia – tratei muitas pessoas antes da cirurgia com esse método.

Mesmo não havendo problemas, e a pessoa estando fisicamente pronta para a cirurgia, muitas pessoas, especialmente crianças, ficam apreensivas com o procedimento. Tratamentos de Reiki as ajudarão a lidar com seus medos e a enfrentar a operação com uma atitude mais relaxada.

Tratamento pós-operatório

Realizada a cirurgia, podemos recorrer ao Reiki para promover uma recuperação mais rápida. Uma das muitas vantagens do Reiki é que você não precisa aplicar nenhuma pressão no corpo; na verdade, você não precisa nem mesmo tocar o corpo. Por isso, trate com Reiki sem nenhum medo de machucar o receptor. Talvez não seja possível aplicar um tratamento completo enquanto a pessoa ainda está no hospital, mas você pode dar um tratamento localizado na área afetada, mantendo a mão acima dessa área durante 5 minutos ou mais. Complemente enviando um tratamento completo a distância.

Tratamento a distância significa que você pode também tratar pacientes que estão em unidades de terapia intensiva, bebês em incubadoras e pessoas que precisam ser mantidas em isolamento. Com o Reiki, a distância ou o período de visitas ao hospital e quaisquer outras limitações não são empecilho para ajudar alguém durante um tempo que é estressante e muitas vezes traumático, permitindo-lhe participar do processo de cura.

ESQUERDA O Reiki fortalece o corpo e a mente antes da cirurgia e favorece o processo de recuperação após a cirurgia.

Tratamento de animais

Os animais de estimação são seres muito queridos da família, e pode ser angustiante quando eles estão machucados ou doentes. Podemos usar o Reiki para complementar o tratamento veterinário e ajudar na recuperação do bichinho exatamente do mesmo modo como para qualquer outro membro da família. Quando estão doentes, os animais são mais instintivos do que os humanos com relação ao modo como ajudar a si mesmos. Eles param de comer para descansar o sistema digestivo, por exemplo, e dormem para conservar a energia.

O procedimento para tratar animais não é muito diferente do usado para tratar seres humanos. Anatomicamente, a maioria dos órgãos dos animais está numa posição semelhante à dos órgãos humanos, de modo que será bastante simples você tratar os principais. Obviamente, os animais apresentam alguns desafios, no sentido de que você não pode comunicar-se com eles verbalmente; por isso, você terá de contar mais com as suas habilidades de observação e sua intuição. Alguns animais são mais receptivos ao Reiki do que outros. Isso depende mais do caráter individual do que da espécie. Se um bichinho não quer receber Reiki, não tente subjugá-lo e forçá-lo a aceitar. É melhor deixar que se vá e tentar em outro momento.

Cães e gatos

Ao tratar um gato ou cachorro, você terá de colocar as mãos nas posições que puder alcançar confortavelmente. Se possível, comece posicionando as mãos atrás das orelhas, pois essa posição parece acalmar os animais. Se eles ficam quietos, eu então posiciono as mãos nas laterais do corpo, e também coloco uma das mãos no peito e a outra nas costas. Não se preocupe se você não conseguir tratar todas as partes do corpo, pois o Reiki fluirá por todo ele. Se o animal está machucado, evite tocar o ponto diretamente e trabalhe com as mãos ligeiramente afastadas. O tempo de tratamento depende do tamanho do animal e do período de tempo que ele resolve ficar quieto.

Outros animais

Animais de estimação 'exóticos', como serpentes e iguanas, que estão acostumados ao manuseio podem ser tratados exatamente do mesmo modo. Aves podem representar problemas, pois às vezes é difícil segurá-las. Nesse caso, envie-lhes Reiki pela gaiola. Do mesmo modo, peixes podem ser tratados colocando as mãos no aquário. Os cavalos geralmente são bastante receptivos a um tratamento com as mãos, pois estão acostumados ao toque.

DIREITA Tratar animais não é diferente de tratar seres humanos, mas você perceberá que alguns animais são mais receptivos ao Reiki do que outros.

TRATAMENTO DE ANIMAIS

Tratamento de plantas

A energia vital é parte intrínseca tanto dos vegetais quanto dos animais e dos seres humanos. Por isso, podemos usar o Reiki de diversos modos para dar uma melhor qualidade de vida a todas as nossas plantas.

Plantas internas

Comece aplicando Reiki às raízes da planta, colocando as mãos ao redor do vaso. Isso é importante porque as raízes se localizam no ponto onde a planta absorve a substância que precisa para sobreviver. Ao sentir intuitivamente que as raízes absorveram energia suficiente, desloque as mãos para o corpo da planta. Mantendo as mãos de 2 a 3 cm de distância das folhas, deixe o Reiki fluir através da aura da planta.

É claro que, mesmo recebendo Reiki, as plantas precisam ser cuidadas normalmente. O Reiki pouco ajuda se a planta precisa ser transplantada. Se uma planta decorativa não está se desenvolvendo, apesar de todos os seus esforços, isso pode indicar a presença de energia negativa no local onde ela se encontra. As plantas são bons indicadores de pontos de energia nociva, por isso procure deslocá-las para outra parte da sala ou então para outro cômodo, e observe se ela retoma seu viço.

ESQUERDA Sabemos que as plantas reagem bem à voz humana que as estimula a se desenvolver e também respondem bem ao Reiki.

Plantas externas

Aplique Reiki às raízes das plantas antes de introduzi-las na terra. As plantas de jardim geralmente vêm em pequenos vasos, por isso simplesmente segure o vaso entre as mãos. Se você cultiva flores ou vegetais a partir da semente, aplique Reiki às sementes no envelope ou mantenha as mãos sobre a bandeja de sementes. Essa é uma oportunidade ideal para fazer experimentos com os efeitos do Reiki, pois você pode aplicar Reiki à metade apenas das sementes ou mudas e depois comparar as respectivas taxas de crescimento.

Se você dispõe de um jardim grande, será pouco prático tentar aplicar Reiki a tudo o que está nele. Adote então o método de tratamento a distância para enviar Reiki para todo o jardim.

Se o clima permitir, você pode fazer isso sentado no jardim, visualizando-o em sua mente e desenhando os símbolos nas mãos, conforme descrito na p. 175 ou, se estiver muito frio ou úmido, envie o tratamento de dentro de casa.

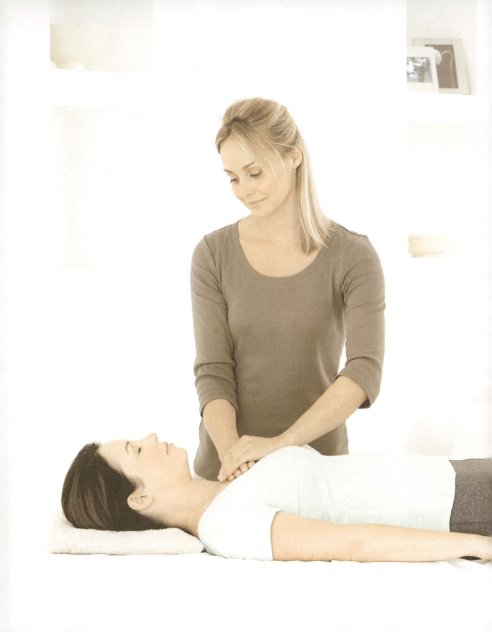

PARTE 6
Reiki para as Fases da Vida

Vida e longevidade

Uma das principais preocupações de muitas pessoas é o processo de envelhecimento. Na verdade, essa preocupação parece estar começando cada vez mais cedo, com as pessoas na faixa dos seus 30 anos queixando-se de que já são velhas. Parece que temos medo de ficar velhos, no entanto também queremos viver mais tempo, e podemos esperar uma longevidade maior do que gerações anteriores. Nós queremos longevidade, mas não temos os meios para usufruí-la, e em vez disso a maioria das pessoas cambaleia para o fim da vida sentindo-se derrotada por seu próprio corpo.

Declínio lento

Os verdadeiros problemas do envelhecimento não são os acontecimentos dramáticos, como ataques cardíacos, mas o declínio lento das funções do corpo, que para alguns começa pelos 35 anos e se acentua depois dos 60. Visão deficiente, audição fraca, perda dos movimentos e da memória, insônia e tontura caracterizam melhor os problemas da idade do que eventos súbitos, como derrames. São as coisas que nos corroem sorrateiramente que nos deprimem.

A mensagem predominante da mídia e da medicina convencional é que é inevitável passar pelos problemas associados ao envelhecimento. As pessoas esperam perder a mobilidade e desenvolver enfermidades crônicas, e no Ocidente não temos uma ideia clara quanto ao modo de prevenir ou de retardar a decadência física ou mental.

Como o Reiki pode combater o envelhecimento

O Reiki representa uma técnica que nos ajuda a protelar essa degeneração e, quando ensinado aos já idosos, revigora-os. O Reiki não pode mudar a sua idade cronológica, mas pode alterar a sua idade funcional. Estudos realizados na China com homens e mulheres acima de 60 anos que praticam Chi Kung mostraram que muitos têm a saúde e a vitalidade de uma pessoa com a metade da idade deles. Nesse caso, o que promove a longevidade é a combinação do trabalho com *Ki* com o movimento suave. Como comentou um professor de Chi Kung, porém, a longevidade só é desejável se ela aumenta o período de juventude, não o do envelhecimento.

Aplicado ao longo de todos os estágios da vida, o Reiki aumentará a nossa vitalidade à medida que absorvermos e equilibrarmos o *Ki* necessário para manter o corpo em condições ótimas. Ele nos proporcionará uma visão mais positiva da vida, a qual só por si é um dos fatores mais poderosos de combate ao envelhecimento. A percepção de que quando chegamos a certa idade não temos mais uma contribuição a dar à sociedade é uma das principais causas do declínio físico e mental. O Reiki nos dá a sabedoria para superar isso.

DIREITA O Reiki não muda a sua idade cronológica, mas pode alterar a sua idade funcional para a de uma pessoa mais jovem.

VIDA E LONGEVIDADE

REIKI PARA AS FASES DA VIDA

270

Mudança e transição

Algumas mudanças importantes ocorrem ao longo da nossa vida. Antecipamos os anos da adolescência com deslumbramento, e depois passamos 3 ou 4 anos numa batalha com os nossos hormônios, ao mesmo tempo que tentamos estabilizar uma consciência de nós mesmos que nos faz oscilar entre depressão e exultação. Em seguida encaramos as responsabilidades da vida adulta, e em geral a transição de um estado de isolamento para outro de relacionamentos. Este pode ser seguido por uma das maiores mudanças na nossa vida – a paternidade ou maternidade.

Embora a condição de pai ou de mãe não tenha um ponto final, precisamos encarar o fato de que nossos filhos sairão de casa um dia. Para muitos, esta é outra mudança que apresenta desafios emocionais, inclusive a perda de um sentido de propósito da vida. Para as mulheres, outra grande mudança muitas vezes sobrevém rapidamente – a menopausa – atingindo-as com um 'golpe duplo' num curto espaço de tempo. Elas não só deixam de ser requisitadas como mães regularmente, mas também se sentem supérfluas como mulheres.

O desafio final que enfrentamos é a morte dos que amamos e a consciência da aproximação do nosso próprio fim. Essa mudança deve também ser encarada por nossos filhos, para quem a morte do pai ou da mãe também é uma mudança na vida.

Transformando o medo em sabedoria

Estando equilibrados em nosso corpo, mente e espírito, podemos encarar essas mudanças e transições com mais facilidade e serenidade. Teremos a sabedoria de apreciar a mudança, em vez de temê-la. O medo nos incapacita e impede de ter acesso à nossa força interior para transformar situações e encontrar soluções para problemas com base em nossa sabedoria interna. Muitas vezes é a nossa incapacidade de viver no presente que impele o medo a assumir o controle sobre nós.

O Reiki nos oferece a possibilidade de transformar o medo. Praticando Reiki regularmente, podemos enfrentar qualquer mudança em nossas circunstâncias com mais flexibilidade e com atitude positiva. O Reiki nos ensina a não resistir às experiências que preferiríamos não ter, mas a fluir com elas e observá-las como lições. Não devemos negar a dor e o sofrimento que certos eventos nos causam, do mesmo modo que não devemos negar-nos sentimentos de alegria. Tudo faz parte do todo.

O Reiki também nos ensina que experiências de qualquer natureza não duram para sempre e que a única coisa permanente em nossa vida é a Luz dentro de nós. Quando temos consciência disso, podemos encarar qualquer coisa.

ESQUERDA Mudanças constantes ocorrem na nossa vida. Podemos ajudar a nós mesmos a enfrentar sem medo as muitas transições que nos afetam praticando Reiki.

Adolescência

Viver os anos da adolescência é como andar numa montanha-russa, em que na melhor das hipóteses celebramos o fato de sermos quase independentes e na pior tememos essa independência e o que ela nos trará. É um período de transição em que nossos interesses pessoais mudam radicalmente à medida que procuramos estabelecer uma identidade pessoal. Recorremos a roupas, música, esportes e outras atividades que possam ajudar-nos a fazer isso.

É também um período em que lutamos com a nossa imagem física. Se não temos confiança na forma como nos apresentamos, podemos enveredar pelo caminho do isolamento social ou de distúrbios ainda mais graves. Nosso corpo parece estar fora de controle, assim como nossas emoções. As emoções adolescentes passam rapidamente de um extremo para outro, o que pode ser assustador, pois parece não haver sinal de um ponto intermediário.

O Reiki pode ajudar os adolescentes através dos altos e baixos desse período de transição aumentando sua sensação de segurança e confiança em si mesmos. Além de ajudar estados mentais como oscilações de humor, que também são em parte hormonais, ele é um apoio muito útil em alguns aspectos mais físicos, como na ocorrência de acne e de cólicas menstruais. Quer você aplique Reiki num adolescente, quer lhe ensine Reiki para que ele possa autoaplicar-se, o Reiki facilitará a transição desse período de incerteza para a maturidade.

Com a religião em geral fora da moda, muitos adolescentes de hoje não têm qualquer ponto de referência com relação aos benefícios dos valores e práticas espirituais. Embora gostem de parecer 'legais' e mais maduros do que são realmente, os adolescentes também anseiam por sentir certa solidez e estrutura em sua vida que uma prática espiritual poderia oferecer-lhes. Observei que os adolescentes que conheço, em sua maioria, se entusiasmam com o Reiki e, mais importante do que isso, o consideram 'legal'.

ESQUERDA Como adolescentes, lutamos com a nossa imagem física e tentamos estabelecer a nossa própria identidade. O Reiki pode ajudar a aumentar sentimentos de segurança e a equilibrar alterações de humor.

Equilíbrio das emoções

Este tratamento ajudará o receptor a liberar emoções e a relaxar. As posições das mãos convergem para o sistema nervoso e para as glândulas adrenais, fortalecendo assim os nervos e preparando o sistema nervoso parassimpático para a ação (pp. 120-21). As posição de 1 a 7 a seguir acalmam a mente.

1 Coloque as mãos na Posição 1a (p. 221).

2 Coloque as mãos na Posição 1b (p. 221).

3 Coloque as mãos na Posição 2a (p. 222).

4 Coloque as mãos na Posição 2b (p. 222).

5 Coloque as mãos na Posição 3a (p. 223).

6 Coloque as mãos na Posição 3b (p. 224).

7 Coloque as mãos na Posição 3c (p. 224).

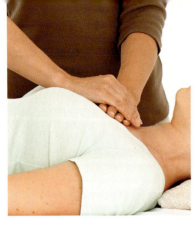

8 Coloque as mãos sobre o chakra do coração, cobrindo a glândula timo para ajudar a ligá-la ao coração.

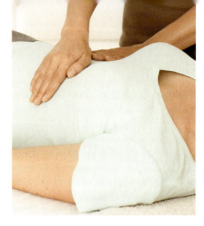

9 Coloque as mãos na Posição 6 (p. 228).

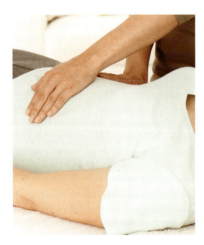

10 Coloque as mãos na Posição 7 (p. 229).

11 Coloque as mãos na Posição 14 (p. 236).

Gravidez

A gravidez é um momento de suma importância na vida de toda mulher. Ela está repleta de alegria diante da perspectiva de gerar uma nova vida, mas também cheia de medo pelo bebê que cresce dentro dela. A futura mamãe tem muito com que se ocupar durante a gravidez, inclusive com todas as mudanças físicas que a afetam, como indisposição matinal, cansaço excessivo, indigestão e dores lombares, todos fatores que causam muito desconforto. Tudo isso pode ser abrandado com Reiki.

O Reiki também pode ajudar a mulher emocionalmente durante este período de turbulência.

Um tratamento de Reiki é também um modo de o futuro papai envolver-se mais com a gravidez e relacionar-se com o nascituro de forma diferente. Além disso, ele ajuda o pai a superar alguns desafios emocionais que se apresentam nos meses que antecedem o nascimento. Como a mãe, ele precisa encarar a responsabilidade de pai e também entender que a relação com sua companheira mudará até certo ponto, pois ambos abrem espaço no relacionamento para um filho.

Tratamentos durante a gravidez e o parto

Ao longo da gravidez, a mãe deveria aplicar-se um autotratamento todos os dias. O Reiki não é prejudicial em nenhum estágio e ajuda muito a manter a calma e o relaxamento em todos os momentos. Se a mãe não é reikiana, é recomendável que receba tratamentos regularmente de uma pessoa habilitada, pedindo-lhe que se concentre em áreas de maior desconforto.

No estágio mais avançado da gravidez, provavelmente será difícil para a mulher ficar confortável numa mesa de tratamento, ou até subir ou descer da mesa. Nesse caso, trate-a com ela sentada numa cadeira e reduza o tempo de tratamento. Passe Reiki diretamente nas áreas onde você sente o bebê movimentar-se, ajudando-o assim a absorver a energia diretamente. O bebê provavelmente se movimentará em direção à energia.

Dê tratamentos a distância para mulheres grávidas durante esse período e especialmente durante o processo de nascimento. O resultado é muito salutar, como demonstra o estudo de caso a seguir. Em termos ideais, seria ótima a presença de um reikiano (de preferência o pai) ao lado da mãe durante o trabalho de parto. Não sendo isso possível, um grupo de amigos praticantes poderia revezar-se para enviar tratamentos a distância. A participação de várias pessoas enviando Reiki aumentará a intensidade da energia, mas um praticante é suficiente para fazer a diferença.

DIREITA O Reiki dá suporte à mãe em meio às mudanças físicas e emocionais que ocorrem durante a gravidez e ajuda os pais a criarem laços com o bebê.

GRAVIDEZ

Estudo de caso: parto com Reiki

Minha amiga Anne estava esperando o primeiro filho. Mencionei-lhe o fato de que tratamentos de Reiki seriam muito benéficos para ela e para o bebê, mas, como ambas estávamos muito ocupadas com trabalho e morávamos um pouco longe uma da outra, nunca conseguimos encontrar tempo para um tratamento.

De repente, faltavam apenas algumas semanas para a data prevista para o parto. Até esse momento, a gravidez havia transcorrido bem. Entretanto, um exame de rotina mostrou que o bebê estava com peso abaixo do normal para a data presumida, e Anne foi orientada a ficar de cama pelo menos durante uma semana. Naturalmente, ela ficou muito chateada com isso.

Enquanto ela estava presa à cama, eu estava viajando. Concluí, então, que a melhor coisa a fazer seria enviar-lhe Reiki a distância. Ela concordou com a ideia e eu lhe enviei vários tratamentos durante a semana de repouso. O exame seguinte mostrou que o bebê havia aumentado um pouco de peso, mas por orientação do ginecologista, Anne e o marido resolveram optar por uma cesariana.

Enviei Reiki para Anne na noite anterior à internação, e novamente em torno de meia hora antes do início da cirurgia. Pouco tempo depois, seu marido telefonou para dizer que tinham um belo filho, que finalmente estava com peso normal. Visitei Anne no dia seguinte e passei-lhe Reiki por 10 minutos sobre o local da incisão, sem tocar. Nos dias seguintes enviei-lhe Reiki visualizando um tratamento completo, mas concentrando-me no baixo-ventre. Quando ela voltou para casa, a agente de saúde domiciliar ficou surpresa ao constatar que a cicatriz havia quase desaparecido. Anne também se recuperou da cesariana muito mais rápido do que qualquer outra pessoa do meu conhecimento.

Essa história mostra que podemos aplicar Reiki a qualquer imprevisto que possa surgir durante a gravidez e o parto e que podemos combiná-lo com procedimentos médicos ortodoxos.

Menopausa

A chegada da menopausa indica uma mudança de vida em vários aspectos. Em geral, ela ocorre em algum momento entre os 45 anos e primeiros anos da faixa dos 50, embora pareça que muitas mulheres estão hoje entrando nessa fase mais cedo do que em gerações anteriores, possivelmente devido a inúmeros fatores, inclusive a alimentação e o estilo de vida.

Na cultura ocidental, a menopausa é vista como um acontecimento inconveniente. A visão negativa dessa fase, e das mulheres que nela estão, leva as mulheres a uma experiência mais desagradável com alguns sintomas. Ao contrário, em culturas em que a menopausa é vista como um evento positivo, as mulheres têm menos problemas com ela e mantêm uma autoimagem mais condizente.

A medicina ortodoxa trata as mulheres com a terapia de reposição hormonal (TRH) para compensar a perda de estrogênio e progesterona que resulta na menopausa. Embora essa terapia possa reduzir alguns sintomas, ela também oferece riscos, não sendo apropriada para todas as mulheres. Como alternativa, o mercado oferece muitos remédios fitoterápicos que, quando combinados com uma alimentação rica em produtos à base de soja, atuam para reduzir os sintomas típicos de suores noturnos, calorões, oscilações de humor, secura vaginal e perda de memória.

Os sintomas e a atitude com relação às mudanças que acontecem contribuem muito para o conforto, ou falta dele, com que as mulheres passam pela menopausa. É difícil para muitas delas ter sentimentos positivos sobre a menopausa quando vivem numa cultura que vê a menstruação como algo 'nojento' e 'sujo'. O condicionamento das mulheres com relação ao ciclo menstrual torna muito improvável que possam enfrentar a menopausa com tranquilidade, embora, ironicamente, ela signifique o fim de algo que elas são ensinadas a ver como um problema.

O Reiki pode ajudar a mulher a lidar tanto com os aspectos físicos quanto emocionais da menopausa. Ele pode ajudá-la a ver esse momento crítico em sua vida como uma oportunidade para rever suas atitudes com relação à vida. A mulher pode usá-lo para livrar-se de antigos hábitos que não têm mais serventia nenhuma quando ela entra nessa nova fase, e substituí-los por um novo vigor e autoconsciência que lhe dará condições de ver esse acontecimento como cheio de possibilidades, e não como o fim delas.

Ganho de peso

Durante a menopausa, o metabolismo desacelera; a consequência é um ganho de peso indesejado. Esta posição ajuda a controlar esse fato.

1 Posicione uma das mãos levemente sobre a área da garganta e a outra no topo da cabeça. Esta posição cobre a glândula tireoide, responsável pela manutenção do metabolismo.

Calorões e problemas de sono

As glândulas pituitária e pineal controlam o sistema endócrino; por isso, faz sentido tratar a área da cabeça para aliviar os sintomas decorrentes de um desequilíbrio hormonal geral.

1 Coloque as mãos na Posição 1.

2 Coloque as mãos horizontalmente sobre o topo da cabeça; a mão que está mais embaixo acompanha a curva do crânio.

Exercício com *Ki* para a menopausa

Este exercício do Chi Kung ajuda a regular os níveis hormonais. É também eficaz para a prevenção da osteoporose, associada à menopausa. Mantenha os braços arqueados e relaxados durante todo o exercício. Repita o exercício de 4 a 6 vezes inicialmente, e aos poucos passe para 12, 24 ou 36 vezes. Depois de bem assimilado, você pode realizá-lo num ritmo mais ágil, e se quiser pode fazê-lo com uma música de batida apropriada.

1 Comece de pé, joelhos levemente flexionados, coluna reta e braços soltos ao longo do corpo.

2 Erga lentamente as mãos até acima da cabeça, palmas voltadas para o céu. Ao elevar as mãos, firme-se sobre a ponta dos pés. Continue elevando as mãos até acima da cabeça e prossiga alongando-se.

3 Com as mãos bem acima da cabeça, gire as palmas e comece a baixá-las viradas para a terra. Mantenha o equilíbrio ficando com os olhos abertos, mas relaxados.

4 Desça as mãos ao lado do corpo num movimento de balanço, ao mesmo tempo em que assenta os pés por inteiro no chão. O movimento dos braços para baixo deve realizar uma oscilação completa e natural. Com o ritmo, a energia produzirá o movimento descrito.

Morte e luto

A morte é a última transição que fazemos. É também a que mais tememos e que, de modo geral, não conseguimos contemplar calmamente. A busca da vida eterna está entranhada nas histórias da nossa cultura, e no entanto todas elas concluem que a morte não pode ser enganada. Podemos ter os meios para prolongar a vida, mas não podemos viver para sempre.

Perder o medo da morte é encontrar a liberdade. Quando a morte é aceita como apenas outra etapa da jornada, ela nos liberta do medo de viver. Todas as tradições espirituais ensinam que não cessaremos de ser, mas simplesmente seremos transformados. No entanto, temos apego ao nosso corpo físico que limita o nosso pensamento, e mesmo os que acreditam profundamente têm dificuldade de conectar-se com esses ensinamentos absolutamente, porque não existem provas. Não temos provas de outras coisas, mas isso é de menor relevância para nós do que termos certeza sobre o que acontece após a morte.

Como o Reiki opera em todos os níveis, ele pode ajudar a pessoa a enfrentar a transição da alma que sai do corpo, de modo a ajudar a pessoa a ver essa transição no contexto de toda a sua vida. Do mesmo modo, ele pode confortar-nos durante o luto que se segue a uma perda e ajudar-nos a compreender que somente o corpo físico se extinguiu – a alma da pessoa ainda existe e podemos comunicar-nos com ela.

Quando tratamos o moribundo com Reiki, não devemos confundir tratar com curar. Embora a possibilidade de um milagre sempre exista, talvez seja mais proveitoso para o reikiano ver o Reiki como um meio para ajudar as pessoas nessa passagem, e não como um recurso para mantê-las vivas.

ESQUERDA O Reiki age no sentido de ajudar a pessoa a passar com menos medo desta vida para a vida além.

Estudo de caso: aproximados pelo Reiki

Lembro-me de certa ocasião em que proferi uma palestra sobre Reiki durante um evento. Na parte final da sessão, resolvi fazer uma visualização com a plateia. O objetivo era criar um santuário de cura de Luz interior, que poderia ser visitado sempre que necessário. No fim, um homem aproximou-se de mim para agradecer as palavras proferidas e especialmente a visualização, porque durante o exercício ele havia visto sua esposa pela primeira vez desde que ela morrera e havia conseguido falar com ela. Fico feliz por ter escolhido essa técnica naquele dia e por ele ter estado lá para viver essa experiência. Naturalmente, não foi coincidência.

PARTE 7
Reiki para a Saúde e o Bem-estar

Alimento e energia

O alimento contém energia vital e é uma das formas mais importantes pelas quais o corpo absorve energia. Depois de absorvida, a energia é utilizada através do processo de metabolização. Por isso, quando ingerimos alimentos de boa qualidade, também a energia que extraímos deles é muito melhor.

Os alimentos com qualidade energética superior são os produzidos organicamente ou alimentos coloniais, os produtos frescos (mesmo que não orgânicos) e os ingeridos crus. Os alimentos crus são os que contêm maior quantidade de força vital, pois seus nutrientes não foram alterados pelo processo de cozimento. Com efeito, dietas com alimentos crus se tornaram muito populares, mas esse regime não atrai as pessoas de modo geral, que preferem uma variedade de pratos quentes e frios.

O alimento com menor quantidade de energia é o processado. Mesmo vegetais congelados são preferíveis aos enlatados. No entanto, alimentos embalados e processados compõem grande parte da alimentação ocidental, devido à sua praticidade e também ao menor custo.

Reiki para os alimentos

O Reiki o ajuda a melhorar a qualidade dos seus alimentos, por mais simples que sejam. Você pode aplicar Reiki aos alimentos durante o cozimento mantendo as mãos sobre a panela, sempre tomando cuidado para não se queimar com o vapor ou o óleo. Uma alternativa mais segura é energizar o alimento já servido no prato. Em casa, mantenha as mãos acima do prato. Num restaurante, posicione as mãos discretamente em torno do prato, com as palmas voltadas para dentro.

Também as bebidas podem ser tratadas com Reiki. Trate café e chá antes de prepará-los; sucos para os filhos podem ser tratados na jarra. Também água e vinho podem ser potencializados com Reiki.

A alegria do suco

Os sucos facilitaram para todos nós o consumo de mais frutas e vegetais; hoje não precisamos mais mastigar ruidosamente cenouras todos os dias. Com eles também as crianças se sentem mais animadas a ingerir vegetais – a combinação de vegetais, como aipo e cenoura, com frutas, como maçã, laranja e pera, é mais atraente para suas papilas gustativas.

DIREITA O Reiki elimina toxinas dos alimentos a aumenta a nossa energia, o que beneficia o corpo.

Os alimentos e os chakras

Os alimentos também ajudam a equilibrar os chakras. Um terapeuta dos chakras pode orientá-lo sobre os produtos apropriados a incluir e os prejudiciais a excluir da sua dieta. Naturalmente, você mesmo pode aplicar alguns princípios, mas em caso de doenças mais graves, a terapia orientada por um especialista será mais eficaz.

As pesquisas sugerem que os elementos que dão colorido aos vegetais, como o betacaroteno que torna a cenoura alaranjada, exercem um papel importante no nosso equilíbrio. Os pesquisadores também descobriram que o alimento, ao ser digerido, cria uma energia vibratória baseada em sinais de luz colorida. Esses sinais são absorvidos pelas células via corrente sanguínea. Por isso, para uma saúde ótima, precisamos consumir alimentos frescos cujas cores naturais refletem as cores dos chakras. Se um chakra é superativo, você deve ingerir alimentos da cor oposta para acalmá-lo; se ele é moroso e precisa ser ativado, alimente-se de produtos da mesma cor do chakra.

Como você pode ver no quadro na p. 291, um chakra da base pouco ativo pode ser ajudado com a ingestão de alimentos vermelhos, como pimenta vermelha. No entanto, se esse chakra está muito ativo, evite alimentos vermelhos. Isso se aplica à maioria dos chakras. Nos casos em que a cor revigora um chakra inerte, abstenha-se de alimentos com essa cor se perceber que esse chakra está demasiadamente ativo.

A introdução desse conceito em sua dieta, combinada com a aplicação de Reiki aos alimentos (p. 288), vai ajudá-lo em todos os níveis, e você perceberá os benefícios do consumo de uma energia de melhor qualidade. Com isso você será estimulado a dar mais ouvidos ao seu corpo e a interpretar com mais exatidão o que ele diz. O resultado será uma maior 'unidade' com o seu corpo, o que por sua vez criará uma sensação de harmonia com todo o Universo.

ESQUERDA Ingerir alimentos de uma determinada cor ajuda a equilibrar um chakra pouco ativo da mesma cor.

CHAKRA	COR	ALIMENTOS
Base	Vermelha	Equilibramos um chakra da base pouco ativo ingerindo frutas e vegetais vermelhos, como pimenta vermelha.
Sacro	Laranja	Laranja, cenoura e outros alimentos alaranjados, como abóbora, pêssego e batata-doce, estimulam este chakra.
Plexo solar	Amarela	Frutas cítricas amarelas estimulam a liberação física e emocional deste chakra. Bananas com moderação também o acalmam.
Coração	Verde	Legumes e verduras em salada, como repolho e espinafre, têm um efeito purificador e de equilíbrio sobre todo o corpo.
Garganta		
Testa / Terceiro olho	Azul e púrpura	Alimentos de cor azul ou púrpura, como mirtilo e berinjela, estão associados ao equilíbrio dos nossos níveis mental e espiritual.
Coroa		

Controle do stress

O stress está se tornando uma causa cada vez mais comum de muitas doenças. Um número crescente de pessoas frequenta os consultórios com uma variedade de sintomas que os médicos hoje diagnosticam como decorrências do stress. Até recentemente, a medicina não admitia o stress como causa legítima de doenças, mas evidências colhidas através de estudos nas últimas décadas reverteram esse modo de pensar.

Embora tenhamos mais tempo livre do que os nossos ancestrais e centenas de aparelhos que facilitam a execução de serviços rotineiros, a tecnologia que viabilizou essas vantagens também produziu uma cultura de múltiplas tarefas. Estamos constantemente sob pressão em casa e no trabalho para executar várias atividades ao mesmo tempo com o objetivo de maximizar o uso do tempo. Do mesmo modo, o uso do celular e do e-mail significa que para muitos o expediente do dia não termina às 17 horas como no passado, pois em muitas profissões espera-se que os empregados estejam à disposição para resolver problemas praticamente 24 horas por dia.

Muitos de nós não temos a sensibilidade necessária para perceber que inúmeros sintomas que nos afetam são causados pelo stress ou que o stress pode pelo menos contribuir para isso. Podemos inclusive negar que talvez soframos de stress, pois nos consideramos imunes a ele. A negligência em considerar a possibilidade de estarmos afetados por ele leva naturalmente à recorrência dos sintomas. A medicina ortodoxa pode aliviar os sintomas temporariamente, mas a menos que a causa subjacente seja tratada, a qual com toda probabilidade é de caráter emocional, a doença reaparece.

Apesar do aumento das doenças associadas ao stress, praticamente todos temos muita dificuldade para controlá-lo. Nossos mecanismos de enfrentamento para lidar com esse mal tendem a incluir hábitos como beber, comer em excesso e jogar-se na frente da televisão. O exercício físico é um método mais apropriado para combatê-lo, mas é melhor praticar algo como yoga ou Tai Chi, em vez de um esporte muito competitivo ou radical que manterá a adrenalina circulando.

Tratamentos de Reiki são excelentes para reduzir o stress. Além de aliviar os sintomas de stress, como alterações de humor, raiva e ansiedade, eles agem sobre a causa e nos ajudam a encontrar formas que antes de mais nada nos impeçam de acumular stress.

Para aliviar uma dor de cabeça ou enxaqueca

Um dos sintomas mais comuns de stress é a dor de cabeça ou a enxaqueca. As posições a seguir ajudam a aliviar os sintomas, acalmam e favorecem pensamentos claros. Aplique o tratamento, ou o autotratamento, durante 15 minutos.

1 De pé ou sentado, coloque uma das mãos na testa e a outra no pescoço, no ponto de junção da cabeça com o tronco.

2 Posicione as mãos nas laterais da cabeça, palmas cobrindo as têmporas e dedos apontando para cima.

3 Posicione as mãos na região da nuca, dedos apontando para cima.

CONTROLE DO STRESS

Trabalho

A nossa vida profissional produz stress, mas além disso pode causar-nos problemas físicos, como dores lombares e lesão por esforço repetitivo (LER), pelas longas horas diante do computador sem os devidos intervalos. O uso crescente da tecnologia intensificou o ritmo com que se espera que trabalhemos, e nós fazemos de tudo para acompanhar a velocidade dos sistemas de comunicação.

Fatores organizacionais também contribuem para o stress e a doença – podemos citar a sobrecarga de trabalho, interrupções na carreira e relações de trabalho conflituosas. Esses são fatores sobre os quais o empregador tem basicamente controle, mas é evidente que muitas organizações estão exigindo maior produtividade. A consequência disso para muitos trabalhadores é um sistema imunológico debilitado, resultando em várias doenças recorrentes e num declínio do sistema nervoso que pode levar a um colapso nervoso.

Há duas coisas simples que você pode fazer para abrandar problemas físicos e mentais no trabalho: sentar-se corretamente e fazer uma pausa.

Postura sentada correta
Sempre que sentar à sua escrivaninha, ajuste a postura de modo a ficar com a coluna reta e os pés totalmente apoiados no chão. Sentar-se mais perto da ponta da cadeira ajuda a manter essa postura. Evite sentar com as pernas cruzadas por muito tempo.

Pausa
Sempre que possível, desligue o computador, especialmente se tiver o hábito de almoçar no seu posto de trabalho. O ruído constante, o brilho da tela e a radiação eletromagnética são fatores que causam irritação aos sistemas do corpo.

ESQUERDA Sentar-se na postura ilustrada mantém a coluna reta, mas relaxada, e os pés bem apoiados no chão.

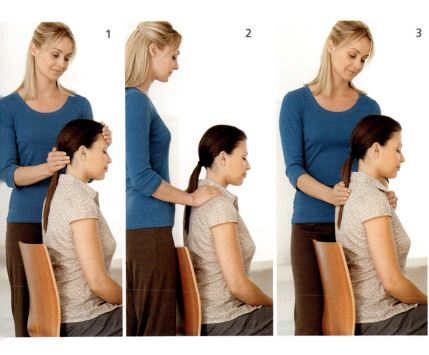

Tratamento do pescoço e dos ombros

Um dos principais sintomas físicos do stress no trabalho é dor e tensão no pescoço e nos ombros. É difícil aplicar-se um tratamento nos ombros, por isso, se possível, peça a alguém que faça isso por você.

1 Coloque uma das mãos na testa e a outra na nuca.

2 Coloque as mãos em cada ombro, perto da coluna, palmas em concha.

3 Posicione uma das mãos entre as escápulas e a outra no meio do peito, cobrindo o timo.

Vida familiar

Viver com outras pessoas nem sempre é tão agradável e simples como poderíamos esperar. Mesmo as famílias mais felizes vivem momentos de conflito. Em geral, o conflito resulta do fato de outras pessoas não terem um comportamento coerente com o que desejamos e da nossa tendência a projetar em outros a responsabilidade por situações imperfeitas. Se não trabalhamos essas tendências, a consequência é a deterioração de um relacionamento, a qual pode acarretar seu fim.

A atitude de procurar não julgar tanto os outros e de assumir a responsabilidade pelo que nos desagrada em nossa vida não só nos fortalecerá, mas também melhorará nossos relacionamentos. O Reiki nos ajuda a examinar nossos gostos e aversões, nossos hábitos e crenças, e até que ponto julgamos. Autotratamentos e meditação sobre os princípios espirituais o ajudarão a encontrar um equilíbrio interior, que então se refletirá em relacionamentos mais harmoniosos.

Autotratamento para raiva

Dedique pelo menos 20 minutos a este tratamento. Ele é próprio para tratar áreas do corpo associadas à raiva: a garganta, que usamos para proferir palavras de indignação; a cabeça, origem dos pensamentos; as adrenais, onde produzimos hormônios que podem exacerbar a agressão; e o coração, onde podemos aplacar a raiva.

1 Posicione uma das mãos sobre a testa e a outra na região da nuca.

2 Posicione as mãos em torno da garganta, com a base das palmas tocando-se na frente e os dedos acompanhando o contorno do pescoço.

3 Em seguida, coloque a mão esquerda sobre a região do rim e da adrenal esquerdos e a direita no lado esquerdo inferior da caixa torácica, na região do baço.

4 Coloque uma das mãos no meio do peito, sobre o coração, e a outra logo acima, sobre a glândula timo.

5 Posicione uma das mãos sobre o plexo solar e a outra abaixo do umbigo, sobre o chakra do sacro ou *Hara*.

6 Por fim, posicione as mãos no baixo-ventre, formando um V com os dedos. Os homens colocam as mãos sobre a virilha.

Relacionamentos

Uma área dos nossos relacionamentos pessoais com a qual quase todos temos um grande problema é a intimidade. Muitas pessoas têm medo de revelar seus pensamentos mais íntimos ao parceiro porque se o fizessem ficariam vulneráveis. Elas têm medo de ser magoadas ou criticadas por revelar seu verdadeiro eu. Resultado: como defesa, fecham-se à outra pessoa, incapazes de sentir plenamente a força de uma relação aberta e amorosa.

O Reiki pode ajudar, abrindo o chakra do coração. Quando esse centro se abre realmente, a sensação é de alegria e paz completa.

Meditação do coração

Esta meditação o ajudará a abrir o coração e a liberar os sentimentos nele guardados.

1 Sente-se com as mãos sobre o chakra do coração, dando-lhe Reiki, e visualize uma energia cor-de-rosa entrando nele. Mantenha as mãos na posição até obter uma sensação de suavidade em toda essa área. O momento pode ser de muita emoção. Se lágrimas brotarem, deixe que corram. Ainda na posição, talvez você queira contemplar tudo e todos que estão à sua volta e meditar sobre o sentimento de gratidão por tudo o que recebeu e recebe.

Meditação de coração a coração
Esta meditação ajudará você e o seu parceiro a aumentar a sensação de intimidade.

1 Sentem-se confortavelmente de frente um para o outro e perto o bastante para cada um tocar o peito do outro. Cada um coloca a mão direita sobre o chakra do coração do outro e a mão esquerda sobre o próprio coração. Mantenham os músculos do rosto e dos olhos relaxados enquanto olham suavemente nos olhos um do outro durante aproximadamente 1 minuto.

2 Mantendo a posição, fechem os olhos e sintam o Reiki fluir por seus corações. Fiquem nessa posição o quanto desejarem, mas 15 minutos provavelmente serão suficientes para vocês se unirem com a energia do coração e chegarem a uma sensação de união.

Sintonia consigo mesmo

Em geral identificamo-nos tanto com tudo o que acontece ao nosso redor, que nos esquecemos de reservar algum tempo para nós mesmos e observar como nos sentimos. Autotratar-se com Reiki é uma oportunidade maravilhosa de passar algum tempo de qualidade com você mesmo e de entrar em sintonia com todos os níveis do seu ser. Além disso, o autotratamento o equilibrará e reenergizará.

Exercício de interiorização

Reserve pelo menos 30 minutos para este tratamento. Se houver condições de mais tempo, melhor. Providencie para que nada o perturbe durante esse período. É difícil relaxar em meio à confusão e ao barulho, pois a mente tende a divagar, mesmo os olhos estando fechados.

1 Deite-se de costas, com os braços ao lado do corpo. Respirando lentamente, relaxe todos os músculos antes de começar.

2 Coloque as mãos sobre os olhos, mantendo a posição por 5 minutos.

3 Depois coloque as mãos sobre o coração e entregue-se aos sentimentos de amor e gratidão.

4 Posicione as mãos próximas uma da outra sobre o lado direito do corpo, uma na porção inferior da caixa torácica e a outra logo abaixo, sobre a cintura. Esta posição ajuda a equilibrar as emoções. Permaneça nela e desfrute a sensação de relaxamento e atenção a si mesmo.

SINTONIA CONSIGO MESMO

5. Repita o passo anterior no lado esquerdo do corpo, prevenindo assim problemas digestivos.

6. Coloque uma das mãos sobre o umbigo e a outra logo abaixo. Esta posição promove o fluxo da energia por todo o corpo.

7. Mulheres colocam as mãos sobre cada um dos seios. Homens as posicionam no meio do peito. Com esta posição, ambos os sexos têm condições de se conectar com sua energia feminina.

8. Mulheres posicionam as mãos em forma de V sobre o osso púbico; homens, na região da virilha. Ambos os sexos se relacionam com sua energia masculina.

9 Coloque a mão direita sobre a testa e a esquerda logo abaixo do umbigo.

10 Coloque as mãos atrás da cabeça, dedos apontando para cima. A posição favorece o relaxamento mental.

11 Termine relaxando os braços ao lado do corpo; dedique alguns minutos para voltar ao estado de alerta.

SINTONIA CONSIGO MESMO

Sintonia com a natureza

O contato com a natureza nos ajuda a entrar em sintonia com a energia da terra, muito importante para nós. Você pode observar que pessoas que praticam jardinagem ou que desenvolvem atividades como caminhar ou surfar geralmente tendem a ser mais relaxadas, mais seguras de si e menos nervosas. Isso acontece porque elas absorvem mais energia da terra do que as que passam mais tempo em atividades mentais.

Ficando mais tempo ao ar livre, absorvemos mais energia da terra; essa energia nos ajuda a compreender a nossa essência de seres humanos e estimula a nossa criatividade. Aproveitar oportunidades para meditar no seu jardim, numa praia ou num parque fortalece enormemente o seu vínculo com a terra.

Antes de aprender Reiki, e mesmo de conhecer alguma coisa sobre práticas alternativas, eu morava nas proximidades de um bosque. Certo dia, eu levava meu filho a passear em seu carrinho de bebê, quando me deparei com um grupo de pessoas que abraçavam as árvores. Pensei comigo que isso era muito estranho e engraçado. Depois de estudar Reiki e de ler inúmeros livros sobre energia, lembrei-me daquelas pessoas e compreendi o que elas estavam fazendo. Quando fui trabalhar num hospital rodeado de muitas e frondosas árvores, o exercício a seguir tornou-se um dos meus modos preferidos de ocupar o horário do almoço, quando o tempo permitia.

Exercício da árvore

O exercício será mais eficaz e o ajudará a harmonizar-se com a energia da árvore se você absorver energia na inspiração e a liberar na expiração.

1 De pé ou sentado, apoie as costas numa árvore.

2 Visualize a energia da terra sendo absorvida pelas raízes e subindo pelo tronco até chegar à ponta dos galhos. Visualize esse fluxo de energia até conseguir senti-lo.

3 Em seguida, visualize a energia entrando pela sola dos pés e subindo por seu corpo, passando pelo alto da cabeça e elevando-se até o topo da árvore.

4 Por fim, puxe a energia de volta, vendo-a passar pelo corpo e penetrar na terra.

SINTONIA COM A NATUREZA

305

PARTE 8
Reiki para Doenças Comuns

Primeiros socorros com Reiki

Em geral, o Reiki não tem sido ensinado no Ocidente como um método para tratamento de doenças específicas, e sim como tratamento para todas as doenças, e o praticante assume a mesma atitude com todos os receptores, qualquer que seja o problema. Entretanto, sempre houve certo reconhecimento nos cursos de que é possível usar o Reiki com grande eficácia em casos de acidente, quando é praticamente inviável aplicar um tratamento completo.

> **Advertência**
> Esta seção do livro não substitui recomendações médicas. Embora as informações e orientações sejam precisas e verdadeiras, o leitor deve consultar um médico em todos os aspectos relacionados com a saúde, e especialmente diante de qualquer sintoma que possa exigir diagnóstico ou cuidados médicos. Os praticantes de Reiki não são qualificados para diagnosticar doenças, e por isso não devem fazer isso.

Por exemplo, no caso de uma dor de cabeça, talvez você se sinta inclinado a aplicar-se um autotratamento completo, o que nem sempre é necessário, pois basta tratar apenas a área da cabeça. Isso se aplica ao tratamento de outras pessoas para o mesmo problema. Do mesmo modo, cortes, queimaduras, mordidas e choque podem ser tratados dirigindo a atenção para o ponto afetado imediatamente após o acidente.

Esta seção descreve tratamentos para doenças específicas comuns. Esses tratamentos não pretendem substituir tratamentos do corpo completos, mas oferecer posições das mãos voltadas para regiões relevantes do corpo. Doenças como anemia, pressão alta e outras de duração prolongada que, estritamente falando, não se classificam como 'primeiros socorros', são incluídas aqui porque o autotratamento de pontos específicos pode ajudar quando a doença parece ser mais grave do que o normal ou você tem um surto agudo. No caso de uma doença crônica, regular, recomendam-se tratamentos completos; às vezes, porém, você não tem condições de aplicá-los ou apenas quer aliviar os sintomas do momento, quando está viajando, por exemplo, ou em circunstâncias semelhantes.

Para cada doença, são também oferecidas sugestões sobre o uso de terapias complementares que podem ser adotadas simultaneamente ao Reiki.

Estudo de caso: brincando no parque

Certa ocasião, encontrávamo-nos num parque local com os nossos filhos. Uma menina caiu do balanço e bateu a região da nuca. Ela começou a gritar de susto e de dor, e enquanto a mãe passava arnica para aliviar os sintomas, eu coloquei a mão atrás da cabeça da menina. Para espanto da mãe, a filha se acalmou imediatamente. Ela ficou tão impressionada, que se inscreveu para um curso de Reiki logo em seguida. De fato, as crianças certamente precisam de atendimento de emergência com Reiki para acidentes do dia a dia com mais frequência do que os adultos. O Reiki é uma grande ajuda que se soma à caixinha de primeiros socorros.

Choque

O choque provoca uma redução repentina do suprimento de sangue para os órgãos vitais, como coração, pulmões e cérebro. Ele pode ser uma reação emocional a uma má notícia ou à visão de uma ocorrência traumática, ou parte da resposta a um acidente, caso em que haverá um elemento físico e também um componente mental. O corpo também pode entrar fisicamente em choque em consequência de desidratação severa causada por diarreia. Entre os sintomas estão pele lívida e pegajosa, respiração superficial e rápida, tontura, ansiedade, náusea, vômitos, frio e tremor.

O choque físico pode ser consequência de algumas reações alérgicas. Por exemplo, quando exacerbada, uma reação alérgica pode causar um choque 'anafilático'. Muito frequentemente, essa reação é causada pela ingestão de nozes ou por picadas de abelhas ou vespas. As pessoas com esse grau de sensibilidade devem sempre ter à mão uma seringa hipodérmica com anti-histamina, pois precisam ser tratadas em poucos minutos.

Tratamentos complementares

- ÓLEOS AROMATERÁPICOS como lavanda, melissa e hortelã-pimenta podem ser gotejados num lenço e este mantido nas narinas até que o sintoma amenize ou até a chegada do socorro médico.

- FLORAIS DE BACH O Rescue Remedy está em muitos estojos de primeiros socorros. Você pode misturar 4 gotas em 30 ml de água e bebê-lo ou esfregá-lo nas têmporas e pulsos para reduzir os sintomas.

Tratamento de Reiki

Os sintomas de choque podem parecer assustadores. Procure manter-se calmo e no controle ao aplicar um tratamento.

Para tirar a pessoa de um estado de choque, posicione as mãos nas áreas do plexo solar e do coração. Você pode colocar as mãos na frente ao mesmo tempo ou nas costas. Em geral, é mais cômodo tratar a frente e as costas simultaneamente. Dependendo da situação, porém, você terá de adotar a posição que for possível na ocasião.

Pressão alta

Pressão arterial é a medida da pressão do fluxo sanguíneo pelas artérias. Quando anormalmente alta, a pressão leva a uma doença chamada hipertensão. Esse estado de tensão aumenta o risco de ataque cardíaco e derrame. A hipertensão é causada por diversos fatores, como histórico familiar desse estado, stress, consumo de álcool, fumo e diabetes; também pode ocorrer durante a gravidez. Os sintomas podem ser tontura, dores de cabeça, desmaio e perturbação visual.

Causas emocionais também podem estar na raiz da hipertensão. Quando uma emoção – especialmente raiva, frustração e tristeza – é reprimida, ela acumula força internamente; não sendo liberada, essa força pode explodir a qualquer momento. Muitas vezes, numa situação assim, a raiva pode se expressar com tanta intensidade, que a pressão é obrigada a subir. Os sinais dessa tensão podem ser vistos no rubor do rosto.

Tratamentos complementares

- ÓLEOS AROMATERÁPICOS com propriedades calmantes são recomendados. Lavanda é uma boa opção.

- FLORAIS DE BACH Use remédios específicos de acordo com as emoções observadas.

- DIETA Reduza a ingestão de carne vermelha, gordura e sal.

- EXERCÍCIO Exercícios não competitivos, como caminhar, nadar, yoga ou Chi Kung, são excelentes para baixar a pressão arterial naturalmente.

- MEDITAÇÃO regular, com visualizações que acalmam a mente, é uma prática recomendada.

Tratamento de Reiki

As posições para tratar a pressão arterial são semelhantes às aplicadas para tratar a raiva, pois ambas podem ter origem em regiões semelhantes do corpo, como as adrenais.

1 Posicione as mãos sobre a região da tireoide, Posição 5, para estimular a expressão emocional.

2 Trate as adrenais e os rins com a Posição 14.

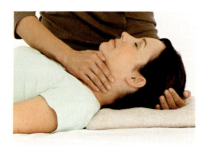

3 Coloque uma das mãos atrás da cabeça e a outra no lado do pescoço para abranger a artéria carótida.

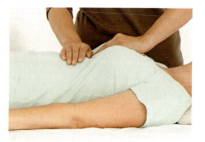

4 Coloque uma das mãos sobre o coração e a outra sobre o plexo solar.

Problemas de circulação

Muitos problemas de circulação do sangue pelo corpo são criados, mas muitas vezes as pessoas nascem com o que em geral se conhece como 'má circulação'. Ela é diagnosticada como uma doença em que as veias e artérias dificultam o fluxo do sangue. Suas causas típicas são: hipertensão, colesterol alto, álcool e fumo em excesso, e diabetes. Na medicina ortodoxa, problemas de circulação tendem a ser tratados com uma combinação de exercícios, reeducação alimentar e, em alguns casos, medicação.

Aspectos emocionais da doença podem ter origem na relutância em participar do fluxo da vida. Por exemplo, se você tem má circulação nas pernas e nos pés, é possível que, inconscientemente, não queira seguir na direção em que a vida o está conduzindo.

Tratamento de Reiki

Os passos 1 a 3 podem ser usados para autotratamento. Os passos 4 e 5 só podem ser aplicados em outras pessoas.

1 Coloque as mãos sobre o baço, no lado esquerdo do corpo, abrangendo a porção inferior da caixa torácica e a área da cintura, como na Posição 7.

Tratamentos complementares

- ACUPUNTURA É eficaz para estimular o coração e o baço.

- DIETA Como acontece com a hipertensão, problemas circulatórios podem ser amenizados com a redução do consumo de alimentos ricos em gordura e colesterol.

- EXERCÍCIO Caminhar e nadar são atividades perfeitas para estimular a circulação e desintoxicar o sistema.

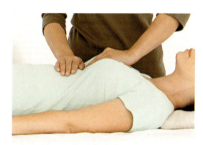

2 Em seguida, coloque as mãos sobre o coração e o plexo solar.

3 Coloque as mãos no baixo-ventre, formando um V.

4 Coloque uma das mãos no ombro e a outra no pulso. Sinta a energia subir e descer pelo braço. Repita no lado oposto.

5 Por fim, coloque uma das mãos logo abaixo da nádega e a outra na sola do pé, como na Posição 15. Repita na outra perna.

PROBLEMAS DE CIRCULAÇÃO

Anemia

A anemia ocorre quando a produção e o funcionamento dos glóbulos vermelhos são afetados de forma perniciosa. Os glóbulos vermelhos são produzidos na medula óssea e são necessários para transportar o oxigênio. O tipo mais comum de anemia é causado pela deficiência de ferro. As outras manifestações são a aplástica, causada pela baixa produção de glóbulos vermelhos, e a megablástica, provocada pela deficiência de vitamina. Sintomas: fadiga, dor de cabeça, tontura e palpitações. Entre os aspectos emocionais da doença estão a raiva e o medo contidos.

Os idosos, as mulheres grávidas e crianças com dieta desequilibrada têm mais probabilidade de desenvolver anemia. O tratamento em geral consiste em suplementos ferrosos e Vitamina B12, com os casos mais graves necessitando de transfusões.

Tratamentos complementares

- MASSAGEM AROMATERÁPICA Esta terapia é muito proveitosa (ou outra que aumente os sentimentos de autoestima e amor).

- DIETA Este é um fator importante no tratamento desta doença. Quanto mais ferro você puder absorver naturalmente, melhor. O ferro se encontra em alguns peixes, na gema do ovo e em vegetais de folhas verde-escuras, como espinafre e brócolis. Alimentos ricos em vitaminas B12, C e E são essenciais para a absorção do ferro. Evite produtos lácteos, bebidas com cafeína e chá, que interferem na absorção do ferro.

- EXERCÍCIO Yoga ou Chi Kung melhoram as funções hepáticas e o bem-estar geral.

Tratamento de Reiki

O foco de um tratamento de Reiki para a anemia é o fígado, pois é este órgão que metaboliza o ferro. O fígado é um órgão muito solicitado e merece todos os tratamentos possíveis, pois é de suma importância para muitas outras funções do corpo.

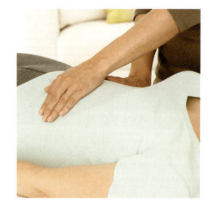

1 Trate o fígado aplicando a Posição 7.

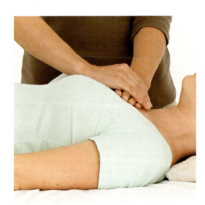

2 Coloque as mãos sobre o coração, cobrindo também a área da glândula timo.

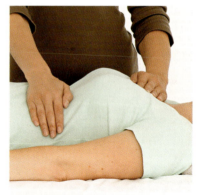

3 Coloque uma das mãos sobre o timo e a outra sobre o baço. Esta posição fortalece o sistema imunológico e purifica o sangue.

Colesterol

O colesterol é uma gordura produzida pelo fígado ou absorvida de alimentos ricos em colesterol, como os produtos derivados do leite. O colesterol é usado na fabricação de hormônios, sendo um componente importante das células. Entretanto, embora ele seja importante, a medicina ortodoxa ensina que um nível de colesterol acima de 160 mg/dl é perigoso para nós e que é uma das principais causas de ataques cardíacos e derrames. Além da alimentação, o diabetes e a disposição hereditária podem aumentar os níveis de colesterol.

O colesterol alto não produz sintomas; por isso, a única maneira de saber seu nível é medi-lo. No passado, era preciso consultar o médico; hoje, *kits* de exames podem ser comprados na maioria das farmácias, de modo que você mesmo pode monitorar o seu grau de colesterol. Mudanças alimentares geralmente são suficientes para reduzir seu nível.

Causas emocionais são a falta de alegria na vida e um modo de pensar muito rígido. O stress é outra causa de colesterol elevado.

Tratamentos complementares

- DIETA Como mencionado acima, a alimentação é fundamental. A inclusão de mais grãos integrais, como aveia e cevada, facilita muito; comer muito alho ou ingerir um bom suplemento à base de alho é outra medida de grande eficácia.

- MASSAGEM E MASSAGEM AROMATERÁPICA Estas técnicas reduzem o stress e tratam as emoções.

- MEDITAÇÃO Meditar regularmente para reduzir o stress reduz os níveis de colesterol.

Tratamento de Reiki

Estas posições tratam os órgãos relacionados com o sistema digestivo e com o metabolismo. Outro objetivo é melhorar a nossa atitude emocional diante da vida.

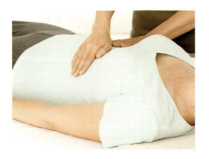

1 Coloque as mãos horizontalmente sobre a porção superior da caixa torácica, como na Posição 6, para tratar o estômago.

2 Desloque as mãos 10 cm para baixo para cobrir o fígado, como na Posição 7.

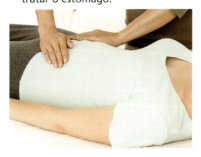

2 Leve as mãos ainda mais para baixo para cobrir o baço e o cólon, conforme a Posição 8.

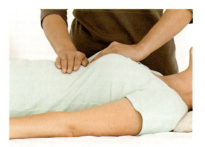

4 Coloque as mãos sobre o coração e o plexo solar para aumentar o sentimento de alegria na vida.

Diabetes

O diabetes é uma doença cada vez mais comum. Embora seja possível tratá-la, as pessoas precisam saber que esta é uma doença grave, às vezes fatal. Ela pode levar a inúmeras outras doenças graves, como a retinopatia, que pode resultar em perda da visão. A constatação de que o número de diabéticos vem aumentando mostra certo desequilíbrio no bem-estar da população em geral, com a alimentação e o stress sendo os principais responsáveis.

Existem dois tipos de diabetes. O tipo 1 se manifesta quando o pâncreas produz pouca ou nenhuma insulina. Este tipo é tratado com doses diárias de insulina e com muita atenção à alimentação e aos horários para comer. Um jovem com diagnóstico de diabetes provavelmente é portador deste tipo. O diabetes tipo 2 ocorre quando o pâncreas só produz uma quantidade mínima de insulina. Este tipo pode ser tratado com alimentação e exercícios e tende a ser causado por obesidade e pela idade.

Emocionalmente, as pessoas com diabetes talvez não sejam capazes de usufruir os aspectos doces da vida, não dando amor aos outros e a si mesmas. Elas também têm problemas em livrar-se do stress, motivo pelo qual as adrenais, o fígado e o pâncreas podem ficar sobrecarregados.

Tratamentos complementares

- ACUPUNTURA Tratamentos para ajudar o fígado e as glândulas adrenais são de grande proveito.

- DIETA Inclua mais grãos integrais e frutas, vegetais verdes, grãos de leguminosas e alho. Evite alimentos com gordura animal, produtos lácteos e açúcar.

- EXERCÍCIO Caminhe todos os dias de 20 a 30 minutos ou pratique yoga ou Chi Kung todas as semanas – essas duas técnicas oferecem exercícios para fortalecer os órgãos internos.

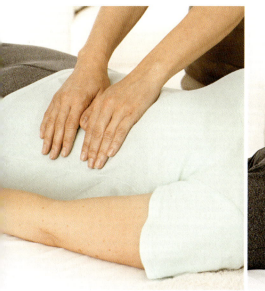 

Tratamento de Reiki

Quando não há tempo para um tratamento completo, estas duas posições serão como um procedimento de emergência para aspectos físicos e emocionais do diabetes.

1 Trate o pâncreas e o fígado com as mãos posicionadas uma ao lado da outra, como nas Posições 6 e 7 alternativas (p. 229), mas no lado direito do corpo.

2 Trate as adrenais e os rins com a Posição 14.

Distúrbios da vesícula biliar

A vesícula biliar exerce uma função importante no sistema digestivo, pois secreta enzimas e substâncias químicas que promovem a digestão do alimento. O sintoma mais comum de problemas com a vesícula biliar é a formação de cálculos biliares, que causam muita dor quando passam da vesícula para o ducto biliar. A vesícula também pode ficar inflamada devido aos cálculos biliares que bloqueiam a saída.

Além da dor provocada pelos cálculos, outros sintomas de distúrbios da vesícula biliar são dores de cabeça, febres e calafrios, acompanhados de irritabilidade e nervosismo. Causas da doença são uma dieta com muita gordura e o colesterol. A redução desses componentes na alimentação restabelece a função da vesícula e os cálculos podem se dissolver naturalmente, embora em alguns casos seja necessária cirurgia para retirá-los.

As causas emocionais têm relação com a função da bile na vesícula. Há muito tempo acredita-se que a bile representa amargura e ressentimento. Se aprender a perdoar, você reverterá as emoções negativas e seus efeitos.

Tratamentos complementares

- ACUPRESSURA E ACUPUNTURA Ambas são eficazes para estimular os meridianos do fígado e da vesícula biliar.

- DIETA Evite carne, ovos, nozes e produtos à base de nozes, açúcar, álcool e produtos lácteos. Aumente o consumo de óleo de oliva e sucos, como de maçã, beterraba e cenoura.

- EXERCÍCIO O Chi Kung oferece exercícios para fortalecer os meridianos do fígado e da vesícula que você pode praticar em casa sozinho.

Tratamento de Reiki

Na frente do corpo, aplique posições desde a parte inferior do esterno até o osso do quadril. Três passos são necessários para isso.

1 Trate o fígado com a Posição 6.

2 Passe para a Posição 7 ou para a Posição 6 alternativa, para tratar o baço.

3 Posicione as mãos no baixo-ventre, em forma de V, como na Posição 8, para tratar os intestinos.

4 Trate as adrenais e os rins com a Posição 14.

Dor de dente e gengivite

A dor de dente ocorre em todas as idades. Ela normalmente decorre da deterioração do dente, da inflamação da polpa do dente, da nevralgia ou de um abscesso. Ela pode também ser causada por gengivite, que afeta as gengivas, ou por infecção dos seios da face, caso em que a pessoa sente o que se conhece como dor reflexa.

A dor pode ser uma pulsação contínua ou intermitente, e sua causa imediata pode ser a ingestão de algo que afeta o nervo exposto do dente. Em muitos casos, é uma infecção do nervo ou da polpa do dente. Dores de dente e gengivite podem ter como causa mais remota uma higiene bucal deficiente e uma alimentação rica em açúcar, gordura e proteína animal. Acredita-se que uma causa emocional arraigada desse mal é um conflito interno a respeito do que dizemos ao mundo externo sobre nós mesmos. Os dentes representam as nossas bases, e a insegurança pode levar a problemas com os dentes e as gengivas.

Dor de dente intensa ou um abscesso no dente normalmente pedem tratamento urgente; de qualquer modo, você pode ajudar a aliviar os sintomas com Reiki e alguns outros tratamentos.

Tratamentos complementares

- ACUPUNTURA Tratamentos para estimular o meridiano do fígado ajudam a aliviar e prevenir problemas com os dentes.

- AROMATERAPIA Óleo da árvore do chá, massageado regularmente nas gengivas, ajuda a prevenir a infecção.

- FLORAIS DE BACH Pode-se passar o Rescue Remedy no dente infectado.

Tratamento de Reiki

A dor de dente é uma das piores que podemos sentir. Estas posições abrandam a dor aguda e o calor das mãos por si só já constitui um alívio.

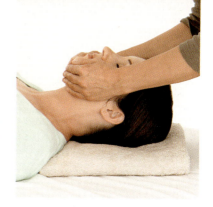

1 Envolva a mandíbula do receptor com as mãos, os polegares acompanhando o osso da mandíbula. Esta posição trata toda a área.

2 Desloque as mãos para a Posição 5. Lembre que esta posição é diferente para o autotratamento (p. 212).

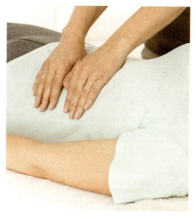

3 Coloque as mãos sobre a região do fígado, no lado direito do corpo, com as Posições 6 e 7 alternativas (p. 229).

Disfunção da tireoide

A glândula tireoide regula nosso metabolismo e nossos níveis de energia. As disfunções da tireoide se manifestam de duas formas: hiper e hipotireoidismo. Cada uma dessas manifestações produz diferentes sintomas. Uma pessoa com hipertireoidismo pode sentir perda de peso, fadiga, ansiedade, palpitações e sensibilidade ao calor. Alguém com hipotireoidismo sentirá aumento de peso, cansaço, pele seca e sensibilidade ao frio.

As causas emocionais podem derivar de uma falta de compromisso com o corpo físico. Os que têm hipotireoidismo também podem sentir-se derrotados e deprimidos diante da vida; os com hipertireoidismo têm uma atitude estressada e nervosa frente à vida.

Tratamentos complementares

- DIETA Alimente-se com produtos ricos em iodo, como alga marinha, vegetais crus, grãos de leguminosas e grãos integrais.

- RENASCIMENTO Esta técnica, que trabalha com a respiração, deve ser feita com um terapeuta habilitado, mas pode ser muito útil para tratar as emoções encobertas por esta doença.

Tratamento de Reiki

Estas posições fortalecem tanto a tireoide como o chakra da base.

1 Trate a região da tireoide com a posição de mãos que lhe for mais confortável. Você pode usar a Posição 5.

2 Trate o chakra da base com a Posição 8 ou posicione as mãos sobre o chakra da base em caso de autotratamento.

Artrite

A artrite é uma inflamação das articulações e assume diversas formas. As quatro principais são: **osteoartrite**, que é consequência do desgaste nas articulações, que pode ser hereditária ou decorrente da idade; **artrite reumatoide**, uma doença autoimune que afeta principalmente as mãos, os pulsos e os pés; **espondilite**, inflamação das vértebras espinhais e da pelve; e **gota,** que se manifesta quando há acúmulo de ácido úrico nas articulações. Meditação, exercícios de alongamento e aquecimento são os tratamentos mais comuns, com a cirurgia sendo usada somente em casos graves. Se possível, aplique antes um tratamento completo.

Tratamento de Reiki

Concentre-se em tratar as áreas das articulações e em fazer a energia fluir pelas partes afetadas.

1 Se possível, envolva a articulação com as mãos. Se não, posicione as mãos nos lados da área.

Tratamentos complementares

- DIETA Evite produtos lácteos, que depositam cálcio, e gorduras animais.
- EXERCÍCIO Exercícios suaves de alongamento realizados diariamente ajudarão a prevenir a rigidez.
- MEDITAÇÃO Medite sobre o modo de livrar-se de ideias rígidas e concentre-se no conceito de seguir com o fluxo.

2 Aplique a Posição 15 para estimular o fluxo da energia nas pernas.

Queimaduras e escaldaduras, cortes e esfoladuras

Queimaduras e escaldaduras

A diferença entre queimaduras e escaldaduras é que as queimaduras são causadas por formas de calor seco, como fogo, eletricidade, sol forte ou substâncias químicas, ao passo que as escaldaduras são causadas por calor úmido proveniente de líquidos ferventes e vapor. Os efeitos de ambas sobre a pele e os tecidos moles são os mesmos, como também o tratamento. Com queimaduras leves, a lesão se limita à camada externa da pele e os sintomas incluem vermelhidão, dor, calor e às vezes formação de bolhas. Queimaduras leves raramente são muito perigosas, a menos que cubram uma região extensa do corpo. Com queimaduras mais graves, a lesão atinge camadas mais profundas da pele e produz bolhas. As queimaduras mais graves afetam o tecido mole e o sistema nervoso e podem dificultar o tratamento.

Um tratamento imediato para uma queimadura é molhar a área com água fria por 10 a 15 minutos e em seguida cobri-la levemente com um pano limpo ou bandagem. Não coloque mais nada sobre o local da queimadura ou da escaldadura, especialmente nada de manteiga ou gordura. Além disso, se o material grudar na queimadura, não tente retirá-lo você mesmo. Em seguida, procure tratamento médico.

Cortes e esfoladuras

A maioria dos cortes e esfoladuras é superficial e só afeta os vasos capilares da pele, fazendo com que uma pequena quantidade de sangue se forme nos tecidos adjacentes ou saia do ferimento. Se o corte é superficial, o sangue logo coagula e o tratamento é simples. Na esfoladura, a camada superficial da pele é raspada, deixando exposta a camada seguinte.

Na esfoladura, a perda de sangue é menor, mas – como ela em geral é causada pelo atrito da pele com pedregulho ou outra superfície áspera – talvez seja necessário retirar partículas estranhas da área durante o processo de limpeza. Antes é preciso limpar os cortes, e em seguida aplica-se pressão na área para estancar o sangue. Se o corte é feito numa das mãos, segurá-la para cima ajuda o sangue a afastar-se da área. Tanto cortes como esfoladuras talvez precisem de um pequeno curativo para manter a área limpa, mas a exposição ao ar ajuda a sarar.

Cortes mais profundos ou com dilaceração (isto é, com rasgos e fendas, como os causados por vidro) necessitam de atenção médica, pois provavelmente precisarão de pontos. Se a ferida for profunda, com um corpo estranho nela, é melhor não tentar removê-lo você mesmo.

Tratamentos complementares

- FLORAIS DE BACH O Rescue Remedy deve ser dado oralmente para aliviar o stress e o choque. Em geral, 4 gotas na água são suficientes; ele pode também ser usado para limpar a ferida.

- FITOTERAPIA Gel de aloe vera pode ser aplicado em queimaduras leves ou do sol em que a pele fica incólume. A pomada de calêndula ajuda a sarar.

- SUPLEMENTOS Óleo de vitamina E também pode ser aplicado em queimaduras leves depois de limpar a área, pois ele previne a formação de cicatrizes.

Tratamento de Reiki

É importante não colocar as mãos sobre a ferida, mas mantê-las acima dela. No caso de uma queimadura bem leve, o Reiki pode ser suficiente, combinado com os passos dos primeiros socorros (p. 308). Com uma queimadura um pouco mais profunda, você deve consultar um médico o mais rápido possível, mas pode aplicar Reiki enquanto espera. Você pode também aplicar o tratamento para choque (p. 310) imediatamente após o acidente, se a pessoa parece precisar dele. O Reiki pode ajudar a estancar o sangue mais rapidamente.

1 Limpe as feridas antes de tratá-las. Para queimaduras, cortes menores e esfoladuras, trate posicionando as mãos acima da área afetada.

Eczema

Eczema é uma forma de dermatite que em geral se manifesta na infância ou em pessoas mais idosas. Em crianças, ela normalmente tem relação com causas hereditárias e uma predisposição para alergias. Por exemplo, crianças com eczema muitas vezes têm também asma ou febre do feno.

Os sintomas do eczema variam em gravidade de acordo com o indivíduo, mas caracterizam-se por manchas ou feridas inflamadas, pruriginosas e escamosas na pele. Nos casos mais graves, muitas vezes a pele racha e sangra devido à coceira. O eczema é normalmente tratado com pomadas anestésicas e corticosteroides; estes últimos, porém, não devem ser usados durante muito tempo, pois afinam a pele, embora em alguns casos sejam os únicos a oferecer alívio. As pessoas com eczema devem evitar produtos para a pele e para o banho muito perfumados; além disso, roupas de lã e de tecidos sintéticos exacerbam a doença.

Emocionalmente, o eczema pode indicar que estamos sendo afetados por alguma coisa de que precisamos desesperadamente nos libertar, como um padrão de pensamento, para ser substituída por algo novo que nos deixe mais à vontade.

Tratamentos complementares

- BANHOS DE AVEIA Banhar-se em água enriquecida com farinha de aveia acondicionada em saquinhos de musselina é muito benéfico para tratar o eczema e outros episódios de pele seca. Existem também produtos para pele e banho que contêm aveia e aliviam os sintomas.

- FITOTERAPIA Tanto os fitoterapeutas chineses quanto os ocidentais recorrem a inúmeras plantas para desintoxicar o sistema e fortalecer o fígado e os rins. Consulte um profissional da área para obter o produto mais adequado para você.

Tratamento de Reiki

Depois de efetuar os passos 1 e 2, trate as partes do corpo afetadas pelo eczema. Não coloque as mãos diretamente sobre a erupção, mas mantenha-as alguns centímetros acima.

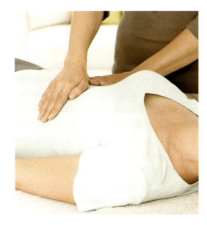

1 Trate o fígado com a Posição 6.

2 Intensifique o tratamento do fígado com a Posição 7.

3 Trate as glândulas adrenais e os rins com a Posição 14.

Acne

A acne é uma infecção das glândulas sebáceas da pele, responsáveis pela produção do sebo, ou óleo, que impede a dessecação da pele.

Muito provavelmente, a causa da acne é uma produção hormonal excessiva associada à alimentação. Os principais responsáveis são os alimentos que deixam o sangue muito ácido. Entre eles podemos citar produtos lácteos, açúcar e alimentos ricos em gordura, que são tipicamente os principais componentes dos alimentos preferidos pelos adolescentes.

Os anos da adolescência constituem um período de turbulência emocional e de luta pela independência, por isso não surpreende que a acne se manifeste como reflexo desse esforço para sermos nós mesmos. Como em outros distúrbios que envolvem raiva reprimida, o fígado é o alvo do tratamento de Reiki para a acne.

Tratamentos complementares

- EXERCÍCIO Será benéfico todo exercício que reduza o stress, como natação ou dança. Yoga e Chi Kung também ajudam, pois aquietam a mente e ajudam a melhorar a autoimagem.

Tratamento de Reiki

Tratamos a acne trabalhando primeiro na cabeça e em seguida no fígado.

1 Para sintonizar-se com o fluxo de energia do receptor, aplique a Posição 1a (p. 221).

2 Movimente as mãos para a Posição 1b (p. 221), cuidando para aplicá-la com leveza.

3 Passe para a Posição 2a ou 2b (p. 222).

4 Continue com a Posição 3a (p. 223). Se necessário, peça ao receptor que solte a cabeça.

5 Desloque as mãos para a Posição 3b (p. 224).

6 Mantenha as mãos na Posição 3c (p. 224), sustentando totalmente o peso da cabeça.

7 Se for iniciado no Segundo Grau, desenhe os Símbolos 1 e 2, como na Posição 4a (p. 225).

8 Aplique a Posição 4b (p. 226).

9 Com a Posição 4c (p. 226), retire as mãos suavemente da cabeça do receptor.

10 Trate a garganta com a Posição 5a (p. 227).

11 Afaste as mãos em arco, aplicando a Posição 5b (p. 227).

12 Assuma as Posições 6 e 7 alternativas (p. 229).

13 Passe para a Posição 8 (p. 230). Lembre-se da posição alternativa para homens.

Picadas de insetos

Ao nos dar uma picada, o inseto fura a pele para chupar o sangue. O corpo reage produzindo uma reação alérgica no local afetado. Em geral, essa reação só deixa a área um pouco vermelha e inchada, mas algumas pessoas podem ter reações mais fortes, dependendo do tipo da picada. Quando uma reação é mais exacerbada, a pessoa pode precisar de anti-histaminas; se não, será suficiente limpar o local e passar uma pomada própria para picadas de insetos. Picadas de mosquitos em países tropicais podem transmitir a malária, que requer atendimento médico, mas em regiões não tropicais elas só produzem coceira e são mais incômodas do que perigosas.

Embora picadas de insetos não constituam doença, caso elas o perturbarem muito ou caso você sinta muita coceira, é possível que reflitam uma emoção oculta de irritação ou de frustração da qual você está inconsciente.

Irritações da pele provocadas por urtiga e picadas de abelhas ou vespas podem ser tratadas do mesmo modo que as picadas de insetos, pois também produzem reações alérgicas. Essas reações indicam que o sistema imunológico pode receber um estímulo. O tratamento de Reiki tem o objetivo de proteger o sistema imunológico e também de fortalecer o fígado e os rins para ajudar o corpo a liberar toxinas, o que provoca coceira.

Para um número reduzido de pessoas, as picadas podem causar choque anafilático. Esse choque é uma alergia extremamente grave, com consequências fatais, caso não seja tratada imediatamente com uma injeção de anti-histamina. Tratamentos regulares de Reiki aplicados a uma pessoa com essa alergia extrema ajudarão a fortalecê-la e podem reduzir os sintomas, mas mesmo assim é importante lembrá-la de sempre levar consigo sua dose de anti-histamina.

Tratamentos complementares

- AROMATERAPIA Óleo da árvore do chá passado sobre a picada alivia a ardência.

- FLORAIS DE BACH Rescue Remedy é eficaz se aplicado imediatamente após a picada ou a mordida. É possível encontrá-lo também como pomada a ser aplicada à pele. Impatiens também ajuda a liberar sentimentos de irritação.

Tratamento de Reiki

Os alvos deste tratamento são o fígado e os rins, para acelerar a eliminação de toxinas, e o timo, para fortalecer o sistema imunológico.

1 Primeiro trate a região do fígado para liberar toxinas. Aplique a Posição 6 (p. 228).

2 Passe para a Posição 7 (p. 229), tratando o lado direito do corpo do receptor.

3 Trate os rins e as adrenais com a Posição 14 (p. 236).

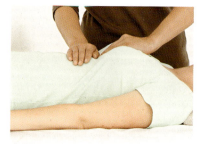

4 Trate o timo, logo acima do coração, para estimular o sistema imunológico.

Caspa

A caspa é definida como a descamação da pele, principalmente no couro cabeludo, e é uma forma de dermatite. Pessoas com outras doenças, como eczema e psoríase, e as que têm pele seca em geral, estão mais propensas a ter caspa. Ela também pode ser causada pelo stress e por uma reação alérgica a certos xampus. O tratamento convencional baseia-se em xampus anticaspa, embora casos severos também possam necessitar do uso de corticosteroides e tratamentos contra fungos.

A caspa pode também ser um modo encontrado pelo corpo para eliminar quantidades excessivas de proteínas e gorduras presentes na alimentação que ele não consegue digerir. Outras sugestões são que ela poderia ser causada por alimentos excessivamente ácidos e por desequilíbrios no fígado e nos rins. Emocionalmente, a caspa pode indicar uma quantidade excessiva de energia mental e o desejo de livrar-se de velhas ideias.

Tratamentos complementares

- AROMATERAPIA Óleo de alecrim é ótimo para remover escamações do couro cabeludo. Massageie o couro cabeludo com um óleo básico acrescido de algumas gotas do óleo essencial. Se optar por não fazer o óleo, você encontra óleos prontos em lojas de produtos aromaterápicos ou para a saúde em geral.

- DIETA Siga uma dieta com produtos animais com baixo teor de gordura, como peixe de água doce, vegetais crus, que você pode ingerir como sucos, e grãos integrais.

Tratamento de Reiki

A atenção aqui volta-se para o sistema de eliminação do corpo: o fígado e os rins. As adrenais também são tratadas para ajudar a reduzir o stress.

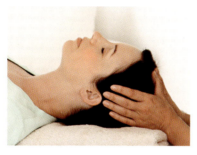

1 Posicione a base das palmas no topo da cabeça, dedos apontando para baixo nas laterais.

2 Trate as adrenais e os rins com a Posição 14 (p. 236).

3 Coloque as mãos sobre a área do fígado para fortalecer este órgão, como na Posição 6 (p. 228) ou nas Posições 6 e 7 alternativas (p. 229).

4 Continue tratando o fígado passando para a Posição 7 ou para as Posições 6 e 7 alternativas (p. 229).

Alergias

Uma reação alérgica ocorre quando o sistema imunológico responde de modo inadequado a uma substância de outro modo inofensiva, como a grama. Essa reação pode ser desencadeada pelo contato da pele com uma substância química ou com a pele de um animal, pela inalação (como acontece com o pólen) ou pela ingestão (como em alergias a alimentos que variam desde ovos e nozes até morangos). As causas da doença podem ser em parte hereditárias e talvez relacionadas a outras enfermidades, como asma, ou ela pode ser consequência de uma debilidade do fígado ou do sistema imunológico, o qual não consegue combater o acúmulo de antígenos (substâncias estranhas) no corpo.

Anti-histamínicas são usadas para tratar algumas formas de alergia, como a febre do feno. Em casos graves, a pessoa precisa de exames para descobrir as substâncias que lhe causam alergia e para receber tratamentos de dessensibilização. Com alergias ao alimento, o procedimento habitual é eliminar vários produtos da dieta sistematicamente e observar os resultados, sob orientação e acompanhamento de um nutricionista.

Emocionalmente, qualquer forma de stress pode agravar as alergias. Além disso, elas podem ser consideradas como uma recusa a aceitar o poder pessoal.

Tratamento de Reiki

Este tratamento fortalece o sistema imunológico e o fígado.

1 Coloque as mãos sobre o rosto ou a 3 a 4 cm de distância dele, como na Posição 1 (p. 221).

Tratamentos complementares

- DIETA No caso de uma alergia alimentar, consulte um nutricionista para identificá-la e controlá-la com uma alimentação específica apropriada.

- EXERCÍCIO Algumas condições da pele podem ser melhoradas com a prática regular de yoga.

2 Desça as mãos para tratar a garganta com a Posição 5 (p. 227).

3 Coloque as mãos na horizontal abaixo do esterno, aplicando a Posição 6 (p. 228).

4 Aplique uma ou outra forma da Posição 7 (p. 229) e trabalhe a frente do corpo para tratar os pulmões, o fígado e o estômago.

5 Coloque uma das mãos sobre o timo e a outra sobre o baço, a região no lado esquerdo inferior da caixa torácica.

Doenças autoimunes

A imunodeficiência ou as doenças autoimunes constituem um grupo de enfermidades caracterizadas pelo funcionamento irregular do sistema imunológico, o que deixa a pessoa suscetível a infecções que um sistema imunológico normal combateria facilmente. As doenças podem ser congênitas ou adquiridas. Por exemplo, uma pessoa com imunodeficiência congênita pode descobrir que contrai infecções fungais recorrentes. O HIV é um exemplo de imunodeficiência adquirida através de uma infecção viral; ou o sistema imunológico pode ser restringido devido ao uso de certos medicamentos. Muitas outras doenças, como lúpus, artrite reumatoide, esclerose múltipla e diabetes, também são desordens autoimunes. Não existem respostas médicas definitivas para a causa da imunodeficiência.

Emocionalmente, a doença pode ser causada por trauma, stress e tristeza, condições já conhecidas por deixarem mesmo um sistema imunológico saudável bastante debilitado. Como o timo está muito próximo do coração, a energia do coração está estreitamente associada à doença e pode indicar que a pessoa não recebe amor de si mesma nem dos outros.

Tratamentos complementares

- EXERCÍCIO Pratique yoga, faça exercícios aeróbicos leves, como caminhar, e procure algum equilíbrio na vida reservando tempo para atividades recreativas.

- FITOTERAPIA Consulte um fitoterapeuta sobre ervas que podem fortalecer o sistema e tratar doenças específicas a ele relacionadas.

- SUPLEMENTOS Vitaminas B, C e E, além de magnésio, selênio e zinco, fortalecem o sistema imunológico.

Tratamento de Reiki

A estimulação do sistema imunológico é prioridade num tratamento, seguida pela atenção voltada às áreas responsáveis pela remoção da infecção do corpo.

1 Coloque as mãos sobre o timo e o coração para estimular o sistema imunológico.

2 Trate o fígado, o baço e o pâncreas na frente do corpo. Comece com a Posição 6 (p. 228).

3 Passe para a Posição 7 (p. 229), trabalhe a parte inferior do corpo.

4 Trate as adrenais e os rins com a Posição 14 (p. 236).

DOENÇAS AUTOIMUNES

Dor nas costas

A dor nas costas manifesta-se de diversas formas e quase todos a padecem em algum momento da vida. Felizmente, a maioria dos episódios pode ser resolvida com tratamento mínimo; dores nas costas crônicas, porém, precisam de tratamentos prolongados ou tratamento intensivo para crises intermitentes.

A dor crônica nas costas tem inúmeras causas: lesão do cóccix, pressão sobre o nervo ciático, infecção renal, degeneração das vértebras e discos, e dores musculares. O tratamento convencional normalmente inclui analgésicos e anti-inflamatórios, relaxantes musculares e fisioterapia.

As causas emocionais variam de acordo com a região das costas afetada. Por exemplo, a dor lombar é associada à falta de suporte material e a preocupações financeiras. O meio das costas é associado a sentimentos de culpa e à incapacidade de receber ajuda de outras pessoas, e a parte superior das costas e o pescoço têm relação com sentimentos de sobrecarga de responsabilidade por outros e com a carência de apoio emocional.

Tratamentos complementares

- AROMATERAPIA Óleos, como de camomila e de eucalipto, embebidos em compressas quentes, seguidas de compressas frias, mantidas sobre a região inflamada reduzem a dor e o inchaço.

- MASSAGEM E HIDROTERAPIA Estas técnicas são excelentes para reduzir a inflamação.

- PILATES Consulte um instrutor de Pilates habilitado a respeito de exercícios específicos para a sua situação. O Pilates tem obtido excelentes resultados para muitas pessoas com dores crônicas nas costas.

Tratamento de Reiki

Trate toda a extensão das costas, concentrando-se na região mais dolorida. Esse procedimento talvez implique acrescentar algumas posições para abranger o cóccix, na base da coluna, e também o nervo ciático.

1 Para tratar o cóccix, posicione as mãos sobre a região da base da coluna. Você pode colocá-las uma sobre a outra ou uma ao lado da outra.

2 Para tratar o nervo ciático, coloque as mãos na face externa da nádega direita. Repita a posição no lado esquerdo.

3 Aplique a Posição 15 (p. 237) nas pernas para estimular o fluxo energético da sola dos pés para a coluna e da coluna para os pés.

Sinusite

Os seios da face são bolsas de ar em torno da cavidade nasal. A sinusite é uma doença bastante comum, normalmente aguda, mas em algumas pessoas torna-se crônica. Os métodos convencionais para tratá-la recorrem a descongestionantes nasais, antibióticos e ocasionalmente, em casos graves, à drenagem cirúrgica dos seios. Os sintomas da sinusite são dor em torno da região nasal e no meio da testa, acompanhada da sensação de dificuldade de respirar adequadamente.

Emocionalmente, podemos estar fixados num conflito mental profundo que não conseguimos comunicar a ninguém, o que nos leva a bloqueá-lo e somente liberá-lo às gotas.

Tratamento de Reiki

Concentre-se nos seios da face para aliviar a congestão e no fígado para eliminar toxinas.

1 Coloque as mãos sobre a face, aplicando a Posição 1b (p. 221).

Tratamentos complementares

- ACUPRESSURA E ACUPUNTURA Podem ajudar a afrouxar bloqueios no sistema linfático.

- DIETA Retire todos os produtos lácteos da sua alimentação por uma semana. Isso ajudará a eliminar o muco do sistema.

- AROMATERAPIA A inalação de óleos, como de eucalipto, em água quente ajuda a limpar as passagens nasais. Pense na possibilidade de receber massagem aromaterápica para tratar as causas emocionais.

2 Se tiver o Segundo Grau de Reiki, desenhe os Símbolos 1 e 2 sobre a testa, conforme Posição 4a (p. 225).

3 Coloque a mão usada para desenhar os símbolos horizontalmente na testa, conforme Posição 4b (p. 226).

4 Trate o fígado e o baço na frente do corpo para ajudar a liberar depósitos tóxicos. Primeiro aplique a Posição 6 (p. 228).

5 Passe para a Posição 7 ou sua alternativa (p. 229), trabalhe a parte inferior do corpo.

Problemas menstruais

A menstruação depende do desenvolvimento do invólucro do útero e da normalidade da produção de hormônios. As coisas se complicam quando esse delicado mecanismo não está em equilíbrio. Os problemas se manifestam de várias formas, sendo a mais comum a dismenorreia, em geral chamada de 'períodos dolorosos'. A ausência de menstruação, embora normal durante a gravidez, em outras circunstâncias é causada por anorexia e stress. O terceiro tipo, a menorragia, caracterizada por um fluxo menstrual excessivo, em geral é causada pelo desequilíbrio hormonal, por dispositivos intrauterinos e pela presença de fibroides ou pólipos no útero.

Emocionalmente, problemas menstruais remetem a conflitos com a natureza feminina da mulher. Os sintomas tendem a desaparecer quando a mulher se sente mais confortável consigo mesma e com o seu corpo.

Tratamentos complementares

- AROMATERAPIA Acrescente ao banho algumas gotas de esclareia. Entretanto, é mais recomendável consultar um aromaterapeuta, pois alguns óleos produzem efeitos exacerbados.

Tratamento de Reiki

Os tratamentos são aplicados na região pélvica e nos chakras inferiores.

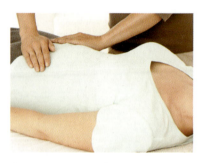

1 Trate a região pélvica com a Posição 8 (p. 230). Em caso de autotratamento, você pode tratar a área pubiana.

2 Trate a região lombar posicionando as mãos sobre a área do cóccix.

Problemas de próstata

A glândula próstata localiza-se na porção inicial da uretra nos homens e é responsável pela secreção do fluido que transporta o sêmen para o ponto de ejaculação. A próstata pode ficar inflamada por infecção bacteriana, em geral uma infecção sexualmente transmissível. O tratamento é feito com antibióticos. Em homens mais velhos, a próstata tende a aumentar de volume, provocando bloqueios na uretra e dificuldades de micção. Às vezes é necessária uma cirurgia para resolver o problema.

O stress é uma das causas dos problemas de próstata, além de uma alimentação com altas doses de proteína animal e gorduras saturadas. Emocionalmente, problemas de próstata podem indicar sentimentos de impotência e frustração com o desempenho sexual.

Tratamentos complementares

- MEDITAÇÃO Ajuda a amenizar o stress e a aceitar o processo de envelhecimento.

- YOGA Uma rotina regular promoverá o relaxamento da mente; algumas posturas fortalecem a área pélvica.

Tratamento de Reiki

O tratamento deve ser sistemático para prevenir a doença.

1 Com o receptor deitado de bruços, posicione uma das mãos na horizontal sobre o cóccix, e a outra formando ângulo reto com ela, os dedos apontando para o centro das nádegas. Como alternativa, você pode colocar uma das mãos sobre a outra para cobrir a região.

Infertilidade

A infertilidade é a incapacidade de conceber um filho e pode ser consequência de problemas nos sistemas de reprodução masculino ou feminino. A infertilidade masculina pode ser causada por problemas no sistema reprodutor, doenças sexualmente transmissíveis, desordens genéticas ou baixa contagem de esperma causada por stress, fumo e alguns remédios. A infertilidade feminina é tipicamente causada por tubas uterinas bloqueadas, ovários que retêm o óvulo, problemas com o útero que impedem implantação e muco cervical que destrói o esperma.

Emocionalmente, casais com problemas de infertilidade podem ter dificuldade de estar no momento presente, permanecendo muito tempo no passado ou no futuro.

Tratamentos complementares

- DIETA É melhor consultar um nutricionista para adotar uma dieta que equilibre o corpo de energia.

- EXERCÍCIO Qualquer exercício que reduza o stress e promova o equilíbrio mental e físico é benéfico. Nadar, caminhar, yoga e Chi Kung são ideais.

Tratamento de Reiki

O tratamento concentra-se nos órgãos da reprodução e nas áreas relacionadas com o stress.

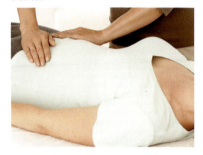

1 Para tratar os órgãos da reprodução, aplique a Posição 8 para mulheres (p. 230). Para homens, trate a área da virilha.

2 Trate as glândulas adrenais e os rins com a Posição 14 (p. 236).

Infecções de ouvidos

Infecções de ouvidos tendem a ser mais comuns em crianças, mas adultos também podem ser afetados. A otite média, infecção na orelha média, é muito comum e dolorida em crianças. Outras infecções são: otite externa, que ocorre no canal auditivo; mastoidite, em que a dor é sentida no osso atrás da orelha; e labirintite, infecção da orelha interna. Dores de ouvido podem também ser dores reflexas dos dentes e da mandíbula.

Emocionalmente, uma infecção de ouvido pode indicar que não gostamos do que ouvimos e resolvemos bloqueá-lo.

Tratamento de Reiki

O tratamento é voltado às orelhas e à junção com a garganta.

1 Coloque as mãos sobre as orelhas, cobrindo-as inteiramente, como na Posição 2a (p. 222).

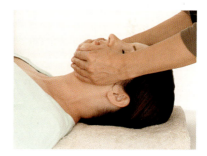

2 Em seguida, coloque as mãos embaixo da mandíbula para tratar a junção entre as orelhas e a garganta.

Tratamentos complementares

- DIETA Retire da dieta derivados do leite e do trigo, carne e açúcar, e todos os alimentos que formam muco. Substitua esses alimentos por sucos de frutas e de vegetais, e por alimentos simples, como arroz a vapor.

Asma

O número de pessoas que sofrem desta doença, potencialmente fatal, continua aumentando em muitos países. Ela é causada por uma inflamação dos brônquios e dos bronquíolos, resultando em constrição dos pulmões e aumento da produção de muco, que estreita as vias aéreas. Seus sintomas são falta de ar, respiração ofegante e tosse.

Um acesso pode ser desencadeado por alérgenos como poeira e pólen, por exercícios e mesmo por ventos fortes. O stress é outro fator, e as adolescentes e mulheres podem perceber que a asma se agrava durante alguns dias antes da menstruação, indicando um elo hormonal. Em geral, a asma se desenvolve na infância e frequentemente é hereditária, mas muitas vezes desaparece ou pelo menos abranda sua severidade com o início da idade adulta. Entretanto, ela pode ocorrer repentinamente em adultos que não a desenvolveram anteriormente.

Em termos nutricionais, acredita-se que a asma esteja associada a um excesso de derivados do leite e do trigo na alimentação. Há também sugestões de que seja predominante em crianças não amamentadas ou desmamadas prematuramente. Em termos emocionais, ela tem relação com a superproteção materna que faz com que a criança se sinta sufocada e incapaz de encontrar espaço para ser ela mesma.

Observe que o passo 3 desta sequência é fácil para os homens, mas no caso de mulheres você precisará perguntar se elas se sentem confortáveis tendo os seios tocados ou se preferem que você mantenha as mãos um pouco afastadas. As mulheres podem autotratar-se facilmente com esta posição.

Tratamentos complementares

- DIETA Exclua todos os derivados de leite e de trigo da sua dieta e limite a quantidade de bebidas gaseificadas das crianças, pois estas produzem muco. Alguns corantes alimentares também podem exacerbar a asma.

- EXERCÍCIO Aprender técnicas de respiração do Chi Kung ou do yoga podem ajudar muito a aliviar um acesso ou prevenir sua manifestação.

Tratamento de Reiki

Ao tratar uma pessoa durante um ataque, é recomendável apoiá-la em travesseiros num sofá ou sentá-la numa cadeira com espaldar reto.

1 Sentando-se atrás da pessoa, posicione as mãos abaixo da garganta, formando um V sobre a clavícula.

2 Coloque uma das mãos sobre o timo e a outra sobre o baço, no lado esquerdo do corpo.

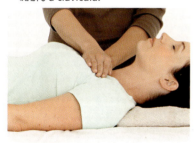

3 Coloque as mãos na horizontal na porção superior do peito. Mantendo a mesma disposição das mãos, trabalhe sobre toda a região da caixa torácica.

4 Aplique a Posição 14 (p. 236). Para a medicina chinesa, a causa da asma é uma função renal deficiente.

Resfriados comuns

São muito poucas as pessoas que não tiveram um resfriado em algum momento da vida. Algumas são especialmente suscetíveis a resfriados e ficam infectadas várias vezes por ano. Um resfriado é basicamente uma infecção dos revestimentos do nariz e da garganta. Seus sintomas são congestão nasal, dor de cabeça, inflamação da garganta, coriza e tosse. Os resfriados são causados por vírus e o tratamento é feito de acordo com os sintomas, motivo pelo qual muitas residências guardam em seus armários um verdadeiro arsenal de analgésicos, descongestionantes nasais, remédios para a tosse e drogas expectorantes. Essas substâncias, aliadas ao repouso e a fluidos para expelir a infecção, em geral são tratamento suficiente. Emocionalmente, um resfriado pode indicar que a pessoa precisa desacelerar e descansar um pouco.

Tratamento de Reiki

O tratamento tem como foco o sistema imunológico, as áreas de infecção e a eliminação de toxinas.

1 Coloque as mãos sobre o rosto, como na Posição 1 (p. 221).

2 Coloque as mãos sobre a garganta ou em torno dela, como na Posição 5 (p. 227).

Tratamentos complementares

- SUPLEMENTOS Aumente a ingestão de Vitamina C e zinco enquanto estiver resfriado e introduza essas substâncias em sua dieta regular para prevenir resfriados. A equinácea também é benéfica tanto para tratamento como para prevenção.

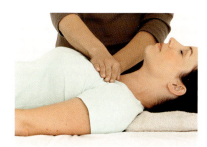

3 Coloque as mãos horizontalmente sobre a porção superior do peito. Em autotratamentos as mãos podem ser postas sobre os seios.

4 Trate o fígado e o baço. Comece com a Posição 6 (p. 228).

5 Passe para a Posição 7 (p. 229) e daí continue descendo.

6 Coloque as mãos sobre o timo para fortalecer o sistema imunológico.

Problemas de visão

Os problemas relacionados com os olhos assumem muitas formas, estendendo-se desde a cegueira num dos extremos até a fadiga ocular no outro. No meio estão o astigmatismo, o estrabismo (vesguice), a miopia e a hipermetropia. Todas essas doenças estão relacionadas com a refração da luz ao passar pelas lentes do olho. Por exemplo, uma pessoa míope pode ver objetos próximos muito claramente, ao passo que qualquer coisa distante aparece embaçada. Numa pessoa com hipermetropia, acontece o contrário. O astigmatismo, consequência de uma córnea malformada, produz imagens borradas. O estrabismo é causado pelo desenvolvimento deficiente ou excessivo dos músculos oculares que alteram a visão normal. A fadiga ocular é em geral sentida por quem passa muitas horas na frente do computador sem descansar e pelos que exercem profissões que exigem muita leitura de textos e de números.

O tratamento habitual para problemas dos olhos é o uso de óculos ou de lentes de contato para corrigir a visão. Tratamentos a laser também são possíveis em caso de doenças mais graves. A medicina convencional só aceita como problemas de visão comuns aqueles que, não tendo relação com outras doenças, só têm como causa a deterioração natural devida ao processo de envelhecimento ou o uso excessivo dos olhos devido ao trabalho. A medicina chinesa, por outro lado, admite que uma função hepática debilitada é responsável pela degeneração da visão.

Emocionalmente, cada modalidade de problema de visão tem uma causa diferente, mas em geral é a recusa a ver alguma coisa. Por exemplo, uma pessoa míope talvez só queira ver o que está na sua frente, enquanto uma pessoa com hipermetropia prefere não ver o que é pessoal ou está próximo dela e passa o tempo olhando para o futuro.

Tratamentos complementares

- ACUPUNTURA Este tratamento estimula o fígado.

- EXERCÍCIO Há vários exercícios de Chi Kung cujo objetivo específico é fortalecer os olhos, além de exercícios para o fígado.

Tratamento de Reiki

Concentre o tratamento nos olhos, na cabeça e também no fígado para eliminar toxinas.

1 Coloque as mãos sobre os olhos, aplicando a Posição 1b (p. 221).

2 Passe para a Posição 3c (p. 224).

3 Trate o fígado com a Posição 6 (p. 228).

4 Com a Posição 7 (p. 229), termine o tratamento do fígado.

Ansiedade

Praticamente todas as pessoas sentem alguma ansiedade, mas quando se torna uma resposta dominante à vida, ela é nociva. Ansiedade é um termo amplo para um conjunto de emoções, desde uma inquietação branda até um medo intenso. Suas causas variam desde reações aprendidas até situações específicas e conflitos internos inconscientes, ou uma reação fisiológica a acontecimentos em consequência da superexcitação do sistema nervoso central.

Esse estado emocional produz um largo espectro de sintomas que se estende dos mais brandos aos mais severos. Muitas pessoas com um ataque de ansiedade podem sentir palpitações, dor no peito e respiração sufocada, como se estivessem tendo um ataque cardíaco. Outros sintomas gerais são náusea, insônia, diarreia e perda do apetite, combinados com irritabilidade, medos irracionais e pessimismo extremo. Os métodos convencionais para tratar a doença são psicoterapia ou aconselhamento e, para alguns sintomas, medicação.

Emocionalmente, a ansiedade remete à sensação de estar sozinho no mundo. Uma pessoa com ansiedade não confia no processo da vida e perdeu a fé no princípio de que o Universo sempre oferece soluções para todas as situações.

Tratamentos complementares

- FLORAIS DE BACH Use o Rescue Remedy ao sentir a ansiedade instalando-se ou ao sofrer um ataque de pânico.

- EXERCÍCIO Pratique yoga ou Chi Kung regularmente para reduzir o stress.

- MEDITAÇÃO Meditar regularmente sobre o vínculo com o Universo, com Deus ou com o que você acredita ser a energia criadora do Universo aliviará toda sensação de separação.

Tratamento de Reiki

Esta sequência equilibra as adrenais, as quais aumentam a produção de adrenalina quando estamos ansiosos e nos cansamos rapidamente.

1 Posicione a base das palmas no topo da cabeça, dedos apontando para baixo na frente das orelhas.

2 Trate a frente do corpo, começando com a Posição 6 (p. 228), no plexo solar.

3 Desça um pouco para cobrir o fígado, o baço, o pâncreas e o estômago com a Posição 7 (p. 229).

4 Nas costas, trate as adrenais e os rins com a Posição 14 (p. 236).

Fadiga

A fadiga é uma condição comum no mundo moderno que se caracteriza por algo mais do que simplesmente sentir-se cansado. Ela consiste num conjunto de sintomas que inclui cansaço acompanhado de letargia e falta de motivação. A fadiga é causada pela falta de sono, e por isso pode acompanhar a insônia, mas também pode ter como causa uma alimentação deficiente. Outros distúrbios disfarçados que podem provocá-la são anemia, depressão, ansiedade e câncer, de modo que um estado de fadiga persistente deve ser investigado por um médico.

A fadiga pode ser tratada por uma mudança na dieta, acrescentando mais alimentos ricos em ferro, ácido fólico e Vitamina B12, os quais também podem ser ingeridos como suplementos. O repouso também é importante. A fadiga é sinal de que fizemos coisas em excesso e por isso estamos desequilibrados. Provavelmente dedicamos tempo demasiado a atividades que exigem o emprego de muita energia, como o trabalho, e não reservamos tempo para nos recuperar com atividades que dão sustentação ao corpo, à mente e ao espírito, como meditação, pintura, leitura e atenção amorosa ao corpo. Como consequência, a mente e o corpo nunca conseguem relaxar totalmente e a nossa energia fica exaurida. A fadiga é uma mensagem da mente, do corpo e do espírito para mudar o nosso estilo de vida e encontrar o equilíbrio.

Tratamentos complementares

- AROMATERAPIA Procure receber massagens aromaterápicas para estimular e relaxar o corpo.

- EXERCÍCIO Exercícios leves, como caminhadas, yoga e Chi Kung, ajudam a liberar o stress mental e físico.

- MEDITAÇÃO Faça meditação para aliviar o stress mental.

Tratamento de Reiki

Como acontece com todas as doenças, é recomendável dar um tratamento completo, se possível, mas você pode dedicar-se mais a áreas particularmente afetadas pelo stress para abrandar a fadiga.

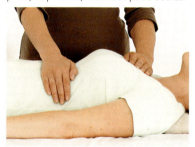

1 Coloque uma das mãos sobre o timo e a outra sobre o baço, no lado esquerdo do corpo.

2 Coloque as mãos na horizontal sobre o plexo solar, aplicando a Posição 6 (p. 228).

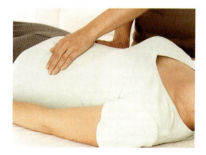

3 Adotando como critério de medida a largura da mão, passe para a Posição 7 (p. 229).

4 Trate as adrenais e os rins com a Posição 14 (p. 236).

Dores de cabeça

As dores de cabeça são causadas por constrição dos vasos sanguíneos no revestimento do cérebro e por tensão no couro cabeludo. As pessoas podem sentir diferentes tipos de dor, variando desde uma sensação vaga ou latejante até uma dor profunda e aguda.

A principal causa das dores de cabeça é em geral o stress ou a tensão causada por fatores emocionais; também podem ser provocadas por fatores ambientais, como iluminação ou dieta deficientes. Elas em geral passam rapidamente, podendo ser tratadas com analgésicos, mas dores de cabeça persistentes podem indicar uma doença oculta e você deve procurar tratamento médico.

Emocionalmente, uma dor de cabeça é sintoma de uma mente sobrecarregada.

Tratamento de Reiki

Trate a cabeça e em seguida as áreas afetadas pelo stress, como o plexo solar.

1 Trate a cabeça, começando com a Posição 1b (p. 221).

Tratamentos complementares

- AROMATERAPIA Passar óleo de lavanda nas têmporas reduz a dor e favorece o relaxamento.

- MASSAGEM Uma massagem indiana da cabeça ou uma massagem em todo o corpo ajudará a tratar as causas da dor de cabeça.

2 Continue tratando a cabeça, passando para a Posição 2a (p. 222).

3 Trate o baço, o fígado e o estômago. Comece com a Posição 6 (p. 228).

4 Continue tratando a área, passando para a Posição 7 (p. 229).

5 Trate as adrenais e os rins com a Posição 14 (p. 236).

Insônia

Quem sofre de insônia tem dificuldade de pegar no sono ou de manter-se dormindo. A maioria das pessoas passa rapidamente pela experiência da insônia em algum momento da vida, em geral como reação a uma situação estressante. Para algumas pessoas, porém, ela se transforma numa doença crônica que pode durar anos. As causas da insônia são frequentemente condições subjacentes, como depressão e ansiedade, e provavelmente a privação, no caso de usuários de drogas. Ela pode ter relação com fatores associados ao estilo de vida, como mudança de emprego, cafeína em excesso e falta de exercícios.

A insônia é em geral tratada com a adoção de um estilo de vida mais controlado, incluindo uma hora regular para ir para a cama, mas a insônia causada por depressão pode ser mais difícil de tratar e exige várias medidas, como medicação e aconselhamento ou psicoterapia.

A medicina chinesa e outros métodos de cura veem a insônia como sinal de fraqueza do fígado e da vesícula biliar, e o tratamento é dirigido para esses órgãos. Emocionalmente, uma pessoa com insônia pode estar se sentindo incapaz de entregar-se ou de ser vulnerável, que é o que somos quando estamos dormindo. Elas também podem ser incapazes de confiar na vida e temem por sua sobrevivência.

Tratamentos complementares

- AROMATERAPIA Além de receber massagens aromaterápicas, você pode recorrer a diversos óleos para usar no banho ou para perfumar o quarto de dormir. Consulte um aromaterapeuta a respeito dos óleos mais eficazes para você. Lavanda é o óleo mais comum para relaxamento; tente também patchuli e benzoim, que também ajudam a 'ficar com os pés no chão'.

- EXERCÍCIO Algumas formas de exercício diário, como caminhadas, ajudam a relaxar.

- FITOTERAPIA Chás de ervas, como camomila e fruto da roseira brava, aquietam e acalmam os nervos.

Tratamento de Reiki

Estas posições são ideais também para autotratamento. Para maior proveito, aplique tratamentos antes de dormir, se possível.

1 Use a Posição 1a (p. 221) para entrar em sintonia com o fluxo de energia do receptor.

2 Passe para a Posição 1b (p. 221), colocando as mãos sobre o rosto do receptor.

3 Aplique a Posição 2a (p. 222).

4 Inicie suavemente a Posição 3a (p. 223), girando a cabeça para a direita.

5 Continue com a Posição 3b (p. 224).

6 Lentamente, traga a cabeça para o centro, aplicando a Posição 3c (p. 224).

7 Se for praticante do Segundo Grau, passe para a Posição 4a (p. 225) e desenhe os símbolos 1 e 2 sobre a testa.

8 Mantendo a mão esquerda na posição, coloque a direita horizontalmente sobre a testa, na Posição 4b (p. 226).

9 Retire suavemente as mãos de debaixo da cabeça, como na Posição 4c (p. 226).

10 Coloque as mãos, uma na sequência da outra, logo abaixo do peito, como na Posição 6 (p. 228).

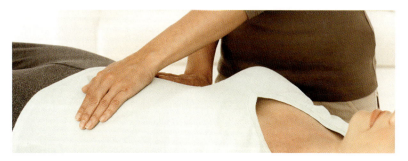

11 Para terminar, desloque as mãos para a Posição 7 (p. 229). É provável que a pessoa já esteja profundamente relaxada, um estado sumamente propício à recuperação.

PARTE 9
Reiki e Outras Terapias

Acupuntura

A acupuntura é um dos métodos de tratamento mais antigos do mundo e um dos componentes mais conhecidos da Medicina Tradicional Chinesa (MTC). Ela age estimulando pontos específicos nos meridianos (pp. 102-05) por meio de agulhas de metal muito finas que perfuram a pele. O procedimento não é tão doloroso quanto parece. As agulhas são manipuladas pelo acupunturista; também é possível fazer passar por elas uma corrente elétrica de baixa intensidade.

O objetivo da acupuntura é levar os elementos Yin e Yang a um estado de equilíbrio. As características do Yin são: frio, energia passiva e aspecto feminino; Yang é quente, tem energia ativa e está associado ao aspecto masculino. Quando Yin e Yang não estão em equilíbrio, formam-se bloqueios no fluxo do *Ki* ao longo dos meridianos, bloqueios estes que se manifestam como doença. A inserção das agulhas remove os bloqueios.

A acupuntura é hoje amplamente praticada por médicos convencionais, por profissionais ligados a práticas complementares e também por muitos fisioterapeutas.

A acupuntura se revelou especialmente eficaz para dores nas costas e para o controle da dor em geral. Às vezes é utilizada para aliviar náuseas após aplicações quimioterápicas, e também vem ajudando algumas pessoas a se livrarem de dependências como do fumo e de drogas.

A acupuntura e o Reiki

A alternância de tratamentos de Reiki com acupuntura não diminui a eficácia de nenhum dos dois. De fato, o Reiki reforça a acupuntura, pois favorece a remoção de bloqueios nos meridianos.

Atenção

É ínfimo o número de depoimentos que atribuem reações adversas à acupuntura; não obstante, algumas orientações básicas devem ser observadas.

Primeiro, certifique-se de que o acupunturista é devidamente qualificado e tem certificados para provar sua formação. Quanto mais provas ele apresentar para comprovar a sua experiência, maior a probabilidade de você receber um bom tratamento. Muitas vezes, uma recomendação pessoal é o melhor modo de encontrar esse profissional; existem também associações profissionais que podem ajudá-lo a encontrar um acupunturista na sua região.

Certifique-se também de que ele utiliza agulhas descartáveis acondicionadas em embalagens lacradas.

DIREITA A acupuntura ajuda a remover bloqueios nos meridianos, liberando o livre fluxo do *Ki*.

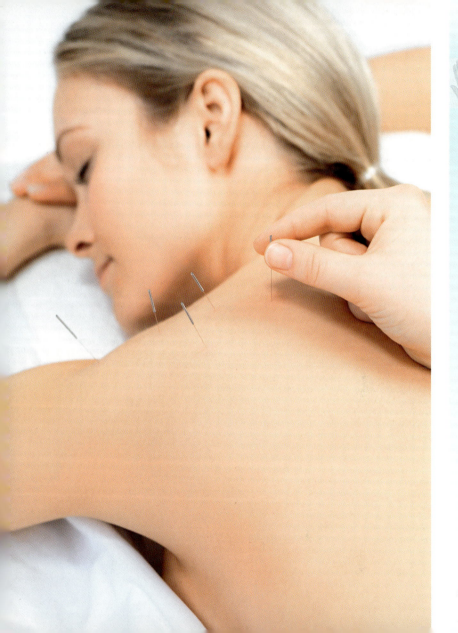

ACUPUNTURA

Aromaterapia

A aromaterapia é uma arte antiga, mas a prática moderna da aplicação de óleos destilados em tratamentos foi desenvolvida na década de 1920 pelo químico francês René-Maurice Gattefossé. Ele possuía um laboratório de perfumes, e certo dia, depois de se queimar, mergulhou o braço num recipiente com líquido frio que lhe estava mais próximo; casualmente, era óleo de lavanda. Ele então observou que a dor diminuiu, que a queimadura sarou mais rapidamente do que de costume e que praticamente não se formaram cicatrizes. O incidente o estimulou a pesquisar as propriedades curativas de óleos de outras plantas e frutas.

A aromaterapia consiste no tratamento ou na prevenção de doenças com óleos essenciais. Esses óleos podem ser usados de muitas maneiras. Você pode acrescentá-los ao seu banho ou a um óleo-base e massagear-se; com esses dois métodos, a pele absorve os óleos. Outro método é o da inalação: pode-se usar um queimador de óleo ou acrescentar a essência à água quente e então inalar o vapor. A absorção dos óleos no banho ou sua inalação são os métodos mais populares do uso doméstico dos óleos. Os aromaterapeutas normalmente os usam também na massagem.

A medicina convencional não dá muito crédito à aromaterapia; apenas aceita que ela favorece o relaxamento. Essa atitude decorre do fato de que é muito difícil realizar estudos sobre ela que convençam a

Óleos úteis para uso doméstico

Ao comprar óleos para usar em casa, cuidado com as marcas baratas; estes não lhe trarão benefícios, só servindo para aromatizar o ambiente. Procure sempre óleos com propriedades terapêuticas. Os óleos variam de preço – os que são feitos de plantas mais comuns, como lavanda ou pinho, têm um preço bem inferior aos que são mais raros, como o óleo de rosa puro.

- **Antibacteriano** – alecrim, árvore do chá
- **Antidepressivo** – lavanda, rosa
- **Antifúngico** – lavanda, junípero
- **Anti-inflamatório** – eucalipto
- **Antiviral** – capim-limão, sândalo, tomilho

ACIMA Óleos essenciais estimulam partes do cérebro associadas às emoções, cada um agindo para promover mudanças positivas.

comunidade médica a aceitá-la como científica. Fisiologicamente, há duas possíveis explicações relacionadas ao seu modo de operar e às razões por que ela cura tanto doenças físicas como emocionais. A primeira diz que os aromas estimulam o sistema límbico no cérebro. Esse sistema está ligado ao olfato e auxilia as emoções. A segunda explicação é que as essências vegetais possuem efeito farmacológico, como acontece na fitoterapia.

A aromaterapia é segura, mas cuidados devem ser tomados durante a gravidez.

Aromaterapia e Reiki

Os aromaterapeutas muitas vezes combinam Reiki com massagem; as duas técnicas se complementam, uma intensificando os efeitos da outra.

Massagem

Massagem é a manipulação dos tecidos moles do corpo. A massagem pode ser feita em qualquer parte do corpo, da cabeça aos pés, com atenção especial aos músculos, tendões, tecidos conetivos e sistema linfático.

A massagem foi adotada pela medicina convencional para uma grande variedade de doenças físicas relacionadas com os músculos e as articulações, e é também muito apreciada por seus efeitos sobre o stress, a depressão e a ansiedade.

Tipos de massagem

Temos hoje à disposição inúmeras modalidades de massagem. Algumas das mais comuns são descritas a seguir.

Massagem sueca

A massagem sueca é uma das mais conhecidas e oferecidas; ela se baseia em cinco formas de manipulação. É muito eficaz para tratar a rigidez nas articulações.

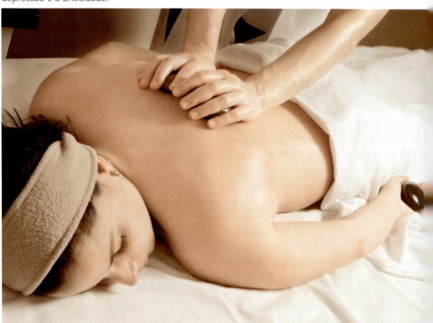

ESQUERDA A massagem está consolidada como uma forma eficaz de tratamento para uma grande variedade de doenças físicas.

ACIMA A massagem indiana da cabeça é muito popular e ajuda a equilibrar os chakras.

Shiatsu

Método japonês de massagem que emprega a pressão dos polegares para trabalhar ao longo dos meridianos, à semelhança da acupressura. Parte do método também inclui alongamento dos membros. Este método é muito apropriado para tratar a causa emocional das doenças físicas.

Massagem thai

Tratamentos com a massagem thai em geral são mais longos do que tratamentos com massagem normal. Eles se baseiam no yoga, e durante sua realização o corpo é manipulado de acordo com posturas semelhantes aos do yoga. Como no shiatsu, a pressão do polegar é aplicada em pontos específicos. Muito útil para liberar bloqueios de energia e para restabelecer o equilíbrio.

Terapia de Bowen

Desenvolvida por Tom Bowen, esta técnica consiste na aplicação de um movimento rotativo sobre músculos, tendões e articulações. Ela é benéfica para soltar a tensão muscular e estimular o fluxo linfático.

Massagem indiana da cabeça ('champissage')

Este tipo se concentra na cabeça, no rosto e nos ombros, e libera tensão em todos os músculos nessa região. Sua principal função é equilibrar os chakras.

Massagem e Reiki

À semelhança da aromaterapia, a massagem combina muito bem com o Reiki. As mãos podem canalizar a energia ao mesmo tempo que realizam a massagem.

Florais de Bach

Este grupo de remédios foi desenvolvido pelo Dr. Edward Bach, um médico que num determinado momento trabalhou com muito sucesso na Harley Street. Seu interesse pela homeopatia e sua aptidão natural para o cuidado da saúde o estimularam a procurar alternativas mais puras para os remédios homeopáticos tradicionais, cuja técnica consiste em tratar a doença com produtos da própria doença, segundo o princípio 'tratar semelhante com semelhante'. Esse sistema parte da ideia de que é preciso tratar os estados mentais e emocionais do paciente; com o desbloqueio desses estados, os sintomas físicos que se manifestam como consequência das emoções são curados.

Orientado por sua intuição, Bach passou primaveras e verões colhendo e preparando remédios herbáceos que influenciam cada estado emocional, e assim criou um conjunto de 38 remédios que tratam cada um desses estados. Os remédios são preparados de acordo com dois métodos: deixando as flores imersas em água pura durante várias horas ou fervendo-as durante meia hora. Em seguida, a água é misturada com conhaque puro à razão de 50/50.

Um terapeuta habilitado terá condições de orientá-lo sobre o remédio, ou combinação de remédios, para o seu estado emocional específico. Uma técnica que adoto com sucesso é aplicar o pêndulo sobre uma tabela de remédios com a intenção de escolher o mais apropriado para mim mesma ou para as pessoas que estou tratando com Reiki. Os florais de Bach são muito úteis para tratamento de crianças e de adultos; não se conhecem efeitos adversos.

Como tomar os florais

Você pode pingar o floral diretamente na língua ou diluir 4 gotas em 30 ml de água, 4 vezes ao dia.

Remédios úteis para ter em casa
- **Elm** – quando se sentir sobrecarregado de responsabilidades
- **Gorse** – diante de uma situação de impotência ou desespero
- **Olive** – para cansaço depois de esforço mental ou físico
- **Rescue Remedy** – o mais famoso dos produtos de Bach, foi desenvolvido pelo Dr. Bach como um *kit* de primeiros socorros emocional com base em suas observações das reações emocionais típicas diante de uma crise
- **Star of Bethlehem** – usado para tratar estados de choque

DIREITA Remédios florais não têm efeitos adversos conhecidos, sendo por isso ideais para crianças.

FLORAIS DE BACH

REIKI E OUTRAS TERAPIAS

378

Ayurveda

A medicina ayurvédica é um sistema antigo originário da Índia e ainda muito praticado naquele país. Em anos recentes, ela se popularizou no Ocidente, e assim hoje é mais fácil encontrar praticantes e cursos preparatórios. Enraizado na filosofia dos Vedas, o Ayurveda adota uma visão holística da saúde. Ele é constituído de oito ramos, ou especialidades, semelhantes às divisões da medicina ocidental.

O sistema baseia-se no conceito de que a saúde ótima é resultado do equilíbrio de três *Doshas*, chamados Vata, Pitta e Kapha. Cada pessoa tem um *Dosha* dominante, mas os três precisam estar em equilíbrio. O médico ayurvédico avalia o paciente física e emocionalmente e mede diversas pulsações para determinar o *Dosha* dominante e aquele que está em desequilíbrio. O desequilíbrio é tratado com diversos remédios herbáceos, podendo ser recomendada uma dieta baseada no princípio de que certos alimentos acalmam ou perturbam cada um dos *Doshas*. Também são aplicados tratamentos à base de massagem.

Ayurveda e Reiki

Tratamentos baseados nos sistemas do Ayurveda e do Reiki podem curar doenças rapidamente e prevenir recorrências.

ESQUERDA O Ayurveda é um sistema completo de medicina com inúmeros tratamentos, desde orientação alimentar até massagem.

Os três *Doshas*

Os *Doshas* são análogos aos 'humores do corpo', que eram uma característica da antiga medicina ocidental.

Vata

Associado aos elementos ar e éter, Vata rege a respiração, o movimento muscular e o batimento cardíaco, entre outras coisas. As pessoas com Vata dominante são criativas, esbeltas, excitáveis, impulsivas e propensas a dores de cabeça, hipertensão e problemas com o sistema nervoso quando Vata está em desequilíbrio.

Pitta

Associado ao fogo e à água, Pitta rege a digestão, o metabolismo e a inteligência, entre outras coisas. Pessoas com Pitta dominante têm um intelecto perspicaz e uma compleição mediana e forte, são competitivas e irritam-se facilmente; Pitta em desequilíbrio predispõe a úlceras, erupções cutâneas, insônia e anemia.

Kapha

Associado à água e à terra, Kapha rege a estrutura física do corpo e a lubrificação das articulações. Pessoas com Kapha dominante são lentas na fala e no movimento, corpulentas, tranquilas e tendem a ter sinusite e problemas respiratórios quando Kapha está em desequilíbrio.

Yoga

Uma das vantagens do yoga é que, à semelhança do Reiki, a pessoa pode praticá-lo sozinha. Além disso, suas posturas não só agem sobre o corpo de energia, mas também alongam o corpo físico, fazendo com que a mobilidade seja mantida por mais tempo à medida que se envelhece. Embora o yoga pareça exigir muito esforço para os que têm problemas musculoesqueletais, um professor experiente pode adaptar as posturas para incluí-las em cursos ou recomendar alguns especialmente para pessoas que precisam de uma forma mais branda de yoga. O yoga tem origem em antigos textos indianos que descrevem a filosofia que dá suporte à prática e às posturas (*asanas*), aos exercícios respiratórios e a inúmeras formas de meditação.

O yoga influencia o equilíbrio dos chakras, pois as posturas têm a finalidade de liberar o movimento do *Ki* pelo corpo. O *Ki* é chamado *Prana* na tradição do yoga. Por meio de várias posturas que agem sobre o corpo inteiro, a energia *Kundalini* armazenada na base da coluna se eleva através de cada chakra até alcançar o chakra da coroa. A capacidade de levar a energia até a coroa produz o *Samadhi*, que é o momento em que sentimos unidade com o espírito universal.

Hatha-Yoga

A forma de yoga mais praticada no Ocidente é o Hatha-Yoga, baseado na execução de posturas físicas. Ela é constituída de várias modalidades, sendo que as três mais conhecidas são Iyengar, Ashtanga e Sivananda. Uma nova forma popular é Bikram, essencialmente física e realizada em salas mantidas a altas temperaturas para estimular a transpiração.

Iyengar
Esta forma de yoga enfatiza o correto alinhamento do corpo para cada postura e adota uma variedade de dispositivos, como faixas e cobertores, para possibilitar ao aluno a realização de posturas avançadas.

Ashtanga
Uma forma muito ativa e muito exigente para o principiante; enfatiza a força e a flexibilidade do aluno e de todos os movimentos para que sejam sincronizados com a respiração.

Sivananda
Este tipo de yoga ressalta a atividade da área do plexo solar. Combina a execução de posturas com técnicas respiratórias, alimentação e meditação.

DIREITA O yoga equilibra os chakras e melhora o fluxo do Ki pelo corpo.

Chi Kung

Como a acupuntura, o Chi Kung é um dos pilares da Medicina Tradicional Chinesa (MTC). O nome significa 'cultivo da energia'. O Chi Kung é semelhante ao yoga enquanto adota o movimento e a respiração para melhorar o fluxo de energia pelo corpo, mas é menos rigoroso em suas posturas corporais; por isso pode ser mais apropriado para os que têm limitação de movimentos ou pessoas que preferem movimentos mais lentos, mais orientados para a meditação.

As origens, a teoria e a prática do Chi Kung encontram-se no *Tratado de Medicina Interna do Imperador Amarelo*, um texto de medicina escrito em torno do século III a.C. Esse manual é usado ainda hoje por praticantes da MTC, mas foi somente nos últimos vinte a trinta anos que o Chi Kung reapareceu na China, e lá muitos milhões de pessoas de todas as idades o praticam diariamente. Por isso, ele só apareceu ainda mais recentemente no Ocidente, mas agora a sua popularidade vem aumentando, paralelamente ao Tai Chi, que é uma prática semelhante, mas com séries de movimentos mais prolongadas.

O Chi Kung equilibra o *Chi* combinando exercícios de alongamento suaves com técnicas respiratórias e visualização. Seu principal objetivo é prevenir a doença e promover a longevidade.

ESQUERDA O Chi Kung melhora o fluxo de energia pelo corpo e é apropriado para pessoas com mobilidade limitada.

A tradição taoista

São muitos os estilos de Chi Kung, provenientes de cinco principais tradições: taoista, budista, confucionista, artes marciais e medicina. Dessas, a que constitui as raízes do Chi Kung é a filosofia taoista. Essa filosofia sustenta uma visão orgânica do mundo centrada em torno da necessidade de estar em harmonia com o Tao. O Tao é algo transcendente e não pode ser explicado – ele apenas é. O Chi Kung é um caminho para esse estado de harmonia que é 'estar no Tao'.

O Chi Kung e o Reiki

Os praticantes de Reiki perceberão que o Chi Kung é fácil de praticar devido ao conhecimento prévio do trabalho com energia. Praticar Chi Kung melhora a sua compreensão do modo como o Reiki opera desde uma perspectiva diferente, e por isso aprimora a sua capacidade de trabalhar com ele. Você pode também aplicar tratamentos a distância com Chi Kung desde que o tenha praticado durante algum tempo. Eu permutava tratamentos a distância com a minha professora de Chi Kung – eu aplicava Reiki e ela Chi Kung. Eu sentia a energia como se ela estivesse enviando Reiki. Pode ser necessário mais tempo para chegar a esse ponto com Chi Kung, mas também mostra que os símbolos são simplesmente ferramentas, como hoje sabemos que Usui pretendia que fossem.

Terapia com cristais

Ao longo da história, cristais e pedras preciosas foram usados com fins terapêuticos. Eles voltaram a ser extremamente populares, e muitas pessoas os adquirem não apenas por seus poderes de cura, mas também por sua beleza. Como acontece com as plantas, com a alimentação e com as cores, cada gema ou cristal tem uma vibração energética própria do seu tipo, e esta pode ser utilizada para equilibrar a energia.

É preciso limpar os cristais antes de usá-los, e a intervalos regulares é recomendável que você consulte um livro como *A Bíblia dos Cristais* para obter informações sobre esta e outras propriedades de todos os vários tipos de cristais. Quer você compre cristais em seu estado bruto original ou depois de lapidados, isso não afeta o seu poder, e assim tudo se resume a uma questão de preferência pessoal.

Os cristais podem ser usados de várias maneiras. Os terapeutas que trabalham com os chakras muitas vezes os colocam sobre o corpo, um cristal diferente para cada chakra. Em *A Bíblia dos Cristais*, Patricia Mercier oferece informações detalhadas sobre os cristais apropriados para cada chakra, com o objetivo de ativá-lo, acalmá-lo ou equilibrá-lo.

Cristais comuns

Os tipos mais comuns de cristais são os da família do quartzo. A estrutura dessas pedras os torna mais eficazes na conservação de energias de cura. A ametista e o quartzo rosa existem em abundância no mercado.

Ametista

Acredita-se que este cristal seja um apoio poderoso para o progresso espiritual, promovendo sentimentos de amor divino, intuição e inspiração criativa, pois ele age sobre as glândulas pineal e pituitária e sobre as atividades do cérebro direito. Fisicamente, ele sustenta os sistemas endócrino e imunológico.

Quartzo rosa

Frequentemente chamado de 'pedra do amor', este delicado cristal cor-de-rosa promove o perdão e a compaixão e restabelece o equilíbrio emocional, ajudando-nos a liberar a raiva e o medo. Fisicamente, ele trabalha com o baço, os rins, o coração, a circulação e o sistema reprodutor.

Os cristais e o Reiki

Embora o uso de cristais não faça parte do sistema original do Reiki, muitos professores e praticantes hoje os usam como um acréscimo aos tratamentos. Os praticantes de Reiki que usam cristais muitas vezes fazem redes de cristais para conservar na sala que utilizam para dar tratamentos. Os cristais são carregados com Reiki e, segundo se acredita, intensificam a energia do Reiki. Detalhes sobre como fazer isso encontram-se no livro *Reiki for Life*, de Penelope Quest.

DIREITA A popularidade dos cristais baseia-se tanto na sua beleza como na sua capacidade de abrandar diversas doenças.

Cromoterapia

Evidências do uso da cor como forma de terapia holística foram encontradas em textos antigos da Índia, da China e do Egito. Os princípios da prática são que a cor é formada por luz de vários comprimentos de onda, e como tal é uma forma de energia que influencia células vivas. Usados corretamente, esses diferentes comprimentos de onda, isto é, diferentes cores, podem ser usados para tratar qualquer doença do corpo, da mente ou do espírito, e podem ser seguramente combinados tanto com a medicina convencional quanto com terapias alternativas, como o Reiki. A cromoterapia, porém, não trata diretamente a afecção, mas o bloqueio ou o desequilíbrio energético que se manifesta como doença física.

Os métodos mais comuns que os cromoterapeutas adotam no seu trabalho são colocar sedas coloridas sobre o corpo, dirigir luz colorida para o corpo e meditar com cores. Eles também analisam as preferências pessoais por cores, pois acredita-se que estas revelam desequilíbrios em certas áreas. Eles então recomendam modos de incorporar essas cores na vida pessoal para restabelecer o equilíbrio.

ABAIXO Tratamentos Aura-Soma mostraram-se especialmente eficazes para liberar bloqueios emocionais.

Cor	Qualidades
Vermelho	Energiza e melhora a circulação sanguínea. Deve-se evitar esta cor quando a pessoa está agitada.
Laranja	Dá sustentação ao chakra do sacro, que é associado aos relacionamentos, à sexualidade e à criatividade. É eficaz no tratamento do baço e dos rins.
Amarelo	Relacionada com o plexo solar, esta cor ativa o sistema nervoso e é benéfica para problemas da pele.
Verde	Associada ao coração, esta cor é calmante e age como purificador para todo o corpo físico.
Turquesa	Esta cor debela afecções associadas ao chakra da garganta, e é também usada para curar infecções agudas. Emocionalmente, favorece a comunicação com outras pessoas.
Azul	Esta cor calmante é frequentemente usada para aliviar a dor e problemas de sono. Acredita-se que também favoreça o desenvolvimento espiritual.
Violeta	Esta cor é muito benéfica para os olhos e favorece as atividades mentais e emocionais, como a inspiração e a percepção espiritual.

Índice remissivo

A

acalmar crianças, tratamento 252-53
aceitação 73
acne 272, 332-35
acupressura
   sinusite 346
   vesícula biliar 322
acupuntura 258, 370-71
   diabetes 320
   orientações 370
   problemas de circulação 314
   problemas de visão 356
   sinusite 346
   vesícula biliar 322
adolescência 272-75
adolescência, anos da 271-72
adrenais 116-19
   e pressão alta 313
   equilíbrio das emoções 273
   posições das mãos
      autotratamento 215
      tratamento de outros 235-36
afirmações 73
água 288
Aiki Jujutsu 30
Aikido 30
alecrim, óleo de 338
alergias 340-41
   e eczema 330
Aliança de Reiki 51, 197
alimentos 288-91
   alergias 340
   aplicar Reiki aos 288
   e energia 288-89
   e os chakras 290-91
   ver também dieta
alimentos crus 288
alimentos processados 288
alisamento, técnica do 205
alma
   e a morte 284
   e a cura 54-5
aloe vera, gel 329
alunos, tornando-se Mestre de Reiki 186-89
Amaterasu Omikami 21
ametista 384
amor
   e compaixão 72
   e cura 54
anafilático, choque 336
anemia 308, 316-17
anemia aplásica 316
anemia megablástica 316
anestésicos 261
animais 258, 262-63
animais de estimação 258, 262-63
ankh egípcia 92-3
anorexia 348
ansiedade 120, 358-59
   e massagem 374
   e respiração 74
aromaterapia 372-73
   caspa 338
   choque 310
   dor nas costas 344
   dores de cabeça 362
   fadiga 360
   insônia 364
   massagem 373
   anemia 316
   caspa 338
   colesterol alto 318
   óleo de lavanda 178, 364, 372
   óleos úteis 372
   picadas de insetos 336
   pressão alta 312
   problemas com dentes 324
   problemas menstruais 348
   sinusite 346
artes marciais 15, 29-31, 57
artrite 217, 242, 258, 342
   tratamento complementar 327
   tratamento de Reiki 327
artrite reumatoide 327, 342
árvore do chá, óleo da 336
asma 242, 352-53
audição fraca 268
aura 100-01, 122-25
   e tratamento a distância 176
   limpeza da 125, 155, 238-39
   percepção da 123
   sensação da 124
autotratamento 132, 148-49, 189, 206-15
   duração do 208
   posições das mãos 148, 206-15
      adrenais 215
      costas 215
      dores de cabeça 293
      enxaqueca 293
      estômago 213

garganta 212
joelhos 217
ombros 216
para raiva 296-97
pés 217
sintonizando-se consigo mesmo 300-03
tornozelos 217
aveia, banhos de, eczema 330
aves 262
Ayurveda 10, 16, 18, 378-79
Doshas 379

B

baço, autotratamento 212-13
Baihui, ponto 192
Bailey, Alice 156-57
bebês 250-51, 256-57
em incubadoras 261
equilíbrio energético geral 257
fazer dormir 256
bebidas 288
benefícios do Reiki 129
benefícios emocionais do Reiki 129
bile 322
Bodhisattva (seres iluminados) 27
Bowen, terapia de 375
Budismo 12, 15-6, 39
e o símbolo DKM 190
e os cinco princípios espirituais do Reiki 60
e símbolos do Reiki 190
e Xintoísmo 21
japonês 18-9, 24
mantra tibetano 88
Nichiren Shoshu 88
Shugendô 16, 18, 21, 28
ver também Tendai,
Budismo Nichiren Shoshu 18, 88

C

cabeça, posições das mãos para tratamento de outras pessoas 220-27
cães 262-63
café 288
cálculos biliares 322
calêndula, óleo 329
caligrafia 90
calorões 281
canto 132
mantras 88-9
poemas Waka japoneses 90
casas
abrangendo com o símbolo CKR 166
tratamento 154-55
caspa 338-39
cavalos 262
cesariana 279
chá 288
chakra da base/raiz 106-08
e a tireoide 326
e alimentação 290-91
e o sistema endócrino 118-19
chakra da coroa 106-07, 114
e alimentação 291
e o sistema endócrino 118-19
chakra da garganta 106-07, 112, 115
e alimentação 291
e cromoterapia 387
e o sistema endócrino 118-19
chakra da raiz 106-08
chakra da testa/terceiro olho 106-07, 113
e alimentação 291
e o sistema endócrino 118-19
e símbolo SHK 169

chakra do coração 106-07, 111
e alimentação 291
e o sistema endócrino 118-19
meditação 298-99
posições das mãos para tratar outros 231
chakra do plexo solar 106-07, 110
e alimentação 291
e cromoterapia 387
e o sistema endócrino 118-19
chakra do sacro 106-07, 109
e alimentação 291
e cromoterapia 387
e o sistema endócrino 118-19
posições das mãos para tratar outros 231
chakra do terceiro olho 106-07, 113
e alimentação 291
chakras 100, 106-13
cores 106
coroa 106-07, 114, 118-19
e a aura 122-23
e alimentação 290-91
e autotratamento 214
e cristais 384
e cura pelas palmas 86
e o sistema endócrino 116-19
e posições das mãos 229, 231
e yoga 380
elementos 106
estudo de caso 115
sentido do corpo 106
Charaka Samhita 18
Chi 10, 16, 105
ver também Ki
Chi Kung 12, 58, 312, 382-83
acne 332
anemia 316
ansiedade 358

asma 352
corpo de energia 100
diabetes 320
ducha de Luz 134-35
e longevidade 268
e Mestres de Reiki 189
e o sistema nervoso 120
e técnica da percussão 204
exercício respiratório 74, 76-7
exercícios para equilibrar o Ki 192-95
fadiga 360
massagem dos meridianos 180-81
o Dantian 105
problemas de visão 356
tradição taoista 383
vesícula biliar 322
Chia, Mantak, Awaken Healing Light of the Tao 10
choque 310-11
  tratamento para 182
ciclo lunar, e meridianos 102
ciência, e a força vital universal 10
cinco elementos do Reiki 58-9
cinco princípios espirituais (Gokai) 33, 58, 60-73
  compaixão 72-3
  evitar a irritação 64-5
  evitar a preocupação 66-7
  humildade 68-9
  honestidade 70-1
  importância dos 60-1
  meditação sobre 60-3
circulação, problemas de 314-15
cirurgia 258, 260-61
CKR, símbolo 166-67
  tratamento a distância 174, 176
  tratamento da casa 155
  tratamento do mundo 156

cobrança pelo Reiki 200-01
colesterol 318-19
colesterol alto 318-19
cólicas menstruais 272
compaixão
  como princípio espiritual 72-3
  e cura 54
  vesícula biliar 322
compreendendo o Reiki 52-137
  cura 54-5
  cura por imposição das mãos/palmas 84-5
  espiritualidade 56-73
  mantras 88-9
  poemas Waka japaneses 33, 90-1
  símbolos 43, 58, 92-5
  sintonizações 96-7
  sistemas de energia do corpo 98-125
  técnicas respiratórias 58, 74-83
computadores, e stress no trabalho 295
concentração, aumentar, em crianças 254-55
contabilidade, na prática profissional 201
coração
  e doenças autoimunes 342
  posições das mãos para tratar outros 235
cores
  aura 122-23
  chakras 106
    e alimentação 290-91
  cromoterapia 386-87
  símbolos do Reiki 164, 190
corpo
  e cura 54
  emocional 122

espiritual 122
etérico 122
mental 122
mental superior 122
imagem na adolescência 272
partes cortadas 182
corpo causal 122
corpo de energia 98-125
  a aura 100-01, 122-25
  a órbita microcósmica 104-05
  chakras 100, 106-13
  Dantian 104-05
  e o corpo físico 100, 116-21
  meridianos 100, 102-03
  os Três Tesouros 105
cortes 328-29
costas
  autotratamento 215
  dor 344-45
  tratamento de outros 235
crianças 250-54
  aumentar a concentração 254-55
  e alimentação 288
  idade das 250
  pôr à vontade 250
  primeiros socorros para 309
  sintonizações para pais e 250
  tratamento para acalmar 252-53
cristais, terapia com 384-85
Cristianismo 28, 38
  e a cruz 92
  e experiências de cura 147
  e Mikao Usui 39-40, 60
  força vital universal 10
cruz celta 92-3
cruzes como símbolos 93-4
cura 54-6, 128
  casas 154-55
  e os sistemas do corpo físico 100

experiências e reações 144-47
mundo 156-57
padrões 242-43, 245
tratamento por imposição das mãos/palmas 33, 58, 84-6
ver também tratamento a distância;
autocura/tratamento;
tratamento de outros
cursos de Reiki de 'pista rápida' 58

D
danos ambientais 156
Dantian 104-05
DAS (distúrbio afetivo sazonal) 113
defumadores 125, 155
dente, dor de 209, 324-25
depressão 120
e insônia 364
e massagem 374
dermatite 330, 338
derrames 120, 268
'des-assossego' e cura 54
desenvolvimento da prática 160-61
Deus
e energia 10, 12
e espiritualidade 57
diabetes 118, 136, 182, 320-22, 342
tipos de 320
tratamento de Reiki para 321
tratamentos complementares para 320
diagnóstico médico 308
diário, escrever 90
diários de Reiki 90
dieta
acne 332
anemia 316
artrite 327
asma 352
colesterol alto 318
diabetes 320
disfunção da tireoide 326
e alergias 340
e caspa 338
fadiga 360
infecções de ouvidos 351
infertilidade 350
pressão alta 312
problemas de circulação 314
problemas de próstata 349
sinusite 346
ver também alimentação
vesícula biliar 322
dinheiro, cobrança pelo Reiki 200-01
dismenorreia 348
distância, tratamento a 148, 174-77
Chi Kung 383
e cirurgia 261
e idosos 258
e símbolo SHK 169
jardins 265
mulheres grávidas 276
distúrbio afetivo sazonal (DAS) 113
DKM, símbolo 190-91
DNA, humano 92
doença terminal 136, 258
doenças agudas 242, 244
doenças autoimunes 342-44
doenças crônicas 136, 242, 244, 308
pessoas idosas 258
Doi, Hiroshi 46
Iyashino Gendai Reiki-ho 24
dores de cabeça 242, 362-63
alívio de 293
primeiros socorros para 308
tratamento de Reiki 362-63
tratamentos complementares 362
Doshas 379
Ducha de Luz 134-35

E
eczema 242, 330-31, 338
e-mail 292
emoções
acne 332
alergias 340
ansiedade 358
colesterol alto 318
dentes e gengivas 324
diabetes 320
disfunção da tireoide 326
dor nas costas 344
dores de cabeça 362
eczema 330
equilíbrio 273-75
fadiga 360
pressão alta 312
problemas circulatórios 314
problemas de próstata 349
resfriados 354
vesícula biliar 322
Empowerment through Reiki (Horan) 142
En no Gyôja 21
energia 10-3
e alimentação 288-89
e força vital universal 10-1
e imposição das mãos 85
e respiração 74
e símbolos do Reiki 43
em crianças 250, 252, 257
espirais como símbolos 92
estabilização 152-53, 242-43
exercício básico com 13

sensação da energia dos símbolos 164-65
trabalho com 12
energia da Terra, e símbolo CKR 166
energia feminina, reações ao tratamento 144
energia masculina, reações ao tratamento 144
energia, ducha de 134-35
envelhecimento, processo de 268-69
enxaqueca 120, 293
epilepsia 114
escaldaduras 328-29
esclerose múltipla 342
esfoladuras 328-29
espelho, trabalho com, honestidade 70
espirais como símbolos 93-4
espirais em nó celtas 93
espirais pré-históricas 93
espiritual, desenvolvimento 129-30, 162
espiritual, desenvolvimento, e cromoterapia 387
espiritual, potencialização 96-7
espiritualidade e Reiki 56-73
 cinco elementos do Reiki 58-9
 cinco princípios espirituais 60-73
 e religião 56
espondilite 327
Essential Reiki (Stein) 50-1, 94
estabilização da energia 152-53, 242-43
estômago, autotratamento 213
estrogênio 118
exames, aumentar a concentração 254-55
exercício da árvore 304

exercício para
 acne 332
 alergias 340
 alívio do stress 292
 anemia 316
 ansiedade 358
 artrite 327
 asma 352
 diabetes 320
 doenças autoimunes 342
 fadiga 360
 infertilidade 350
 insônia 364
 pressão alta 312
 problemas de circulação 314
 vesícula biliar 322
exercícios
 básico com energia 13
 crianças e relaxamento 252
 exercício da árvore 304
 exercícios com o Ki
  abertura e fechamento 192-93
  órbita microcósmica 194-95
  para equilibrar o Ki 192-95
  para menopausa 282-83
  respiratórios 74, 76-7,81-2
  yoga 58, 74, 82
 sintonia consigo mesmo 300-03
 ver também Chi Kung
exóticos, animais de estimação 262

F
fadiga 360-61
familiar, vida 132, 296-97
febre do feno 340
felicidade, e os cinco princípios espirituais 60-1
feridas 328-29
 em animais 262

tratamento das 155
tratamento de Reiki 329
tratamentos complementares 329
ferro, deficiência de 316
fígado, autotratamento 213
flexibilidade do Reiki 132
Florais de Bach 376-77
 ansiedade 358
 choque 310
 Elm 376
 Gorse 376
 Olive 376
 picadas de insetos 336
 pressão alta 312
 problemas com dentes 324
 queimaduras e escaldaduras 329
 Rescue Remedy 376
 Star of Bethlehem 376
flores 265
força vital 7
 universal 10-1
frutas 288, 291
 cultivo 265
Furumoto, Phyllis Lei 51

G
garganta, área da
 posições das mãos 220-27
 autotratamento 212
Gasshô, posição 60-3
 exercícios respiratórios 81-2
gatos 262-63
Gattefossé, René-Maurice 372
gengivite 324-25
Gokal, ver cinco princípios espirituais
gônadas 116-17
gota 327

Grande Invocação, A 156-57
gratidão, e humildade 69
gravidez 276-77
gripe 245

H
Hara 62, 100
    abertura e fechamento do Ki 193
    e autotratamento 214
    e cura pelas palmas 86
    e meditação com som 89
    e o chakra do sacro 109
    e o corpo de energia 105
    e símbolos do Reiki 164, 166
    técnicas respiratórias 81-2
Hatamoto, Samurai 24
Hatha-Yoga 380
Hay, Louise 65
Hayashi, Chujiro 36-7, 39, 48, 51, 173, 204
Hayashi, Reiki Kenkyu Kai 36
hemorragia cerebral 120
higiene pessoal 180-81
Hinduísmo 12, 18
    e os chakras 109
hipermetropia 356
hipertensão 312-13
hiperventilação 74
hipoglicemia 118
Hiroshi Doi 46
HIV 342
homens
    infertilidade 350
    posições das mãos para área pélvica 230
    problemas de próstata 349
    reações a um tratamento 144
    sintonia consigo mesmo 302
homeopatia 376
Horan, Paula 142
hospitais 136
    tratamentos antes e depois de cirurgia 261
HSZSN, símbolo 170-71, 174
Huiyin, ponto 192
humildade 68-9
Hyakuten, Inamoto 90-1

I
iguanas 262
ilhotas de Langerhans 116-19
imposição mãos/palmas 58, 84-6
    e o Usui, Reiki Ryoho Gakkai 33
    ver também mãos, posições das
imunodeficiência 342-43
Inamoto, Hyakuten 24
incenso, queima de 178
incubadoras, bebês em 261
Índia 10, 16, 18, 378-79
    Ayurveda 10, 16, 18
infecções sexualmente transmissíveis 349-50
infertilidade 350
Iniciação, ver sintonizações
insetos, picadas de 336-37
insônia 120-41, 268, 364-67
internet, divulgação da prática 201
Islamismo 88
Iyengar 380

J
Japão
    Bairro dos Mendigos 43, 60
    Budismo 18-9
    e Mikao Usui 16, 22-9
    e símbolos do Reiki, CKR 166
    Kokyû Hô 74
    poemas Waka 33, 90-1
    século XIX 22
    Usui Reiki Ryoho Gakkai 32-3, 36, 46
    Xintoísmo 16, 18, 20-1
Jesus Cristo 12, 147
Jing 105
Joelhos
    autotratamento 217
    tratamento de outros 232
Jumon 58, 88

K
Kami 20-1, 28
Kanji 16-7
    e símbolos do Reiki 170, 190
Kanjô 18
ketérico, corpo 122
Ki 10, 16, 30, 105
    bloqueado e negativo, limpar o 180-81
    e cura 85
    e longevidade 268
    exercícios
        abertura e fechamento 192-93
        órbita microcósmica 194-95
        para equilibrar 192-95
        para menopausa 282-83
    e yoga 380-81
    meridianos 102
    respiração 74-5, 78-9
Kokyû Hô 58
Kotodama 88
Kundalini, energia 92, 380
Kurama, Monte 26, 28-9, 43

L
labirintite 351
latina, cruz 93

lavanda, óleo 178, 364, 372
LER (lesão por esforço repetitivo) 294
lesão por esforço repetitivo (LER) 294
limpeza
　aura 125, 155
　massagem dos meridianos 180-81
limpeza emocional, e símbolos do Reiki 169
longevidade 268-69
lótus de mil pétalas 114
Lübeck, Walter 90
lúpus 342
Luz
　e o símbolo DKM 191
　santuário de cura de 285

M

Mahayana, Budismo 18
mantras 26, 28, 33, 58, 88-9
　e símbolos do Reiki 162, 164, 169
　　CKR 166
　　DKM 191
　　HSZSN 170
　e tratamento a distância 174
　entoação 88
　exercício 89
　rituais 173
mãos, posições 86, 202-47
　autocura/tratamento 148, 206-15
　percussão 204
　rituais 173
　sintonia consigo mesmo 300-03
　　dor de cabeça e enxaqueca 293
　tratamentos em grupo 246
　ver também tratamento de outros
marca-passos 182

marketing 201
massagem 374-75
　anemia 316
　aromaterapia 316, 318, 338, 373
　caspa 338
　colesterol alto 318
　dor nas costas 344
　dores de cabeça 362
　e idosos 258
　massagem dos meridianos 180-81
　massagem indiana da cabeça 258, 362, 375
massagem dos meridianos 180-81
massagem indiana da cabeça 258, 362, 375
massagem, mesa 178
massagem sueca 374
mastoidite 351
medicação 136
medicina
　e cura 54
　ocidental 54, 136-37
　ver também MTC (Medicina Tradicional Chinesa)
Medicina Chinesa, ver MTC (Medicina Tradicional Chinesa)
medicina ocidental 54, 136-37
meditação 32, 56-7, 132
　artrite 327
　chakras 106
　colesterol alto 318
　diário, escrever 90
　e o sistema nervoso 120
　e símbolos do Reiki 94, 164-65, 190
　e vida familiar 296
　fadiga 360
　Gasshô, posição 62

mantras 88
meditação do coração 298-99
poemas Waka japoneses 90
postura Seiza 62, 89
prática da 188
pressão alta 312
problemas de próstata 349
rituais 173
sensação da energia dos símbolos 164-65
sobre preceitos espirituais 60-3
　raiva 64-5
　honestidade 70-1
　humildade 68-9
　preocupação 66-7
Meditação Transcendental 88
memória, problemas de 268, 280
meningite 120
menopausa 270, 280-83
menorragia 348
menstruação 116
mente, e cura 54
Mercier, Patricia 384
meridianos 100, 102-03, 122
　e acupuntura 370
　massagem shiatsu 375
Mestres
　e a história de Takata sobre Mikao Usui 40
　e posições das mãos 222
　escolha do Mestre 142-43
　símbolo (DKM) 190
　tornando-se Mestre de Reiki 186-89
　ver também professores de Reiki
microcósmica, órbita 104-05
　exercício para equilibrar o Ki 194-95

Mikao Usui, ver Usui, Mikao
Mikkyô, tradição, no Budismo Tendai 18, 26, 30, 56, 190
miopia 356
Mitsui, Mieko 48
mobilidade, problemas de 258, 268
momento adequado, e tratamento a distância 174
Morihei, Ueshiba 30
morte 284-85
mosquitos, picadas de 336
MTC (Medicina Tradicional Chinesa) 10, 18
   acupuntura 258, 370-71
   e insônia 364
   e problemas de visão 356
   meridianos 102-03
   ver também Chi Kung
mudança e transição 270-71
mudras 26
mulheres
   gravidez 276-77
   infertilidade 350
   menopausa 270, 280-83
   menstruação 116, 348
   posições das mãos para a área pélvica 230
   reações a um tratamento 144
   sintonia consigo mesmas 302
mundo, tratamento com Reiki 156-57
música 179

N

Natureza
   sintonia com a 304
   Xintoísmo e culto à 20
nervoso, sistema 100, 120-21
   e respiração 74
equilíbrio das emoções 273
Ninja 30

O

objetos inanimados 150
okuden 33
óleo, aquecedor 178
ombros
   autotratamento 216
   tratamento de outros 234
   tratamento para stress no trabalho 295
operações 258, 260-61
orações, A Grande Invocação 156-57
órgãos da reprodução, autotratamento 214
origami 21
origens do Reiki 8-51
   influências contemporâneas
      ocidentais 46-7
      japonesas 48-9
   século XXI 50-1
   tradições ocidentais 34-42
   tradições orientais 14-33
ossos, quebrados 182
osteoartrite 327
osteoporose, prevenção da 282
otite externa 351
otite média 351
ouvidos, infecções de 351

P

pais e filhos 250
pâncreas 116-17
parassimpático, sistema nervoso 120
paratireoides 116
Parkinson, mal de 114
partes cortadas do corpo 182
parto 276, 278-79
paternidade 271
peixes 262
pelve, área da
   autotratamento 214
   tratamento de outras pessoas 230
percussão 204
percussão, técnica da 204
perda 284-85
perdão 72
periférico, sistema nervoso 120
pernas
   autotratamento 217
   tratamento de outros 237
Perry, Comodoro Matthew 22
Pés
   autotratamento 217
   tratamento de outros 233, 237
pescoço, tratamento para stress no trabalho 295
peso, ganho de 281
   e a menopausa 281
pessoas idosas 258-59
   vida e longevidade 268
Petter, Frank Arjava 46, 90
Pilates 344
pineal, glândula 116-19, 220, 281
pituitária, glândula 116-19, 220, 281
plantas 264-65
plantas de canteiro 265
plantas externas 265
plantas internas 265
Platão 55
poesia, poemas Waka japoneses 33, 90-1
pós-operatório, tratamento 261
postura, técnicas respiratórias 78-9

Prana 10, 16, 380
Pranayama, técnicas 12, 82
prática profissional 198-201
   contabilidade 201
   custos 201
   divulgação 201
   preços 200-01
   preparação de um espaço 178-79
   preparando-se para tratar outros 180-81
   procura de um lugar 198-99
   seguro 201
   situações médicas e o Reiki 182-83
   tornando-se Mestre de Reiki 186-89
   tratamentos em grupo 246-47
preocupação, evitar 66-7
pré-operatório, tratamento 261
pressão alta 308, 312-13
Primeiro Grau 140-55
   autotratamento 148-49
   escolha do Mestre 142-43
   estabilização da energia 152-53
   experiências e reações a um tratamento 144-47
   objetos inanimados 150
   problemas pessoais 150-51
   tratamento da casa 154-55
   tratamento do mundo 156-57
primeiros socorros 308-09
problemas com dentes 324-25
problemas menstruais 348
problemas pessoais 150-51
professores de Reiki
   e sintonizações 96-7, 196-97
   escolha 142-43
   exercícios para equilibrar o Ki 192-95
   independentes 160
   ver também Mestres
professores de Reiki independentes 160
   alunos dos 186-88
   versus tradicionalistas 50-1
progesterona 118
próstata, problemas de 349
psoríase 338
pulmões, tratamento de outros 235

Q
queimaduras 328-29
Quest, Penelope 384
Quigong 12
quimioterapia, e acupuntura 370

R
Raiva
   ação para evitar 64-5
   autotratamento para 296-97
Rand, William 90
razões para praticar Reiki 128-29
reflexologia 217, 258
Reiju 58
Reiki for Life (Quest) 384
Reiki japonês 16-7, 46, 48-9
   símbolo CKR 166
   símbolo DKM 190
   símbolo HSZSN 170
   sintonizações 96
Reiki no século XXI 50-1
Reiki ocidental 33-43, 46-7
   símbolo DKM 190
   símbolo HSZSN 170
   símbolos no 51, 94
   sintonizações 97
Reiki
   referências ao 46
   significado da palavra 16
relacionamentos 298-99
relaxamento, exercícios de, e crianças 252
religião 56, 130, 272
   ver também Budismo; Cristianismo
remédios herbáceos
   doenças autoimunes 342
   eczema 330
   insônia 364
   queimaduras 329
   sintomas da menopausa 280
renascimento, e disfunção da tireoide 326
resfriados 354-55
resfriados comuns 354-55
respiração, técnicas 58, 74-83
   Chi Kung 74, 76-7
   difícil 82
   e asma 352
   e princípios de preparação 62
   Hara 81-2
   postura 78-9
   yoga 58, 74, 82
reumatismo 217
rins
   autotratamento 215
   tratamento de outros 235-36
ritual 172-73
rosa, quartzo 384

S
sal marinho, tratamento da casa com 155
sala de tratamento 178-79
salões de beleza, e prática profissional 198
Samdahl, Virginia 39

saúde e bem-estar 286-305
　alimentação 288-91
　relacionamentos 298-99
　stress 292-93
　trabalho 294-95
　vida familiar 296-97
Segundo Grau 158-83
　autotratamento 211
　desenvolvimento da sua prática 160-61
　preparação de um espaço para tratar outros 178-79
　preparando-se para tratar outros 180-81
　prosseguir para 160
　ritual 172-73
　situações médicas e o Reiki 182-83
　tratamento a distância 174-77
seguro para prática profissional 201
Seichem 51
Seiza, postura
　exercícios respiratórios 76,78,82
　meditação 62, 89
serpentes 262
Shen 105
shiatsu, massagem 375
shinpoden 33
Shirushi 58
SHK, símbolo 168-69
shoden 33
Shugendô 16, 18, 21, 28, 56
símbolos 43, 58, 92-5, 162-71
　a espiral 92-3
　CKR 155-56,166-7,174,176
　cruz 92-3
　DKM 190-91
　e Hawayo Takata 51
　e posições das mãos
　autotratamento 211
　tratamento de outros 225
　HSZSN 170-71, 174
　no Reiki ocidental 94
　publicação dos 50-1
　sensação da energia dos 164-65
　SHK 168-69
　sigilo dos 94, 162
　significado dos 162
　tratamento a distância 174-77, 265
　uso 162
sintonizações 58, 96-7, 189
　exercício para equilibrar o Ki 194
　passar 196-97
　　pais e filhos 250
　rituais 173
sinusite 346-47
sistema endócrino 100,116-19,281
sistema imunológico 129
　debilitado 294
sistema nervoso autônomo 120-21
sistema nervoso central 120
sistema nervoso simpático 120
Sivananda, yoga 380
Sokaku,Takeda 30
solar, ciclo, e meridianos 102
som, meditação com 88-9
sombra, lado 73
sono
　bebês 256
　e fadiga 360
　insônia 120, 241, 364-67
　problemas de 256, 281
Stein, Diane 6, 50-1, 94
Stiene, Bronwen 33, 46, 58-9, 86
Stiene, Frans 33, 46, 58-9, 86
stress 128, 292-93
　e asma 352
　e massagem 374
　problemas de próstata 349
　problemas menstruais 348
stress no trabalho 292, 294-95
sucos 288
sufismo 88
suplementos
　doenças autoimunes 342
　resfriados comuns 354
Sushruta Samhita 18
Sutra do Lótus 18, 21, 40, 42
Suzuki san 33

T
Tai Chi 10
　e alívio do stress 292
Takata, Hawayo 28, 35-6, 38-9, 58, 173
　e cura pelas palmas 86
　e o corpo de energia 100
　e símbolos do Reiki 51, 94
　história de Mikao Usui 39-43, 160
　posições das mãos 222, 232
Taoismo 10, 12, 18
　e o Chi Kung 383
　e os chakras 109
telefone celular 292
Tendai, Budismo 18-9, 21
　e Mikao Usui 24-7
　e o ritual de sintonização 173
　e símbolos do Reiki 190
　tradição Mikkyô 18, 26, 30, 56, 190
Tenohira 58, 85
terapia alternativa, práticas 198
terapia de reposição hormonal (TRH) 280
terapias complementares 308

acne 332
alergias 340
anemia 316
ansiedade 358
artrite 327
caspa 338
choque 310
colesterol alto 318
diabetes 320
disfunção da tireoide 326
doenças autoimunes 342
dor nas costas 344
dores de cabeça 362
eczema 330
escaldaduras 329
fadiga 360
infecções de ouvidos 351
infertilidade 350
insônia 364
picadas de insetos 336
pressão alta 312
problemas com dentes 324
problemas de circulação 314
problemas de visão 356
problemas menstruais 348
queimaduras 329
resfriados comuns 354
sinusite 346
vesícula biliar 322
Terceiro Grau 6, 184-201
  exercícios para equilibrar o Ki 192-93
  prática profissional 198-201
  prosseguir para 160
  símbolo DKM 190-91
  tornando-se Mestre de Reiki 186-89
testosterona 118
thai, massagem 375

The Japanese Art of Reiki (Stiene e Stiene) 33, 58-60, 86
The Spirit of Reiki (Lübeck) 90
Theravada, Budismo 18
tibetano, Budismo 88
timo 116-18
tireoide, disfunção da 326
tireoide, glândula 116-19
tontura 268
tornozelos
  autotratamento 217
  tratamento de outros 233
TPM (tensão pré-menstrual) 116
tradicionalistas versus independentes 50-1
tradições ocidentais 14-33
Tratado de Medicina Interna do Imperador Amarelo 18, 383
tratamento com as palmas (mãos) 33, 58, 84-6
  ver também posições das mãos
tratamento de outras pessoas
  acne 332-35
  anemia 317
  animais 262-63
  ansiedade 359
  asma 353
  bebês 250-51, 256-57
  cabeça e garganta, 220-27
    costas 235-36
    frente do corpo 228-31
    ombros 234
    pernas 237
  caspa 339
  choque 310-11
  colesterol 319
  crianças 250-54
  diabetes 321
  disfunção da tireoide 326

doenças agudas 242, 244
doenças autoimunes 343
doenças crônicas 242, 244, 258
dor de dente 324-25
dor nas costas 345
dores de cabeça 362-63
eczema 331
equilíbrio das emoções 273-75
feridas 329
gengivite 324-25
infertilidade 3
insônia 365-66
limpeza da aura 238-39
mulheres grávidas 276-77
número de tratamentos 242
padrões de cura 242-43, 245
pessoas idosas 258-59
picadas de insetos 337
posições das mãos 218-47
prática profissional 198-201
preparações para 180-81
pressão alta 313
problemas circulatórios 314-15
problemas de mobilidade 258
problemas de visão 357
problemas menstruais 348
queimaduras 329
resfriados comuns 354-55
sintomas da menopausa 281
sinusite 347
situações médicas e o Reiki 182-83
stress no trabalho 295
término 240-41
tratamento pós-operatório 261
tratamento pré-operatório 261
tratamentos em grupo 246-47

ver também tratamento a distância
vesícula biliar 323
três graus de Reiki 138-201
   Primeiro Grau 140-55
   Segundo Grau 158-83
   Terceiro Grau 184-201
Três Tesouros 105
TRH (terapia de reposição hormonal) 280

U

unidades de terapia intensiva, pacientes em 261
universal, força vital 10-1
urtiga 336
Usui, Mikao 16, 22-33, 46, 51, 160
   e artes marciais 29-31, 57
   e Budismo Tendai 24-7
   e Chujiro Hayashi 36
   e cura pelas palmas 86
   e espiritualidade 57
   e meditação 62
   e o corpo de energia 100
   e o Shugendô 28, 57
   e o Xintoísmo 26, 28
   e os cinco elementos 58-9
   e os cinco princípios espirituais 60-1
   e símbolos do Reiki 94,162, 190
   estudos e carreira 24-5
   história de Takata 39-43, 60
   infância 24
   influências samurais sobre 29
   memorial 25, 28
   morte 24, 26
   posições das mãos 204
   sintonizações 97, 173
   técnicas respiratórias 74
   vida familiar 25
Usui, Reiki Ryoho Gakkai 32-3, 36, 46, 48, 50
Usui, Shiki Ryoho 6, 40
   Mestres 186

V

vegetais 288, 291
   cultivo de 265
vesícula biliar 322-23
vespas, picadas de 336
vibração sonora dos chakras 106
vida, fases da 266-85
   adolescência 272-75
   menopausa 270, 280-83
   morte e perda 270, 284-85
   mudança e transição 270-71
   parto 276, 278-79
   processo de envelhecimento 268-69
vinho 288
visão, problemas de 356-57
visualização
   e morte 285
   e pressão alta 312
   e tratamento a distância 174, 176
   estabilização da energia 152-53
   jardins 265
vitamina E, óleo 329
vivendo com o Reiki 126-37
   e medicina ocidental 136-37
   razões para praticar o Reiki 128-29
   vida diária 132-35

W

Waka, poemas 33, 90-1

X

Xamanismo 20-1
Xintoísmo 16, 18, 20-1
   e Mikao Usui 26, 28

Y

Yamabushi 21
Yin/Yang, equilíbrio 12
   e acupuntura 370
yoga 312, 380-81
   acne 332
   anemia 316
   ansiedade 358
   asanas 380
   Ashtanga 380
   asma 352
   diabetes 320
   e alívio do stress 292
   e Chi Kung 383
   e Mestres de Reiki 189
   e sistema nervoso 120
   energia kundalini 92, 380
   exercícios respiratórios 58, 74, 82
   fadiga 360
   Hatha-yoga 380
   Iyengar 380
   Prana 10, 380
   Pranayama 12, 82
   problemas de próstata 349
   Samadhi 380
   Sivananda 380
Yoga Ashtanga 380
You Can Heal Your Life (Hay) 65

Agradecimentos

Agradecimentos da autora Agradeço à minha família e aos amigos que me acompanharam na minha jornada com o Reiki, a todos os professores e autores em todo o mundo que me inspiraram e a todos os colaboradores da Godsfield que trabalharam na produção deste livro. Sejam todos abençoados.

Pesquisa de Imagens Ciaran O'Reilly

Commissioned Photography © Octopus Publishing Group Limited/Ruth Jenkinson
Outras Fotografias:
AKG F. Kunst & Geschichte 55;
Alamy Adrian Sherratt 386; Captured Sight 305; Geoffrey Kidd 377; JTB Photo Communications, Inc. 20; JUPITERIMAGES/Comstock Images 32; Marc Hill 263; Matthew Mawson 123; Radius Images 259; RubberBall 260; The London Art Archive 41;
Ancient Art & Architecture Collection 42;
Corbis UK Ltd Sakamoto Photo Research Laboratory 29; Image Source 67; Luca Tettoni 385;
Fotolia Nikki Zalewski 187;
Getty Images Image Source 84, 373; Jerome Tisne 271; Kei Uesugi 269; Marcy Maloy 290; Tom Grill 146;
istockphoto.com 171; Amanda Rohde 71; blaneyphoto 274; Emmanuelle Bonzami 31; Kateryna Govorushchenko 19; Lise Gagne 188; Rolf Weschke 59; Sami Suni 309; Sonyae 278;
Jupiterimages Burke/Triolo Productions 83;
Karipaulus.com 50;
Masterfile 284;
Octopus Publishing Group Limited Frazer Cunningham 101, 161; Peter Myers 137; Ruth Jenkinson 56, 72, 75, 107, 143, 145, 200, 208, 243-44, 381-82; William Reavell 178;
Photolibrary Matthew Wakem 49; Mel Yates 115;
Royalty-Free Images 11, 289, 64, 68, 285;
Shutterstock Amy Nichole Harris 27; Joe Gough 167; Konstantin Tavrov 191; Monkey Business Images 277; murata-photo com 168; niderlander 378; Paul Cowan 199; velora 133; Yanik Chauvin 371, 374-75.